곽민철 ㈜글로벌액션러닝그룹 연구소장 및 이사 / 오산대학교 평생학습학과 겸임교수 / 『야근이 사라지는 문제해결의 기술』 저자

'진짜를 제대로 써 본 사람이 전하는 보고서 이야기'

보고서 작성은 사회에서 가장 중요한 기술 중 하나입니다. 자신의 이야기를 효과적으로 전달하는 능력은 직장 성공분만 아니라 인간관계와 사회적 영향력을 쌓는 데에도 필수입니다. 만약 여러분이 직장 내에서 보고서에 대한 단단한 역량을 확보하고 싶다면 이 책은 여러분의 북극성이 되어줄 것입니다.

공지영 경인일보 디지털콘텐츠기획팀장

보고서를 쓰는 일은 말 그대로 일이다. 원하든 원하지 않든 직을 가지고 책임을 지고 있다면 반드시 해내야 하는 일. 저자는 공무원이다. 사적인 이익이 아니라 만인을 위한 공적 이익을 이루고자, 그래서 누구보다 책임감 있게 보고서를 작성해야 한다. 크기가 작은 공무라도 이 역시 누군가에겐 절실하게 해결돼야 할 일일 테니. 저자는 삶의 뚜렷한 목적 없이 남들이 하는 대로 살아가면 아무것도 이루지 못하고 시간만 허비한다고 말한다. 보고서 쓰는 일이 어렵고 지겨울 수 있다. 그러나 저자는 권한다. 이왕에 해야 할 일이라면 가장 능동적이고 효율적으로 목적에 부합한 보고서를 작성하고 이를 통해 모두를 이롭게 하리라. 보고서를 작성하기 전 우리가 이 책을 참고하면 좋은 이유다.

심상대 백점영어학원 원장 / 前 시사독해 『타임스리딩』 저자 / EBS 영어 강의(2008)

공무원이 되기 전부터 공무원이 된 이후 현재까지, 훌륭한 인성과 직분에 충실한 모습을 보여왔기에 신영민 저자의 책에 대한 기대가 큽니다. 책 곳곳에 보고서에 대한 저자의 철학이 드러나며, 체계적이고 이해하기 쉽게 보고서 작성법을 알려주고 있습니다. 문체와 단어 사용 또한 세심합니다.

저자가 겪은 일화를 읽다 보면 행정의 전문성에 감탄하게 됩니다.

1장과 5장에는 저자의 삶의 궤적이 고스란히 녹아 있습니다. 기존 질서와 체제에 안주하지 않고 끊임없이 자신과 주변을 성찰하고 개선해 나갑니다. 이 시대에 필요한 공직자의 모습을 찾아볼 수 있는 저서입니다.

선계훈 경기도교육청복지종합센터 관장

문득 공무원 시작할 때 과장님이 하신 말씀이 생각납니다. "보고서는 두 장을 넘으면 쓰레기다!" 저는 여기에 몇 줄 더 보탭니다. 보고서는 story다! 보고서는 너와 나의 교감이다!

형식만 단순한 것은 허상입니다. 이 책은 그런 경박한 허상을 따르지 않습니다. 실질의 단순함을 강력하게 요구합니다. 이 책은 책 그 자체로 story이고 독자와의 순박한 대화입니다.

잘된 보고서는 쉽습니다. 어렵게 쓸려고 하니 어려운 거고, 사실에 근거하지 않으니 허망한 것입니다. 이 책은 보고서를 쉽게 쓰는 요령을 담고 있습니다. 이 책은 추측과 억측이 아닌 예측에 근거하여 보고서를 쓰는 비책을 담고 있습니다.

뜬금없지만 사람이 사는 것도 그렇습니다. 보고서 쓰듯이 단순하고 누구나 이해할 수 있는 삶이라면 그 인생 참 편할 것입니다.

최일 (주)정석케미탈 책임연구원

보고서 작성은 영원한 숙제입니다. 방대한 자료를 정리하고 자료에서 정보를 골라내 결정권자가 정확하게 판단할 수 있게 보고서를 쓰는 일은 모든 직장인에게 정말 어려운 일입니다.

이 책은 자신의 지난 경험의 에피소드를 바탕으로 이론을 설명하고 실제 작성한 보고서를 통해 독자가 자연스럽게 체득할 수 있게 만들어져 있습니다. 또한 각 장이 끝날 때마다 '요약정리'를 통해 다시 한번 내용을 상기할 수 있도록 하고 있습니다. 저자는 보고서를 쓰기 위한 방법만을 알려주는 것이 아니라 어떤 문제의 원인 분석부터 해결까지 어떠한 방법으로 접근해야 하는지 저자의 경험과 기존의 보고서를 통해 보여주고 있습니다. 또한 우리가 범할 수 있는 오류를 범하지 않게 염려한 흔적이 책 곳곳에 드러납니다.

쉬운 이론과 예시 그리고 놓치기 쉬운 부분까지 살뜰하게 다 담아 놓은 이 책은 공무원분만 아니라 일반 직장인에게도 보고서를 쉽게 작성할 수 있게 도와주는 책이라고 생각합니다.

홍기원 국회의원(경기 평택시갑)

보고서는 목적이 명확하고 기승전결이 있어야 한다. 숨 쉬듯 보고서를 쓰면서도 읽는 사람의 입장에서 '잘 쓴 보고서'란 평가를 받기는 쉽지 않다. 이 책이 공무원을 포함한 직장인들에게 올바른 고민의 방향을 잡아 줄 수 있는 길잡이가 되어주기를 바란다.

최웅진 前 경기도미래교육연수원 교수요원

직장인이라면, 특히 공직자라면 무조건 고마운 책이다. 현업에서 마주친 경험과 상황이 고스란히 녹아 있어 보고서 작성의 진수를 알려준다. 슬기로운 공직 생활 가이드는 덤이다.

임정호 경기교육행정포럼 대표

보고서를 쓰는 것은 사람들에게 부담스러운 일이지만, 이 책은 보고서 작성에 관심 있는 분들에게 많은 도움이 될 것으로 생각합니다. 각 유형별로 사례를 들어가며, 보고서 작성에 대한 이해를 높일 수 있는 세련된 접근법을 제시합니다. 저자가 경기도교육청에서 얻은 다양한 경험을 공유하며 함께 학습할 수 있는 이 책을 여러분께 추천합니다.

유대길 前 경기도교육청 행정국장

가수는 노래로, 기자는 기사로 실력을 뽐내듯, 공무원은 훌륭한 보고서가 아닐까요? 투자의 달인 워런 버핏은 "가장 중요한 투자는 자기 자신에 대한 투자다."라고 했습니다. 공무원으로서 저자 자신의 경험을 녹여 만든 이 책이야말로 성공을 바라는 실무자들에게는 자기 자신에 대한 좋은 투자가 될 것이라 생각합니다. 적극 추천합니다.

박장희 J&J Career Design Consulting 대표

수년간 실전으로 다져진 저자의 보고서는 탁월하다. 이 책은 그의 뛰어난 보고서 작성 전략을 독자 스스로 체득할 수 있는 길을 열어준 최고의 지침서다. 보고서로 인정받고 싶다면 이 책을 최대한 가까이 두자!

이승호 경기도안양과천교육지원청 행정국장

교육행정인 겸 공직자로서의 자부심과 무한한 열정으로 조직인에게 필요로 하는 간결 명료한 보고서 쓰는 요령에 대해 실전에서 터득한 노하우를 구체적이고 실용적인 내용으로 풀어낸 노력에 박수를 보낸다. 다둥이 아빠인 저자에게 격려와 응원을 보내며, 앞으로 더 깊이 있고 의미있는 공직 생활이 펼쳐지길 기대해 본다.

채정엽 애터미 주식회사 DX 추진본부-정보보호팀 팀장

이 책은 학생과 직장인 모두에게 유용한 보고서 작성 안내서입니다. 보고서의 목적과 구성, 작성 방법, 자료 조사, 문서 작성, 대면 보고에 이르기까지 보고서 작성에 필요한 모든 정보를 제공합니다. 또한, 다양한 사례를 통해 보고서 작성의 실전 노하우를 전달합니다. 이 책을 통해 보고서 작성의 어려움을 해결하고, 자신의 생각과 의견을 명확하게 전달하는 방법을 터득하길 바랍니다.

김기윤 변호사

저자 신영민은 4명의 자녀를 둔 아버지로서 어느 누구보다도 교육에 관심이 많고 특히 교육청 내에서 별명이 '제안왕'입니다. 그만큼 경기도 미래교육을 위하여 많은 정책제안을 하고 있습니다. 이 열정과 경험이 모여서 2022년 경기도교육청 직장협의회 회장에 당선되었으며 금번 이 책을 출간한 것으로 알고 있습니다. 앞으로 저자 신영민이 제안하는 교육정책을 기대해 보며 본 책을 추천합니다.

김석용 前 경기도교육청 행정관리담당관

후배인 저자 신영민은 이럴 줄 알았습니다. 저자는 연구위원으로 활동하는, 공무원 우수제안자, 유튜브 '보고서쓰는아빠' 채널 운영자, 보고서의 달인입니다. 이 책은 무엇보다 다양한 보고서 작성 사례를 실어서 읽기 쉽고, 보고서 쓰기에 유용합니다. 저자는 서두에서부터 내내 보고서의 목적인 '왜(Why)'와 '한 장으로 요약'을 강조합니다. 또 눈에 띈 것은 저자의 보고서는 '아내와 학생인 큰딸'이 검토해 준다는 대목입니다. 보고서는 학생이 이해하고 읽기 쉽게 쓰라고 합니다. 결국 보고서는 목적과 한 장으로 요약, 그리고 가독성이 중요하다는 것이겠지요. 저부터 이 책을 '보고서' 쓸 때 활용하겠습니다.

성낙정 ㈜유앤아이감정평가법인 경기지사 지사장 / 감정평가사 / 행정사

"어떻게 하면 간결하면서 이해하기 쉽고 설득력 있는 글을 쓸 수 있을까?"
직장인이라면 누구나 한 번쯤 아니 수없이 보고서 작성 때문에 막막했던 경험이 있을 것이다. 이 책은 그런 당신에게 길잡이가 될 것이다. 이 책의 보고서 작성 전략과 12가지 핵심 원칙, 그리고 저자의 실무경험과 노하우를 흥미롭게 따라가다 보면, 당신의 고민은 한 줄기 빛과 같은 탈출구를 찾을 것이라 믿는다.

이상혁 경기도교육청통합공무원노동조합 위원장

멋진 보고서 작성에 고민하는 분들께 이 책을 추천합니다. 보고서는 자신의 생각을 전달하는 방식 중 하나입니다. 현대 사회에서 보고서는 그 사람의 능력을 판단하는 중요한 기준이 되기도 합니다. 그래서 현대인이라면 누구나 멋진 보고서를 작성하고자 할 것입니다. 하지만 좋은 보고서를 쓰는 것은 그리 만만한 일이 아닙니다. 무엇을 써야 할지, 어떻게 써야 할지, 어떤 방식으로 표현해야 할지 많은 고민이 필요합니다.

이 책은 그런 고민에 대한 해답을 제시합니다. 어려운 내용을 간결하게 설명하고 있으며, 보고서 작성에 필요한 모든 것을 담고 있습니다. 이 책을 통해 당신도 보고서 작성의 달인이 될 수 있습니다.

박두익 경북교육행정세움연구회 회장

공직자의 기본 소양인 보고서 작성 기술을 쉽게 풀어낸 책이라고 생각합니다. 공무원으로서 열정을 가지고 새로운 곳에 도전하는 저자에게 박수를 보냅니다. 틈틈이 시간을 쪼개어 한 권의 책을 만들어 낸 신영민 주무관이 앞으로도 영원히 발전해 나아갈 수 있기를 바랍니다.

고정용 ㈜제네시스엔지니어링 대표이사

사회생활을 하면서 우리는 많은 보고서를 작성합니다. 그 과정에서 정리에 대한 부담을 느끼며 공감에 대해 늘 고민합니다. 이 책은 현재 시행착오를 겪고 있는 많은 이들에게 좋은 길잡이자 나침반이 될 것이라 믿습니다.

김영호 KCC정보통신주식회사 SI 2 Biz Group 전략사업팀 수석

학생이세요? 신입 직장인이세요? 직장생활을 오래 하셨어요? 혹시 보고서 작성이 힘들지 않으세요?

아직까지 보고서 작성에 생각과 고민이 많으신 분들에게 이 책을 권합니다. 말이 필요 없는 잘 만들어진 한 장의 보고서가 가진 설득의 힘을 느껴보세요. 선생님, 교수님, 직장 상사, 의사결정권자 혹은 고객이 마음에 들어하는 보고서! 이제 여러분들도 멋진 보고서를 잘 쓸 수 있어요. 그리고 이 책이 그렇게 되기 위한 많은 도움을 줄 것입니다.

공무원
보고서
글쓰기

공무원 보고서 글쓰기

초판 1쇄 발행 2024년 6월 17일
초판 3쇄 발행 2024년 11월 5일

지은이 신영민
발행인 권윤삼
발행처 (주)연암사

등록번호 제2002-000484호
주 소 서울시 마포구 월드컵로165-4
전 화 02-3142-7594
팩 스 02-3142-9784

ISBN 979-11-5558-119-3 13320

값은 뒤표지에 있습니다. 잘못된 책은 바꿔드립니다.

연암사의 책은 독자가 만듭니다. 독자 여러분들의 소중한 의견을 기다립니다.
트위터 @yeonamsa
이메일 yeonamsa@gmail.com

공무원 보고서 글쓰기

행정가로
성장하는
탄탄한

보고서와
기획서
마스터하기

신영민 지음

연암사

공무원인 당신에게
행정가의 보고서 작성 기술이 필요한 이유

나는 행정기관에서 공무원으로 일한다. 내 업무 가운데 상당 부분은 보고서와 같은 글쓰기다. 현황과 문제점을 파악해 개선방안을 만들어 내고 기본계획을 수립해 일반대중·정책관련자·관계기관 등에 세부계획을 알리며, 제도·법령 개선을 위한 검토보고서를 작성하고, 언론을 통해 보도자료 등을 발표한다. 덕분에 업무 관련자들로부터 보고서 작성에 대한 협의가 빈번하며 어떻게 보고서를 작성할지에 대해 고민하는 것이 업무의 일부가 되어 버렸다. 그러면서 보고서 작성에 대해 어려움을 겪는 사람들도 많이 만나 도움을 주곤했다. 현재는 주변 지인의 요청으로 본업인 공무원 외에 '경기교육행정포럼'이라는 정책연구단체에서 활동을 하면서 정책연구부장과 선임연구위원까지 맡고 있다. 그런 까닭에 '정책연구 보고서', '의견서', '입장문' 등을 자주 작성한다. 글을 자주 쓰다 보니 생각 정리의 노하우도 체득하고 대중들 앞에서 발표하고 토론하는 것도 즐기게 되었다.

막연하게나마 보고서 작성에 대한 글을 써야겠다고 생각한 것은 7년 전의 일이다. 당시 나는 매일 아침 일찍 출근해 밤 12시가 넘도록 보고서를 작성하며 하루를 마무리했다. 늦은 밤 집으로 돌아가며 종종 이런 생각을 했다.

'매일 반복되는 일상이 내가 원하는 삶일까?'
'내게 주어진 다른 사명은 없을까?'
'내가 잘하는 것과 좋아하는 것은 무엇일까?'

공무원 초창기 시절, 나는 국민이자 지역 주민의 입장에서 행정 서비스의 차별성을 목격했다. 같은 행정임에도 불구하고 지역 간 공무원의 역량 차로 인해 일부 지역 주민들이 동일한 서비스를 받지 못하는 것을 종종 보게 된 것이다. 속상한 마음이 들었다. 그러한 경험은 업무에서 전문성을 갖추어야겠다는 결심으로 이어졌고, '글쓰기', '법학', '행정학' 등과 관련된 분야에 대해 절실한 마음으로 공부를 하게 되었다.

이제는 소위 '행정주사'(6급) 공무원인 나에게 보고서 작성을 비롯해 행정의 기획·집행·평가 과정에서 어려움을 겪는 이들이 조언을 구하러 온다. '보고서를 명확하고 간결한 문장으로 작성하는 법', '교육환경평가를 거치지 않은 개발사업 승인의 효력', '지방공무원 정원 운용 방향' 등 분야도 다양하다. 그들과의 만남 속에서, 내 지식과 경험을 공유함으로써 의미 있는 삶을 살 수 있다는 확신이 들었다. 이후 공무원이 가장 잘해야 하는 것이자 공무원의 핵심 역량 중 하나인 '글쓰기', 즉 '보고서 작성'에 대해 깊이 연구하고 그 과정을 책으로 풀어내기로 결심했다. 공무원으로서 익힌 보고서 작성과 생각 정리 기술을 소개해 독자들이 자신만의 개성이 담긴 보고서를 만들어 낼 수 있도록 돕고 싶었다. 나의 글이 누군가에게 직장생활을 하는 데 도움이 된다면 그것은 평범한 일상을 넘어 더 의미 있는 삶으로 이끌어 줄 것이라 생각했다. 책을 쓰기로 결정한 그 날부터 매일매일이 활력 넘치는 날들로 변했다. 출장 가는 길, 약속 장소에 가는 길, 어디를 가든 노트북은 항상 나와 함께였다. 자투리 시간이 있을 때마다, 갑자기 영감이 떠오를 때마다, 대화 중 책에 사례로 쓸 수 있는 소재가 생길 때마다 노트북을 펼쳤다. 하루하루가 의미 있는 날의 연속이었다.

교육학에서는 학교에서 가르쳐야 하는 세 가지 기술을 3R(Reading, wRiting, aRithmetic)이라고 한다. 이 중에서 글쓰기는 학생들이 효과적으로 의사소통하고 비판적 사고력을 키우며 창의력을 향상시키는 데 도움이 되는 필수적인 기술이다. 나는 이 책에서 공공기관을 대상으로 업무를 하는 직장인이나 공무원이 갖춰야 할 보고서 작성 역량, 즉 wRiting a Report를 강조하고자 한다. 보고서 작성법을 배우기 위해서 낯설고 고대 로마사 같은 역사를 파고들어 간다든지, 괴상하고 전혀 불필요할 것만 같은 논문 연구를 한다든지 하는 정도의 노력이 필요하지는 않다. 누구나 훨씬 더 효율적으로 보고서 작성법을 배울 수 있는 방법이 있다는 뜻이다.

우리는 모두 한글을 읽고 쓰고 말하기 때문에 어느 정도 보고서를 쓸 수 있고 쓴다고 생각한다. 그러나 보고서는 단순한 사실만을 전달하는 보고서만 있는 게 아니다. 데이터를 조사하고 분석하며 해석하여 결론을 도출하는 경우가 더 많다. 이 과정에서 비판적 사고와 분석이 필요하며, 최종 보고서는 의사결정권자에게 복잡한 정보를 전달하는 중요한 커뮤니케이션 수단이 된다. 생각의 깊이와 보고서의 질은 정비례한다. 따라서 어떻게 하면 더 질 좋은 보고서를 작성할지 그 기술을 배워 활용하도록 해야 한다. 더 나아가 당장 보고서를 쓸 수 있는 기술만이 아니라 앞으로도 맞닥뜨릴 수 있는 모든 상황을 헤쳐 나갈 수 있는 기술로 무장해야 한다.

그렇다면 무엇을 알아야 할까? 먼저, '보고서 작성에 필요한 부족한 지식이나 구체적인 작성은 인터넷 정보검색이나 ChatGPT를 활용하면 되는 것 아닌가?'라고 생각할 수 있다.

첫째, '보고서 작성에서 부족한 지식은 인터넷 정보검색을 잘하면 되는 것 아닌가?'라는 생각은 일견 타당하다. 사실 간단한 구글 검색만으로 얻는 정보의 양은 정말로 놀랍다. 우리는 지금 매우 풍부하고 깊이 있는 정보의 시대를 살고 있다. 손만 뻗으면 모든 정보가 있기 때문에 보고서 작성에 많은 양의 자료를 활용할 수 있다. 그러나 양과 질이 비례하지 않는 경우가 많다. 보고서 작성에 필요한 자료는 양과 질을 같이 충족하는 것이어야 하며, 출처도 공신력이 있어야 하고, A는 B다는 식의 단순한 논리관계를 가진 자료가 아니라 A가 B가 된 배경은 무엇이고 그간의 경과는 어떠했는지 A의 현황과 문제점은 무엇이며 B가 된 후 전망은 어떤지 등 철저한 분석이 수반된 논거도 필요하다.

둘째, '보고서의 구체적인 작성은 ChatGPT(https://chat.openai.com), Gemini(재미나이, https://gemini.google.com), wrtn(뤼튼, https://wrtn.ai) 등과 같은 AI 도구를 활용하면 되는 것 아닌가?'라는 생각도 일견 타당하다. 이러한 AI 도구를 활용하면 보고서 작성 시간을 절약하고, 보고서의 품질을 향상시키며, 창의성을 높이는 데에도 도움을 준다. 그러나 ChatGPT와 같은 AI 언어 모델은 텍스트 데이터에서 학습한 내용을 기반으로 가장 가능성이 높은 다음 단어 또는 구문을 예측하므로 특수한 목적을 위한 보고서의 경우 정확한 문서 작성에 한계가 있다. 2023년 5월, 미국의 변호사 2명이 ChatGPT로 작성한 문서를 법원에 제출했다가 제재를 받은 경우가 대표적인 예다. ChatGPT를 사용하여 사건과 관련된 판례를 수집하여 만든 소송자료가 대부분 'AI 환각'에 의한 가짜로 밝혀졌다(AI가 실제로 존재하지 않는 정보나 사실을 만들어내는 현상을 'AI 환각'이라고 한다). 나는 보고서가 말보다 힘이 있는 이유가 사람이 직접 오랜 숙고 끝에 만들기 때문이라고 생각한다. 단어 선택, 문장 배치, 문단 구성, 정보 재구성, 논리 전개, 시각적 배치 등 모든 과정에서 보고서 작성자가 들이는 노력은 추후 정책 집행이나 언론 대응 과정 등에서 예상치 못한 상황이 발생할 때 정밀한 대응을 할 수 있도록 도움을 준다. 이처럼 보고서 작성 그 자체만으로 목적이 달성되는 것이 아니라 보고서 작성에 필요한 숙고의 과정에 의미가 있다는 점을 기억해야 한다. 또한, 그렇게 만들어진 보고서는 정책의 기획·집행·환류 모든 과정과 연계되어 있다는 점도 알아야 한다. 보고서 작성 과정에서 자신이 고민했던 흔적들은 어떤 방식으로든 반드시 드러난다. 그것이 정책의 집행 과정이든, 환류 과정이든, 언론 대응이든, 토론회 자리에서든.

공부를 잘하고 아는 것이 많을수록 실생활에서 혜택을 보는 것처럼 뛰어난 보고서 작성가가 된다면 당신도 업무에서든, 인생에서든 실생활에서 혜택을 볼 수 있다. 보고서 작성을 잘하는 사람은 궁극적으로 시간을 절약할 수 있고 업무의 질이 보통의 직장인과 다르며 주위 사람들로부터 믿을 만하다는 평가를 받는다. 이러한 평가는 조직 내 입소문으로 금세 퍼지며 각종 TF(Task Force, 임시조직) 활동으로 인맥이 넓어지면서 다수의 사람들로부터 능력까지 인정받는다. 종국에는 인사상 비중 있는 업무에 발탁되는 데 주요한 역할도 한다. 그러나 이보다 중요한 것은 공무원이 보고서 작성 기술을 체득하면 1) '전문성', 2) '문제해결 능력', 3) '커뮤니케이션 능력', 4) '창의력' 네 박자를 겸비한 '행정가'로 발돋움할 수 있다는 점이다.

연번	구분	내용
1	전문성	공무원은 자신이 담당하는 분야에 대한 깊은 이해와 전문 지식이 필요하다. 정책 제안, 법률 해석, 예산 관리 등 업무의 다양성으로 보직 분야의 최신 동향을 파악하고 관련 법규를 이해하는 등 전문적인 지식과 기술이 요구된다.
2	문제해결 능력	공무원은 다양한 문제에 직면하게 된다. 따라서 문제의 본질을 파악하고, 효과적인 해결책을 제시할 수 있는 문제해결 능력이 필요하다. 문제해결 능력을 향상하기 위해서는 다양한 경험을 통해 문제해결에 대한 노하우를 쌓는 것이 필요하다.
3	커뮤니케이션 능력	공무원은 다양한 이해관계자와 소통하며 일을 진행하기 때문에 탁월한 커뮤니케이션 능력이 중요하다. 이는 내부 팀원들과의 협업은 물론, 시민, 업무 관계자, 정치인 등 외부 이해관계자들과도 원활하게 소통할 수 있어야 한다.
4	창의력	공무원은 새로운 아이디어와 해결책을 제시해야 할 때가 많다. 공무원의 역할은 단순히 기존 정책을 유지하고 실행하는 것만 아니라, 현안에 대한 새로운 접근방법과 솔루션을 찾아내는 것이다. 따라서 창의력을 발휘하여 업무에 새로운 변화를 가져올 수 있어야 한다.

공무원이 행정가로 성장하게 되면 첫째, 업무역량 강화와 자기 만족감이 높아진다. 해당 분야의 전문 지식과 기술을 보유하게 되므로

더욱 효과적으로 업무를 수행할 수 있다. 이는 업무 수행 능력을 강화하고 그 결과 성취감도 느낄 수 있다. 둘째, 경력 발전이 된다. 자신의 보직 분야에서 고도의 전문성을 인정받아 프로젝트 관리자로서의 리더십을 기를 수 있을 뿐만 아니라 승진에도 큰 도움이 된다. 셋째, 사회적 영향력이 생겨 조직의 변화와 개선에 대해 직접적인 영향력을 가질 수 있다. 정책 결정과 관련된 중요한 역할을 하며 사회에 긍정적인 변화를 가져올 수 있는 위치에 서게 되기 때문이다. 그래서 나는 이 책으로 공무원인 당신이 보고서 작성 기술을 체득해 행정가로 발돋움할 수 있는 길을 열어주려고 한다.

내 사명이자 이 책의 사명은 보고서 작성의 어려움을 겪는 사람이 자신감을 갖도록 돕는 것이다. 또 스스로 생각을 정리하고 자신만의 문체를 갖고 생각의 깊이를 확장해 보고서를 고도화하는 방법을 익히도록 돕는 것이다. 내 목표는 보고서를 0에서 시작할 때 생각 정리를 어떻게 할 것인지, 거인의 어깨 위에 올라 보고서를 작성하기 위해서는 전략을 어떻게 세울 것인지를 이해하도록 돕는 것이다. 그리고 내 희망은 보고서 작성의 단초를 찾아 즐거움을 발견하는 큰 기쁨을 당신과 함께 나누는 것이다. 당신도 일반 공무원이 아닌 훌륭한 행정가로서 보고서 작성자가 될 수 있다. 어렵지도 않고 밤새 머리를 쥐어뜯을 필요도 없다. 그저 여기서 소개한 방법들을 체득만 한다면 아주 유용한 기술을 습득할 수 있다. 다양한 기술을 습득하면 할수록 더 나은 보고서를 작성할 수 있고 자신만의 새로운 기술도 개발할 수 있다. 보고서가 갖춰야 할 조건들을 내재하여 자신만의 향기가 나는 보고서를 만들어 낼 수 있다.

보고서 작성법과 관련된 책이 시중에 많이 나와 있다. 그러나 어떤 창조물이든 빈틈이 있다. 무엇을 할 수 있는지 여러 가지를 알려주기는 하지만 그것들을 최초의 질문으로 시작해서 만족스러운 해답에 이르기까지의 과정을 엮어주지는 않는다. 반면 이 책은 주제별로 주장과 질문을 던지고 만족스러운 해답을 찾기 위해 노력한 저자가 고민한 과정을 직접 보여주며 주장에 대한 논거도 제시한다. 그래서 독자가 직접 그 해답을 찾을 수 있도록 동기를 부여하고 자신만의 해결 방법을 찾도록 돕는다. 또한 '공무원 보고서 글쓰기의 12가지 핵심 원칙'(4장)을 이야기할 것이다. 예를 들어 다이어그램(diagram, 관계나 수량 등을 나타낸 도표)을 사용해 보고서의 내용을 정리해야 할 때가 있다. 다이어그램을 만들 때는 어떻게 하는 게 효과적일까? 정답은 미리 만들어 두어야 한다는 것이다. 아니면 이미 만들어진 다이어그램을 활용해 사용해야 한다. 그 이유는 세 가지인데 하나만 언급한다. 정형화된 다이어그램은 이미 오랜 기간 사용되면서 그 형태가 다양한 분야에 적용할 수 있도록 검증이 되어 있기 때문이다. 검증되었다는 것은 결재권자들이 이해하기 쉬운 형태라는 것을 의미한다. 자세한 내용은 본문을 참고하길 바란다.

보고서 작성을 잘한다면 회사는 24시간 연중무휴인 무한한 기회의 땅이다. 보고서를 잘 쓰는 공무원 등 직장인은 특정 주제에 대한 지식과 전문성을 입증할 수 있어 신뢰와 믿음을 쌓는 데 도움이 된다. 이는 곧 전문가로서의 평판이 형성되어 새로운 기회를 잡을 수 있다. 회사의 통신 프로토콜이 보고서이므로 관리자는 보고서 커뮤니케이션 기술을 중시하며 역량 있는 적임자를 항상 찾고 있다. 그렇기 때문에 고품질 보고서 작성 기술은 중요한 자산이다.

데니스 팔룸보[1]는 이런 말을 남겼다.

> "글쓰기를 고민하며 조바심을 내는 시간 또한 당신이 글을 쓰는 데 사용하는 시간이다."

이 말은 글을 쓰는 데 사용하는 모든 시간이 의미가 있음을 말한다. 글쓰기는 창의적인 과정이어서 종종 생각을 구체화하는 데 시간이 걸린다. 글쓰기를 조급하게 처리하려고 하면 자신의 생각에 충분한 고민이 없어 글의 질이 저하된다. 따라서 지웠다 쓰기를 반복하는 시간은 의미 없는 시간이 아니라, 자신의 생각을 명확하고 논리적으로 전달하기 위해 고민하는 과정에 해당한다. 의미 없어 보이는 시간도 사실은 글쓰기를 더욱 효과적으로 처리하고, 높은 수준의 글을 완성하기 위한 중요한 단계라는 것을 알아두었으면 좋겠다.

마지막으로, 보고서를 잘 쓴다는 것을 누가 어떻게 측정하고 이를 주장할 수 있을까? 이 책에 정답이 있다. 능숙한 보고서 작성자가 되고 싶다면 부디 이 책을 읽기 바란다. 명확하고 간결하며 설득력 있는 보고서를 작성하는 데 도움이 되는 실용적인 인사이트와 전략을 담았다.

---

1. 데니스 팔룸보(Dennis Palumbo), 1951. 1. 1. 생, 미국 작가·심리치료사·공인정신분석가, 작가들을 위한 심리치료사 및 상담사로도 유명하며, 작가들이 창작 과정을 방해할 수 있는 불신, 불안 및 기타 심리적 문제를 극복할 수 있도록 돕고 있다. 창의성과 정신 건강을 주제로 광범위한 저술 활동을 하고 있으며, 인기 있는 강연자이자 워크숍 리더다.

당신이 보고서를 작성하면서 세상에 대한 더 많은 호기심을 가지기를, 성공적인 보고서 작성으로 누구라도 신뢰할 수 있는 해답을 얻는데 필요한 기술을 배우기를 기원한다.

2024년 4월
보개도서관 책다락방에서

보고서
쓰는
PAPA 아빠　신영민

차례

c o n t e n t s

2장. 전략적으로 보고서 작성하기

3장. 한 장으로 생각 정리하는 법

4장. 공무원 보고서 작성을 위한 12가지 핵심 원칙

5장. 보고서, 공무원 생활을 바꾸는 마법의 한 장

보고서의 목적을 파악하는 나침반

보고서는 단순히 정보를 전달하는 수단이 아니라, 그 작성자의 생각과 가치관, 그리고 조직의 철학을 반영하는 중요한 도구다. 특히 공무원이나 공공기관 종사자는 자신이 작성하는 보고서의 목적에 다음과 같은 행정철학을 담게 된다.

첫째, 보고서는 공익지향성을 나타낸다. 보고서를 작성하면서 집중하여야 하는 것은 개인적 이익이 아니라 대다수의 사람들에게 이익을 가져다주는 결정이 무엇인지에 대한 질문이다. 이런 관점에서 보고서는 의사결정권자가 결정을 내리기 위한 정보를 제공하며 그 기반 위에서 최선의 선택을 할 수 있도록 도와야 한다.

둘째, 보고서는 투명성과 책임성을 강조한다. 어떤 결정이 내려졌으며 왜 그런 결정이 내려졌는지를 명확하게 설명함으로써 모든 이해당사자들에게 정보를 제공한다. 이러한 관점에서, 보고서는 일련의 의사결정 프로세스가 얼마나 투명하게 이루어졌는지를 나타내며 동시에 그 결과에 대한 책임도 분명하게 한다.

셋째, 참여와 협력이 중요한 요소다. 보고서를 통해 다양한 주체들이 의견을 제시할 기회가 마련되며 이런 방식으로 더 폭넓은 시각에서 문제를 바라볼 수 있다. 또한 여러 주체간 협력의 필요성도 부각시킬 수 있다.

넷째, 효율성과 혁신 역시 중요하다. 좋은 보고서란 문제해결방안을 제안함으로써 조직의 업무 프로세스 개선에 기여하며, 이는 효율성 향상과 혁신을 도모하는 데 크게 기여한다.

마지막으로 보고서는 사회적 공평성을 반영한다. 공공기관의 업무는 다양한 사회 구성원들에게 영향을 미치기 때문에 보고서를 통해 그 영향력이 공정하게 분배되었는지, 또 모든 이해관계자들의 의견이 충분히 반영되었는지를 확인할 수 있다.

따라서 공무원 등이 하는 보고서 작성은 단순한 업무 수행이 아닌 조직의 핵심 가치와 행정철학을 나타내는 중요한 활동이다. 이러한 점에서 보면, 행정철학은 결코 추상적인 개념이 아니라 실제 업무에서 구현되어야 하는 핵심 원칙이다.

공무원을 포함한 모든 직장인들이 보고서 작성에 가장 많은 시간을 소요하는 부분은 어디일까? 나는 단연코 목적 설정이라고 생각한다. 일반적인 정책·기획 보고서 작성 과정은 '① 생각 정리하기 → ② 목차 만들기 → ③ 문서 작성하기 → ④ 보고하기'로 나눌 수 있다. 사람마다 보고서 작성 단계에서 어려움을 겪는 단계는 다를 수 있다. 그것은 각자가 가진 강점과 약점의 차이에 기인할 것이다.

위와 같은 보고서 작성의 4단계는 시중에 있는 보고서 작성법 관련 책에서 다루기는 한다. 그러나 각 단계는 생각 정리법, 기획, 쓰기, 말하기 영역의 일부라고 할 수 있어 심화 단계에서는 더 면밀한 공부가 필요한 분야이기도 하다. 또한 단계별로 유기적으로 연계하여 역량을 향상해야만 비로소 힘 있는 보고서 작성이 가능하다.

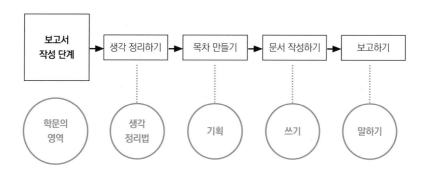

〈그림1〉 보고서 작성 단계별 학문 영역

〈그림1〉에서 얼핏 보면 마지막의 '보고하기' 단계가 중요치 않다고 느껴질 수도 있다. 그러나 '보고하기'는 궁극적으로 결재권자의 마음을 움직이고 문서를 알기 쉽게 이해시킬 수 있는 최종 단계라는 점에서 매우 중요하다.

'문서 작성하기'는 어떠한가? '문서 작성하기'는 보고서 작성의 1단계와 2단계를 실제 구현하는 단계다. 구슬이 서 말이라도 꿰어야 보배이듯이 '문서 작성하기'는 실질적인 문서형태를 만든다는 점에서 매우 중요하다. 이 단계는 보고서가 실제 구현되는 단계로, 보고를 받는 사람의 입장에서 이해할 수 있는 글이어야 하므로 보고서 작성의 모든 기술을 발현할 수 있도록 각별한 노력이 필요하다.

'목차 만들기'는 어떠한가? 목차는 글을 작성해 나아갈 때 샛길로 새지 않도록 무게 중심 역할을 한다. 그리고 목차의 각 구성 요소는 문서 작성 단계에서 다시 세부 목차를 만들어야 한다. 이러한 점에서는 '목차 만들기'를 위한 과정은 마인드맵(mind map)을 작성하는 것과 유사하다. 나는 보고서가 예술작품이라는 생각을 종종한다. 보고서는 군더더기 없이 컴팩트하게 내가 주장하고자, 또는 상대를 설득하고자 하는 부분을 명확하고 논리적이며 알기 쉽게 표현해 내야 한다는 점에서 다양한 학문 분야, 즉 심리학, 사회학, 사무자동화(OA) 기술, 행정학, 법학 등의 집합체라고 할 수 있다.

'생각 정리하기'는 내가 가장 공들이는 분야다. '생각 정리하기' 단계는 보고서 작성 단계의 가장 처음이지만 전 과정을 아울러야 한다. 나는 이 단계에서 전체 과정을 고민한다. 보고서를 왜 만들어야 할까? 내가 이 보고서를 만듦으로 인해 얻는 것은 무엇인가? 지금 이 시기에 보고서를 작성하는 것이 적절한가? 적절하다면 보고서 작성 데드라인은 언제로 잡아야 하나? 결재권자는 누구까지 할 것인가? 전반적인 문서의 톤은 어떻게 잡을 것인가? 작성하는 문서는 공개인가 비공개인가? 비공개라면 공개되었을 경우를 대비해 무엇을 유의해야 하는가? 결재권자는 이 문서를 통해 나에게 바라는 것은 무엇인가? 등 생각의 바다에 빠져 목록화하고 이를 분류하여 전반적인 보고서의 개괄을 결정해야 한다.

내가 목적 설정에 가장 많은 시간을 할애하는 데는 이유가 있다. 보고서 작성을 자주 그리고 오래 습관적으로 하다 보면 작성하기와 보고하기는 어느 정도 경험치를 통해 작성할 수 있다. 뼈대 만들기도 마찬가지다. 보고서라는 것이 정책보고서, 검토보고서, 행사보고서 등 5~6가지의 범주를 벗어나지 않기 때문이며 각 보고서의 종류마다 들어가는 얼개도 얼추 정해져 있다. 따라서 나는 생각하기에 가장 큰 중점을 둔다. 생각하는 순서도 보고서가 하의상달식(Bottom-Up)인지 상의하달식(Top-Down)인지에 따라 다르다. 국회·의회 등 외부 기관에 의한 문제 제기에 따라 작성하는 보고서는, 즉 상의하달에 의한 보고서는 좀 더 디테일한 고민이 필요하다. 보고서의 목적과 문제의식이 스스로에 의한 것이 아니기 때문이다. 반면에 하의상달에 의한 보고서는 목적과 문제의식이 이미 충분히 숙성되었기 때문에 개선방안과 이를 상대방이 이해하기 쉽게 표현하는 쪽에 좀 더 주안점을 두면 된다.

보고서 분류	정의
정책보고서	정책의 합리적 의사결정이나 정책목표달성을 위한 구상·기획·대책 등의 내용을 담은 문서
검토보고서	업무처리와 관련한 사실이나 주장을 비교·분석하여 정리한 후 그에 대한 의사결정 여부를 담은 문서
상황·동향보고서	일의 추진현황(상황), 정보 동향 등을 정리하여 보고하기 위해 작성하는 문서

행사·회의보고서	다양한 행사나 회의를 추진함에 앞서 그에 관한 계획을 수립하거나 행사 추진과 관련한 진행 상황 및 결과를 정리한 문서
결과보고서	정책(사업), 행사, 회의 등 다양한 업무의 추진결과를 정리한 문서

※ 이 보고서 분류 방식은 중앙정부에서 분류하는 방식으로 일반 기업의 분류 방식과는 다소 다를 수 있다.

〈그림2〉 보고서 분류
(출처: 지방자치인재개발원, 『기획실무』, 2021)

상의하달이든 하의상달이든 보고서는 그 목적이 중요하다. 인간이 삶의 목적이 없어지면 레밍즈(lemmings)[2]와 다를 바 없다. 삶의 뚜렷한 목적 없이 남들이 하는 대로 따라 하는 경우 결국에는 아무것도 이루지 못하고 시간만 허비하게 된다. 목적을 구체적으로 설정한다면 보다 의미있고 바람직한 삶을 살아갈 수 있기 때문에 그것의 중요성을 생각해야 한다. 보고서도 마찬가지다. 보고서에도 바람직한 목적 설정이 필요하다. 보고서의 목적 설정은 스토리를 입히는 과정과 같다. 또한 작성자로 하여금 보고서 작성의 항해 과정에서 나침반 역할을 하며 읽는 이에게는 명확한 이해를 위한 배경지식, 즉 스키마를 뇌 속에 만들어 준다.

그렇다면 이렇게 중요한 생각하기의 과정은 무엇일까? 정형화된 방법은 개인차가 있겠지만 나름의 방법은 꼬리에 꼬리를 무는 생각하기를 하는 것이다. 보다 구체적인 방법은 '3장 한 장으로 생각 정리하는 법'에서 다루도록 한다.

---

2. 영국의 DMA 디자인(현 록스타 노스)이 개발하여 시그노시스(Psygnosis)에서 1991년 아미가용으로 출시한 컴퓨터 게임이다. 앞에 무엇이 있든 직진을 하여 절벽이더라도 떨어져 집단자살을 한다고 잘못 알려져 있는 레밍의 생태를 모티브로 한 게임이다.(출처: 위키백과)

마지막으로, 주제에 대한 목적을 명확히 하면서 보고서를 작성하게 되면 '문제해결 능력'을 향상할 수 있다는 점을 말하고 싶다. 목적을 분명히 하는 것은 복잡한 문제를 구조화하고 필요한 정보와 방법을 식별할 수 있으며, 근거에 기반해 주장과 결론을 제시하기 용이해 비판적 사고력과 판단력을 기를 수 있기 때문이다. 따라서 목적이 분명한 보고서를 작성하는 것은 '문제해결 능력' 향상의 첫걸음이 된다.

보고서에 목적 설정이 중요한 이유

1. 보고서에 기 - 승 - 전 - 결과 같은 스토리를 입히는 과정에서 구조화를 제공한다.

목적에 맞게 보고서를 구조화하는 데 도움이 된다. 보고서의 목적을 설정하면 보고서의 핵심 내용과 논리를 파악할 수 있고 이를 바탕으로 보고서의 구성과 내용을 결정할 수 있다. 즉, 필요한 정보와 내용을 어떻게 배열할지 결정하는 기준이 된다.

2. 보고서를 작성할 때 사용하는 단어, 문장의 사용에 방향성을 제공한다.

보고서의 목적을 설정하면 보고서의 핵심 내용과 논리에 부합하는 단어와 문장의 사용을 결정할 수 있다. 보고서의 목적이 불분명하면 보고서 작성자는 어떤 단어와 문장을 사용해야 할지 혼란스러운 상황이 생기게 된다. 그 결과 보고서가 일관성이 없고 논리가 엉성해질 수도 있다. 즉, 내용이 산만해지고 목적에 부합하지 않는 내용이 포함될 수 있다.

3. 보고서의 효과성이 올라간다.

구조화가 잘된 보고서, 정확한 단어와 문장 사용으로 보고서의 핵심 내용이 결재권자에게 쉽게 전달된다. 이러한 보고서는 결국 결재권자가 보고서의 핵심 내용을 쉽게 이해할 수 있어 목적달성을 위해 필요한 조치를 취할 가능성이 올라간다. 즉, 보고서 목적 설정으로 보고서의 효과성을 높일 수 있다.

'사전 준비'로 확보하는
보고의 순발력

사무관 영민 씨, 나 좀 봐.

신영민 네. 사무관님.

사무관 다음 주 월요일에 금산군 주민들이 중부대학교 이전 문제로 시위하러 오는 거 알지? 지금 담당자가 업무를 맡은 지 얼마 안 돼서 말이야. 신영민 씨가 대응보고서 좀 만들어 보면 좋겠어. 나도 신영민 씨 업무가 아닌 건 알지만 지금 담당자가 아직 미숙한 부분이 있으니 좀 도와줬으면 해서 말이야.

  2015년 2월경의 일이었던 것으로 기억한다. 충남 금산군에 있는 중부대학교는 고양시에 제2캠퍼스를 신설하기 위해 행정절차를 진행 중이었다. 원래 대학교와 관련된 사무는 국가(교육부) 사무다. 그러나

학교를 설립하기 위한 부지를 선정할 때는 도시관리계획[3] 결정 전에 토지 소재지 관할 교육감의 교육환경평가[4] 승인을 거쳐야 한다. 금산 군민들이 우리 청으로 시위하러 오는 까닭은 어떻게든 해당 지역의 중부대학교가 고양시에 제2캠퍼스를 설립하는 것을 막기 위해 이미 승인된 교육환경평가의 무효 내지는 취소를 주장하기 위해서였다.

사무관으로부터 대응보고서를 작성해 달라고 요청받은 건 시위가 있는 월요일에서 불과 3일 전인 금요일이었다. 어떻게든 보고서를 작성해야 했고 월요일에 시위자들과의 면담을 위해선 적어도 일요일까지는 완성된 보고서를 사무관에게 전달해야 했다. 그러나 통상 보고서에 대해서 접근 방향이 상급자의 생각과 맞지 않을 수 있기 때문에 이번과 같이 촉박한 건 금요일까지 초안을 만들어 사무관에게 접근 방향을 확인받은 후 토요일에서 일요일 중 최종 완료된 보고서를 '찌라시' 형태로 먼저 드리는 게 낫다. 지시를 받은 즉시 현황 파악부터 했다. 먼저 쟁점 사항이 뭔지 궁금했다. 사전에 알아본 결과, 민원인들의 주장은, 중부대학교 이전 예정지 200미터 이내에 묘지가 있으므로 학교보건법에 따라 학교설립 예정지로 부적합하며, 부적합한 학교설립 예정지에 대해 교육환경평가 승인을 하였으므로, 해당 교육감의 행정행위는 무효 또는 취소라는 주장이었다. 난 민원인들의 주장대로 정말로 200미터 이내에 묘지가 있는지 궁금했다. 민원인이 제출한 서

---

3. 지역의 개발·정비 및 보전을 위하여 수립하는 토지이용·교통·환경·경관·안전·산업·정보통신·보건·후생·안보·문화 등에 관한 일련의 계획.

4. 학교의 학습환경을 더욱 근본적으로 확보·보전하기 위하여 학교용지를 선정할 때부터 주변의 유해요인을 평가하여 상대적으로 쾌적한 지역에 학교를 설립하기 위한 방안을 강구하는 것.

류에 따르면, 위성사진의 2밀리미터 회색 점을 묘지 비석이라고 주장하고 있었다. 그런데 위성사진 상 아무리 봐도 묘지라고 100% 확신할 수 없었다. 게다가, 교육환경평가 승인 전에 담당 공무원들이 직접 현장을 나가서 확인하여 정화 구역상 유해시설이 없음을 확인하며, 관할 지자체에도 학교보건법 상 금지시설이 있는지를 공문상으로 확인하기 때문에 현시점에서는 민원인의 말을 '무조건 맞다'라고 단정할 수 없었다.

나는 2가지 대응 방향을 마련했다. 첫째, 민원인들의 주장은 가설일 뿐 당시 현장에 나간 공무원들의 출장 보고서와 고양시(관할 지자체)와의 공문 수발신 내용을 근거로 교육환경평가 승인에는 아무런 문제가 없다고 주장했다. 소위 행정행위의 공정력[5]을 대응보고서에 담아야겠다는 생각을 했다. 둘째, 민원인의 주장이 사실이라는 가정 하에서도 그 주장을 깨는 논리를 담았다. 즉, (위성사진의 조그만 점이 묘지 비석이라 가정해) 학교설립 예정지 200미터 안에 묘지가 있다 하더라도 교육감은 그것을 합리적으로 판단하여 교육목적에 지장이 없을 경우 대안을 제시하고 사업시행자의 이행계획에 대한 확약이 있다면 얼마든지 교육환경평가 조건부 승인이 가능하다는 주장을 폈다. 그렇게 대응보고서 초안은 토요일 새벽 3시경에 완료되었고 사무관에게 바로 카톡(Kakao Talk) 보고를 했다. 당연히 다음 날 아침에야 답장이 올 줄 알

---

5. 公定力, 행정행위에 하자가 있는 경우 그것이 중대하고 명백하여 당연 무효가 아닌 한, 권한 있는 기관에 의하여 취소될 때까지 상대방 또는 이해관계인들이 그의 효력을 부인할 수 없는 힘. 행정행위의 잠정적 통용력 혹은 적법성 추정력이라고도 한다.

았는데 2분 만에 수고했다는 답장이 왔다.

만약 부서장이 내일모레까지 민원인에 대한 대응보고서를 만들라고 지시하면 당신은 어떻게 대응할 것인가? 순발력 있는 보고를 위해선 크게 세 가지가 필요하다.

첫째, 왜(Why) 사고다. 갑자기 회의계획서를 만들라고 하면? 또는 어떤 사안에 대한 검토보고서를 만들라고 하면? 가슴이 답답해지는가? 평소에 아무런 생각이 없으면 가슴이 답답해질 수밖에 없다. 일상 업무에서 문제의식이 없고, 평소 왜(Why) 사고를 하고 있지 않으면 당황할 수밖에 없다. 자신의 업무에 대해 당연하다고 생각하는 것에 대해서 '왜(Why)'라는 물음을 가져야 한다. 설사 법령에 'A는 B다'라고 규정되어 있다 하더라도 '왜?'라는 생각이 따라다녀야 한다. 거기에서 답을 찾아내는 습관이 있어야만 갑작스러운 상황이 닥쳐도 문제해결의 실마리를 찾을 수 있다.

둘째, 법적 사고(Legal Mind)다. 우리나라는 헌법에 따른 법치주의 국가다. 법치주의라 함은 국가가 국민의 자유와 권리를 제한하거나 국민에게 새로운 의무를 부과하려 할 때는 반드시 국회가 제정한 법률에 의하거나 그것에 근거가 있어야 한다는 원리를 말한다. 모든 권한과 책임, 분쟁의 해결이 법에 근거하며, 법을 어떻게 다루느냐가 업무의 성패를 가를 만큼 중요하다. 앞에서 다뤘던 사례에서 보듯이 사안이 생기면 해당 사안의 사실관계를 파악하고 어떤 법령을 어떻게 적용할지도 매우 중요하다. 자신이 맡고 있는 분야가 행정(Administration)

과 관계된 것이라면 관련 행정법(Administration Law)을 잘 알아야 한다. 일반적인 민사와 관련된 것이라면 민법(Civil Law), 민사소송법(Civil Procedure Law)을 아는 게 중요하고, 형사와 관련된 것이라면 형법(Criminal Law), 형사소송법(Criminal Procedure Law)을 아는 게 중요하다. 왜? 그게 가장 기본이기 때문이다.

셋째, 사무자동화(OA: Office Automation) 능력이다. 한글(워드), 파워포인트, 엑셀은 기본으로 알고 있어야 한다. 상기의 프로그램을 중간 정도 수준으로 다룰 줄 알아야 급한 보고서를 빠르게 작성할 수 있다. 중간 정도의 수준이라 함은 어디까지를 말할까? 한글은 표, 그림, 편집기능, 단축키를 사용한 빠른 작성 등이다. 엑셀은 함수와 그래프 기능을 사용할 정도면 된다. 다만, 데이터를 통한 미래 예측이나, 피벗테이블을 통한 분석까지 한다면 더 좋다. 파워포인트는 그림 편집, 인포그래픽 정도가 가능하면 된다. 비주얼 싱킹(visual thinking)과 같이 머릿속에 있는 생각들을 그림으로 풀어낼 수 있다면 보고서의 품질은 한층 더 올라간다. 이런 것들이 모여야 상대방 입장에서 보고서를 작성할 수 있다.

순발력 있는 보고의 비밀은 알았는데 실제 실천은 어떻게 하면 좋을까? 나의 경험을 빌려 좀 더 자세히 이야기하면 다음과 같다.

나는 평소 좋은 보고서를 항상 읽는다. 특히 보고서를 작성하는 사람의 눈으로 본다. 그러면 좋은 보고서는 어디에 있을까? 정보공개 사이트(http://www.open.go.kr)를 활용하면 된다. 무수히 많은 보고서 중에 나는 항상 '기관장 결재 보고서'를 찾아본다. 기관장 보고서는 해당

기관에서 가장 신경 써서 만들기 때문에 시간 날 때마다 들어가서 읽어보는 것이 좋다. 국회입법조사처(http://www.nars.go.kr)의 보고서도 읽어 보자. 이곳은 보고서 작성의 잔기술을 배운다기보다는 전체적인 문제해결 방법을 보기 위해 들어간다. 혹시 들어가는 걸 종종 잊는다면 회원가입 후 메일링리스트에 등록하여 이메일로 자료를 정기적으로 받아보면 된다. 헌법재판소(https://www.ccourt.go.kr)나 법원도서관(https://library.scourt.go.kr)에서 결정례 또는 대법원이나 1·2심 법원의 판례를 읽어 보는 것도 도움이 많이 된다. 법적 사고에 기반하여 판결문이 작성되었기 때문에 논리적 사고를 기르는데 이만한 게 없다.

"실패는 준비 부족에서 비롯된다."는 농구 황제 마이클 조던의 말을 곱씹어 볼 필요가 있다. 전문가는 자신의 분야에 대한 지식과 경험을 바탕으로, 미리 계획하고 준비함으로써 성공적인 결과를 이끌어 낸다. 보고서 작성 전에 충분한 사전 준비로 목적과 목표를 명확히 하고 필요한 자료와 정보를 미리 수집해 순발력 있는 보고를 할 수 있는 '전문성'을 키워 보자.

순발력 있는 보고서 작성의 비밀

1. 평소 '왜(Why) 사고' 습관을 들여라.

의식적으로 '왜?'를 생각하라. '왜?'라는 질문은 주어진 상황이나 정보에 대한 깊은 이해를 촉진한다. 단순히 어떤 사건이 일어났는지를 넘어 왜 그런 일이 발생했는지에 대한 본질적인 이유를 찾게 된다.

2. '법적 사고(Legal Mind)' 습관을 들여라.

법적 사고 습관은 복잡한 문제를 분석하고 해결하는 데 도움이 된다. 법률은 종종 복잡하며 모호할 수 있는데, 이를 파악하고 적절히 해석하여 적용하기 위해서는 체계적이고 비판적인 접근 방식이 필요하다. [구체적 사실 확인 → 해당 사실에 적용될 법령의 의미와 내용 해석 → 해당 사실에 적용]과 같은 법집행작용은 법적 사고 습관의 일부이며 이는 비판적 생각과 분석력을 개발하는 데 유용하다.

3. 사무자동화(OA; Office Automation) 프로그램 능력을 키워라.

사무자동화 프로그램을 사용하면 생산성이 향상된다. 보고서 작성에 필요한 정보를 생성·저장·검색·공유하는 과정을 자동화하므로 생산성이 크게 향상된다. 전문성도 강화할 수 있다. 현대 사회에서 컴퓨터 기술에 익숙치 않다면 다양한 보직에서 경쟁력이 떨어질 수밖에 없다. 또한 데이터 분석 능력을 향상할 수 있다. 스프레드시트나 데이터베이스 관리 시스템은 대량의 데이터 분석에 필수적이다. 따라서 이들을 사용하는 기술은 보고서 작성에서 중요한 역할을 한다.

핵심 메시지를
빠르게 파악하는 방법

　나는 네 아이의 아빠다. 14살 큰딸, 12살 · 11살 · 7살 아들이 있다. 뜬금없이 웬 가족 이야기냐고 할 수도 있지만 이번에 내가 말하고자 하는 바와 관련이 있다. 아내는 18년 차 공무원인데 아직 7급이다. 일반직 9급으로 공개 채용되었음에도 7급인 이유는 결국 나의 역할(?)이 크다. 나도 아내와 같이 18년 차이지만 나는 6급 7년 차를 바라보고 있다. 아내와 나는 왜 직급의 차이가 발생하였을까? 아내는 아이를 낳고 키우느라 3년이라는 육아휴직 기간을 가졌다. 게다가 남편 외조를 위해 인사교류도 두 번이나 했다. 이러한 연유로 나는 항상 아내에게 빚을 졌다는 마음이 있다. 다음 내용은 2017년 10월 어느 날에 있었던 이야기다.

아내　(조심스럽게) 여보, 나 부탁이 있는데 하나만 도와주면 안 돼요?

나　　(깜짝 놀랐지만 안 놀라는 척하면서) 뭔데요? 말해 봐요.

아내 우리 기관에서 매달 아이디어 창출 회의를 하는데, 이번에 제안서를 내야 하거든요. 머릿속에 아이디어가 있는데 어떻게 보고서에 담아야 할지 막막해서요. 내가 초안을 잡아볼 테니까 당신이 마무리 좀 해줘요. 나도 이제 승진하려면 시장 눈에 띄어야 한단 말이에요.

나 그래요!

흔쾌히 아내의 부탁에 웃으면서 'OK'를 외쳤지만, 이날의 대화가 앞으로 발생할 부부 사이 갈등의 시작점이라는 사실을 알게 된 것은 멀지 않은 후의 일이었다. 이틀 후 아내로부터 제안보고서 초안을 이메일로 받았다. 얼른 수정해줘야겠다는 생각에 바로 마우스를 클릭했다. 보는 순간 짜증이 확! 밀려왔다. 아내의 보고서는 도서관을 만들어야 한다는 단순한 제안이었지만 보고서에 왜 도서관을 만들어야 하는지에 대해서는 깊은 고민이 없었다. 아니, 고민은 했지만 더 깊이 들어가다가 힘들었는지 멈추고 그냥 머릿속에 있는 생각들을 나열하기만 한 문서였다. 보통 결재권자들은 이러한 문서를 보면 화가 난다. 왜냐하면 보고서의 목적은 핵심 메시지를 보고 왜 그러한 메시지를 실행하거나 보고 받아야 하는지에 대해 이유가 있어야 하기 때문이다. 바쁜 시간을 쪼개서 서둘러 아내의 보고서를 수정하려고 했던 마음이 이내 사그라들어 버렸다. 30분을 한참 들여다보았다. 최대한 원문을 살려 수정하려고 노력했다. 그러나 이내 1시간이 흘러가 버렸다. 도저히 수정할 수 없었다. 안되겠다는 마음에 그날 저녁에 집에 들어가서 아내에게 조심스럽게 말했다.

나　여보? 보내준 제안보고서 잘 봤는데요. 수정할까 하다가 그냥 그대로 내는 게 나을 것 같아요.

아내　(의심스러운 눈빛으로) 왜요?

나　도저히 수정을 못 하겠어요. 보고서는 작성하는 사람마다 스타일이 있는데 당신이 작성한 보고서를 수정하자니 수정이 안 되고 내 스타일대로 하자니 전부 다 고쳐야 해서……

아내　보고서를 잘 쓰는 사람이 그까짓 거 한 번 못 해줘요? 내가 하면 몇 시간이 걸리는데, 당신은 금방 만들 수 있잖아요.

그 후로 우리 집은 며칠간 뭔가 답답하고 냉랭한 기운이 흘렀다.

보고서는 결재권자가 읽을 때 무엇을 이야기하는 것인지 한눈에 확! 꽂혀야 한다. 보고서는 결재권자로 하여금 최대한 빠른 시간에 내용을 파악하여 올바른 의사결정을 내리게 하는 데 의의가 있다. 직장생활을 시간의 관점에서만 본다면, 결국 직장인이 보고서를 작성하는 이유는 의사결정권자의 시간을 절약하기 위해서라고 할 수 있다.

그렇다면 어떻게 해야 보고서를 결재권자의 눈에 확 꽂히게 할 수 있을까? 쉽게 작성하면 된다. 간단하지만 실행하기는 어려운 일이다. 문제를 해결할 수 있는 가능한 모든 정책대안을 발굴하는 것을 보고서라고 할 때, 현황과 문제점을 파악하여 분석하고 이에 대한 각각의 해결방안을 만드는 것도 어려운데 이를 또 알기 쉽게 하는 게 어디 말처럼 쉽단 말인가? 그럼에도 불구하고 내가 생각하는 답은 이러하다.

"모든 문제의 본질은 단순하다. 동시에 오묘하다."

우리는 모두 단순하면서 쉬운 답을 원하고 탐색한다. 많은 사람이 바닷가에서 온갖 형상의 파도를 바라보며 대자연에 빠져든다. 그 다양한 파도는 매우 단순한 하나의 원리에서 나온 결과다. 바로 하위헌스(Huygens)의 원리[6]다. 스마트TV, 스마트폰 등 온갖 IT 기기들은 맥스웰 방정식[7]이라는 매우 단순하고도 아름다운 방정식의 다양한 현상이다.

문제의 해결방안은 본질적 가치를 파악하는 데 있다. 본질적 가치는 단순하나 오묘하다. 그 오묘함에 심연의 바다로 끝없는 도전의 여행을 하는 것이 기안자의 정신이다. 본질은 항상 '왜(Why)' 사고를 끊임없이 사슬 엮듯이 엮어가는 노력에 그 모습을 보여준다.

아내와의 사건이 발생한 후 며칠이 지나 나는 쟁점 사항(?)을 해결하기 위해 야근을 했다. 아내가 만든 보고서 초안은 다음 페이지와 같다.

보고서를 보면서 '아내는 왜(Why)!!! 이 보고서 만들려고 했을까?'라는 생각을 갖고 감정이입을 해 보았다. 아내의 보고서가 말하고 있는 바는 크게 세 가지로 요약할 수 있었다. 첫째, 안성맞춤랜드를 방문하는 대상은 주로 가족 단위다. 둘째, 안성맞춤랜드에는 사계절 썰매장, 캠핑장, 남사당 공연장이 있으나 축제 기간 외에는 활용도가 떨어진다. 셋째, 실내 휴식 공간이 부족하므로 부지 내 도서관을 건립해 시설물 활용도를 높여야 한다.

보고서를 보면 뭔가 할 말은 있는데 "그래! 바로 이거야!"라는 임팩

---

6. 광파의 진행 상태를 도표로 작성하는 데 사용한 원리로 1678년에 네덜란드의 물리학자 하위헌스가 발표하였다.

7. 전자기 현상의 모든 면을 통일적으로 기술하고 있는, 전자기학의 기초가 되는 방정식.

트가 보이지 않았다. 무엇보다 먼저 이 보고서의 목적을 규정해야 했다. 그래서 나는 "모든 세대가 함께 즐길 수 있는 도서관 놀이터 설치로 최적의 실내 여가시설을 제공하여 안성맞춤랜드 활용률 제고"를 목적으로 생각했다. 현재의 안성맞춤랜드 시설은 가족단위 동적 여가활동 장소로 활용되고 있어 평일 방문객을 늘리는 방안을 마련하는 것이 필요하다는 결론을 내렸다.

안성맞춤랜드에서 만나는 상상톡톡
신나는 책놀이터!

◆ 놀 거리, 볼거리, 즐길 거리가 풍부한 안성맞춤 랜드에 실내 그림책 놀이터를 설치함으로써 어린이들의 꿈과 상상력을 키우고 주변 관광자원활용 활성화 도모

□ 현 황
  ○ 어린이가 뛰어놀기 적합한 천혜의 자연환경을 갖추고 있어 주말마다 가족단위 방문객이 늘어나고 있음
  ○ 수도권에 위치하여 서울 및 경기남부의 주요 인구밀집 도시에서의 접근성이 좋아 당일 나들이코스로 적합하고 잔디밭, 사계절 썰매장, 남사당 공연, 캠핑장 등 부대시설이 완벽하게 갖추어져 있음에도 바우덕이 축제 기간 외에 활용도가 떨어짐
  ○ 실내 휴식 공간의 부재는 날씨의 영향에 따라 방문객 수에 영향을 미침

□ 개선방안
  ○ 실외에서 신나게 뛰어놀고 나서 재충전 할 수 있는 실내공간 구축
  - 아이들이 책 속에서 마음껏 뒹굴어 보는 기회 제공
  - 미끄럼틀을 타고 장난감도 가지고 놀며 자유롭게 그림책을 볼 수 있는 공간 마련
  ○

□ 기대효과
  ○ 누구나 쉴 수 있는 행복한 도서관 건립으로 책 읽는 안성으로의 이미지 제고
  ○ 안성맞춤랜드의 나머지 부대시설에 대한 이용객수 증가

1/2

〈그림3-1〉 아내가 작성한 보고서 원문 1

〈그림3-2〉 아내가 작성한 보고서 원문 2

그런데 결재권자도 정말 나와 같은 결론을 내릴 수 있을까? 아니다. 남을 설득하기 위해서는 객관적인 자료가 필요하다. 그래서 안성맞춤랜드에 평일 방문객이 적다고 판단한 근거, 가족 단위 방문객이 정말 많은지, 안성맞춤랜드 방문 시 겨울에 춥고 여름에 더워서 힘들다는 식의 개인적 느낌을 객관적인 지표로 나타낼 수 있는 근거 자료가 무엇이 있을지 고민했다. 요즘은 누구든지 여행을 갈 때 해당 방문지에 관한 정보를 스마트폰으로 검색하기 때문에 네이버 데이터랩을 통해 날짜별 '안성맞춤랜드' 키워드 정보검색량을 조사해 방문 시기를 추정했다. 그리고 소셜 빅데이터 분석툴(SOCIAL metrics)[8]을 통해 '안성맞춤랜드'라는 키워드에 대한 연관 키워드와 감성 키워드를 조회하여 안성맞춤랜드에 방문하는 사람들이 같이 표현하는 키워드와 느끼는 감정이 무엇이 있었는지를 조사해 논거 자료를 확보할 수 있었다.

실제 안성맞춤랜드를 방문하는 주변 사람들의 공통된 의견은 평일에 방문해서 마땅히 갈 곳이 없고, 방문을 해도 날씨에 구애받지 않고 아이들을 데리고 갈 만한 시설이 없다는 것이었다. 보고서를 작성할 때는 이런 막연한 생각에서 그칠 게 아니라 현황과 문제점을 정확히 분석하고 그렇게 판단한 명확한 근거를 만들어 내야 한다. 또한 문제점에 대한 해결방안을 단순하되 알기 쉽게 작성하여 결재권자를 설득할 수 있어야 한다. 앞서 머리말에서도 언급했지만 문제해결 역량은 일반 공무원이 행정가로 발돋움하기 위한 기본 요소임을 기억하자.

현황과 문제점을 파악했으면 이제 개선방안이 나와야 한다. 평일에 방문객을 늘리되, 계절의 영향을 받지 않는 실내 여가시설에는 무엇이 있을까? 또한 해당 시설을 도입함으로써 지방자치단체의 이미지까지 제고할 수 있는 것에는 무엇이 있을까? 놀이시설을 도입한 도서관 설치가 그 해답이 될 수 있다. 유아에게는 놀이시설이, 청소년부터 성인까지는 도서관이 유인책이 된다. 또한 도서관은 인재양성 교육도시라는 이미지를 구축하는 데도 도움이 된다. 지금까지의 내용을 정리하면

---

8. 현재는 썸트렌드로 명칭이 바뀌었다. https://some.co.kr

다음과 같다.

현황 및 문제점	개선방안	기대효과
• (현황) 안성맞춤랜드는 바우덕이 축제 외에도 공원, 캠핑장, 공연장, 사계절 썰매장이 있어 가족 단위 동적 여가 활동 장소로 활용 • (문제점) 축제 기간과 주말 외에는 방문객이 적어 시설 활용률 저조	• 도서관 – 놀이터를 설치하여, 계절·날씨에 관계없이 모든 세대가 즐길 수 있는 실내 여가시설 마련	• 어린이들의 학습 – 놀이 공간이자 청소년~성인의 독서 공간 제공으로, 주중 안성맞춤랜드 활용률 제고와 인재양성 교육도시 이미지 확립

이 보고서는 1페이지 보고서로 핵심 메시지를 명확하게 표현해 내야 하므로 내용 외에 표현하는 방식도 중요하다. 최종 완료된 보고서는 다음 페이지와 같다.

제목은 보고서의 내용이 함축되어 있어야 하고 말하고자 하는 바를 한눈에 알 수 있어야 한다. 따라서 안성맞춤랜드의 전통적 이미지와 도서관 건립을 강조하기 위해 글자체를 HY백송B로 바꾸고 글자색도 눈에 띄게 강조하였다. 핵심 메시지를 결재권자의 머리에 각인시키기 위해 도서관 – 놀이터 실제 이미지를 추가하였다. 마지막으로 보고서에서 제시한 현황과 문제점을 도출한 객관적 근거를 제시하여 핵심 메시지의 설득력을 제고하였다.

야근을 마치고 퇴근하면서 완성한 보고서를 컬러로 인쇄하여 아내에게 주었다. 아내는 자신이 얘기하고 싶었던 내용이 모두 잘 담겼다며 씽긋 웃으며 고마워했다. 두 장짜리 보고서는 이후 시장 앞에서 직접 발표(2017년 11월)가 되었고 바로 시행하라는 특별 지시에 따라 안성

맞춤랜드 내 도서관 건립 검토를 진행했다.[9]

아내와 나의 보고서는 어떤 차이가 있을까? 질문을 바꿔서, 어떤 보고서가 한눈에 들어올까? 어떤 보고서에 눈길이 가는가? 보고서는 궁극적으로 결재권자를 설득해야 하는 것이고 이를 위해서는 현재 상황

안성맞춤랜드에서 만나는 상상톡톡 신나는 도서관-놀이터

◆ 모든 세대가 함께 즐길 수 있는 '도서관-놀이터'(Library-Playground) 설치로 최적의 실내 여가시설을 제공하여 안성맞춤랜드 활용률 제고

□ 현황 및 문제점

○ **(현황)** 안성맞춤랜드는 바우덕이 축제 외에도 공원, 캠핑장, 공연장, 사계절 썰매장이 있어 **가족단위 동적(動的) 여가활동 장소*로 활용**
　• 안성시는 서울과 경기남부권에서 접근성이 높아 주말 당일(또는 1박) 코스로도 선호

○ **(문제점)** 축제 기간과 주말 외에는 **방문객이 적어 시설 활용률 저조**
　- 여름에는 햇볕을 피할 그늘이, 겨울에는 따뜻한 실내 놀이시설이 부족
　- 어린이·청소년·성인 등 모든 세대가 함께 즐길 수 있는 실내 여가시설 부재

□ 개선방안

**도서관-놀이터(Library-Playground)를 설치하여,
계절·날씨에 관계없이 모든 세대가 즐길 수 있는 실내 여가시설 마련**

□ 기대효과

○ 어린이들의 학습-놀이 공간이자 청소년~성인의 독서 공간 제공으로, **주중 안성맞춤랜드 활용률 제고와 인재양성 교육도시 이미지 확립**
　- **(어린이)** 주중 어린이집·유치원의 아이들을 위한 학습-놀이 시설 제공
　- **(청소년~성인)** 북-카페를 조성하여 청소년~성인에게 쉼-독서 환경 제공

1/2

〈그림4-1〉 저자가 수정한 보고서 1

---

9. 현재 예산 부족으로 도서관 건립은 하지 않는 것으로 결정되었음.

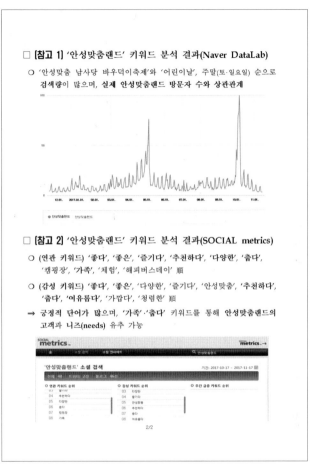

<그림4-2> 저자가 수정한 보고서 2

과 본질적인 문제점 파악, 그리고 이를 해결하기 위한 구체적인 방안이 있어야 한다. 또한 객관적인 근거도 필요하다. 이와 같은 복잡한 내용들을 본질적인 내용만 담아서 한눈에 알기 쉬운 핵심 메시지로 전달하여야 한다.

핵심 메시지를 잘 파악하고 전달하는 능력은 전문적인 분석력과 통찰력을 바탕으로 한다. 전문적인 분석력이란, 복잡한 정보나 데이터를 이해하고 그 안에서 중요한 패턴이나 트렌드를 식별하는 능력을 말한다. 예를 들어, 정책연구 보고서에서 핵심 메시지는 종종 데이터 분석 결과에 근거한다. 보고서 작성자는 데이터로부터 의미 있는 결과를 도출하고, 그 결과가 의미하는 바를 정확히 이해해야 한다. 이 과정에서 전문적인 분석력이 필요한 것이다. 통찰력은 문제나 상황에 대해 깊게 이해하고 새로운 관점을 제공하는 능력이다. 핵심 메시지는 종종 우리의 통찰에 기반하기 때문에, 통찰력은 핵심 메시지를 명확히 파악하고 전달하는 데 중요하다. 따라서 보고서 작성자가 복잡한 정보나 데이터로부터 핵심 메시지를 도출하기 위해서는 전문적인 분석 능력과 통찰력, 즉 소관 분야에 대한 '전문성'이 필수적이다. 그리고 이러한 전문성은 자신의 주제에 대한 깊은 지식과 경험, 연구와 학습을 통해 계속 발전할 수 있다.

핵심 메시지를 파악하는 방법

1. 먼저 보고서를 작성하게 된 배경과 문제의식을 명확히 해야 한다.

보고서는 어떤 목적과 목표를 가지고 작성되었는지에 따라 그 내용과 흐름이 달라진다. 보고서를 작성하게 된 배경과 문제의식을 명확히 함으로써 핵심 메시지를 파악하는 데 필요한 틀을 마련할 수 있다.

2. 문제의 해결은 현상이 아닌 본질을 파악하는 것이다. 본질은 단순하면서 오묘하다.

핵심 메시지는 보고서에서 다루고 있는 모든 문제의 해결책을 담고 있다. 문제의 해결책을 찾기 위해서는 문제를 일으키는 원인을 정확하게 파악해야 한다. 즉, 문제의 현상을 파악하는 것에서 더 나아가 문제의 본질을 파악하는 것이 중요하다.

3. 본질적 가치를 키워드로 구성하여 핵심 메시지를 구현하되 최대한 압축해야 한다.

핵심 메시지는 보고서 전체 내용을 함축적으로 나타내는 것이므로 최대한 압축하여 표현하는 것이 중요하다. 또한 핵심 메시지를 결재권자가 쉽게 이해할 수 있어야 한다. 그러므로 본질적 가치를 키워드로 구성하여 핵심 메시지를 구현하는 것이 효과적이다.

사실과 판단을 쉽게 구별하는 팁

"보고서 만들 때 말이에요. 얼마든지 내 논리로 부서장을 설득할 수 있어요. (웃으면서) 나에게 유리한 자료만 보고서에 담으면 되거든요."

2008년 어느 날 을지연습[10] 관련 관계자 회의에서 다른 기관에 근무하는 주무관이 나에게 한 말이었다. 당시에는 그러려니 했지만, 지금 와서 돌이켜 보면 참 무서운 말씀이라 생각한다. 보고서란 정책결정권자로 하여금 올바른 판단을 내리게 하여야 하는데, 보고자가 자기의 입맛에 맞는 팩트(fact)만 선별해서 논리의 근거로 삼는다면 그것보다 더 무시무시한 일이 있을까? 왜곡된 보고서로 인해 잘못된 정책 결정이 내려지고 그로 인해 어처구니없는 사태가 발생한다면 누가 책임

---

10. 6.25와 같은 전쟁이 일어난 비상사태를 가상으로 만들어 놓고, 나라를 지키고 국민의 생명과 재산을 보호하기 위한 국가 차원의 종합적인 비상대비훈련.

질 것이고, 이후의 문제해결은 또 어떻게 하란 말인가?

조선일보의 2011년 8월 27일 자 기사 〈[Weekly BIZ] 잘못된 보고서 한 장에… 비용 팍팍 늘고, 사운까지 영향 미친다〉를 보자.

> "최근 세계경영연구원(IGM)이 기업의 오너·전문경영인·임원 100명을 대상으로 실시한 설문조사에서 '부하 직원의 잘못된 보고서 때문에 의사결정 시 그릇된 판단을 한 경험이 있느냐'는 질문에 4명이 '많다', 78명이 '조금 있다'고 답했다. 10명 중 8명이 보고서의 오류 때문에 곤욕을 치른 것이다.
> 리더는 올라온 보고서의 정보에 의지하는 경우가 많은데, 상황이 이러하니 보고서에 대한 만족도가 낮을 수밖에 없다. 설문조사에서 부하 직원의 보고서에 '만족하지 않는다'라는 리더가 24명이었다. 55명은 '그저 그렇다'라고 응답했다."

보고자는 자신의 주장을 관철하기 위하여 유리한 팩트만 보고서에 담고 싶은 충동을 느낀다. 그것은 상사가 보고서를 이해하기 쉽게 만들기 위해 자질구레한 것들을 제외하고 핵심만 요약해서 담는 것과는 다르다. 임기응변식으로 짧은 시간 내에 자신의 주장을 왜곡된 사실로 포장하여 기관장의 결재를 맡으면 당장은 넘어갈 수 있다. 그러나 조금이라도 꺼림칙한 것은 신기하게도 몇 년이 지난 후 항상 문제가 되어 돌아온다. 파급력이 큰 보고서일 경우 더욱 조심해야 하는 이유다. 특히 가장 경계해야 하는 것은 상사로 하여금 보고자를 믿을 수 없는 사람이라고 인식하게 하는 것이다. 한 직장에서 3년 이상 근무하게 되면 꼬리표(tag)가 따라붙는다.

"그 친구 일 참 잘해."
"사람은 좋은데 일은 영……."
"인성이 아주 훌륭하지. 게다가 일도 잘해!"

게시판의 글에 태그 설정을 해 두면 언제든지 일목요연하게 분류할 수 있듯이, 사람에게 붙은 꼬리표는 한번 설정이 되면 그 꼬리표로 분류가 되어 버린다. 그리고 한번 각인된 이미지는 쉽사리 바꾸기 어렵다. 보고서를 허위로 작성하는 사람이라는 꼬리표를 붙이고 다닐 것인가? 유리한 팩트만 보고서에 담자는 유혹을 떨쳐내고, 사실을 있는 그대로 열거하되, 다양한 의견을 보고서에 담고, 최종 판단은 정책결정권자에게 맡기도록 하자.

〈김어준의 파파이스〉 136회에서, 박근혜(前 대통령) 탄핵 직전 이정렬 前 창원지법 부장판사와 사회자인 김어준은 이런 대화를 했다.

이정렬 前 부장판사 예전에 판사로 있을 때 판결문을 보면 아무리 심리를 탄탄히 하고 결론에 자신이 있어도 판결이 안 써질 때가 있어요. 그거는 선고 못하거든요. 뭔가 이상하다. 그러니까 아무리 내가 기각이라 생각해도 써 보면 알아요. 이게 글이 안 나간다.

김어준 평생 법관으로 훈련받아서 거기서 나온 지식을 가지고 거기다 뿌려야 되는데 안 뿌려지는군요. 이게.

이정렬 前 부장판사 그렇죠. 그러려면 적어도 자기가 보기에 문장이나 논리 전개에 구멍이 있으면 안 되거든요. 근데 기껏 완성했는데 놓고 보니까 이래요. 사실관계가 이렇다. 이런 것을 했다. 그래서 어떤 법을 어떻게 위반했다. 그러나 이런 점을 다 종합해도 법 위반의 정도와 국민에 대한 신뢰 관계의 파탄이 탄핵을 인용할 정도로 중하다고 보이진 않는다. 이렇게 가야되는 거예요. 한참 건너뛰잖아요. 안 되요 이게. 안 써지더라고요.

그렇다. 글은 거짓말을 못한다. 보고서에 자신의 생각과 반대되는 논리를 담을 경우 이상하리만치 글이 잘 써지지 않는다. 그것이 글이 가진 힘이다.

나에게도 유사한 경험이 있다. 용인에 있는 미준공된 도시계획시설(학교)에 대한 것이었다. 요지는 해당 도시계획시설[11]에 대한 행정처분[12]이 신의성실의 원칙[13]과 합법성의 원칙 간 충돌[14]된다는 것이었다. 구

---

11. 기반시설 중 도시관리계획으로 결정하여 설치하는 시설. 기반시설이 단순한 시설 자체를 의미한다면 도시계획시설은 그 기반시설이 도시관리계획의 규정된 절차를 통해 결정되어 법적으로 인정된다는 것을 의미한다(군의 경우 군계획시설 및 군관리계획으로 지칭). 도로 등과 같이 반드시 도시관리계획으로 결정하여 설치하는 경우와 체육시설 등과 같이 도시관리계획으로 결정하지 않고도 설치하는 경우로 구분할 수 있다.(출처: 서울특별시, 알기 쉬운 도시계획 용어)

12. 행정청이 구체적 사실에 관하여 행하는 법 집행으로서 공권력의 행사 또는 그 거부와 그 밖에 이에 준하는 행정작용.

13. 모든 사람이 공동체의 일원으로서 상대방의 신뢰를 헛되이 하지 않도록 성의 있게 행동하여야 한다는 원칙. 행정기본법은 불문법인 신의성실의 원칙을 행정법의 일반원칙의 하나로 선언하고 있다. 다만 성실의무의 원칙으로 명칭을 달리하여 규정하고 있다.(행정기본법은 제11조)

14. 법령에 따른 처분이 신의성실의 원칙에 반하는 경우 위법한 처분이 되는가 하는 것은 구체적인 사안에서의 신의성실의 원칙의 보호가치와 합법성의 원칙의 보호가치를 비교형량하여 판단하여야 한다. 판례는 합법성의 원칙을 우선에 두고, 예외적으로 신의성실의 원칙이 적용되는 것으로 보고 있다.

체적인 사실관계를 따져보니 내가 아는 법리 하에서는 신의성실의 원칙보다 합법성의 원칙이 우선인 상황이었다. 그러나 신의성실의 원칙을 주장해야 조직에게 손해가 없다는 얘기가 있어 할 수 없이 그 주장대로 보고서를 만들어 보았다. 만들고 보니 영 설득력이 떨어졌다. 할 수 없이 합법성의 원칙을 주장하는 보고서와 신의성실의 원칙을 주장하는 보고서 2개의 버전을 만들어 변호사의 자문을 얻었고 역시 내 생각대로 변호사들로부터 일관되게 합법성의 원칙이 우선이라는 답변을 받았다.

객관적인 사실들을 놓고 봤을 때 법리상 당연히 A라고 귀결이 되는데 B로 논리를 만들어 내려고 하면 정말 글이 안 써진다. 억지로 쓰다 보면 누가 봐도 말이 안 된다. 다양한 사실을 가감 없이 보고서에 드러내고 그중에서 최선 내지는 차선의 판단을 담으면 보고자의 역할은 다한 것이다. 명심하라. 보고자는 팩트를 통해 논리를 구성하고 정책결정권자가 올바른 판단을 하도록 하여야 한다는 것을. 왜곡된 보고는 자신뿐만 아니라 다른 사람을, 더 크게는 국가 전체를 혼란에 빠지게 할 수 있다는 것을.

특정 관점에서 보면 사실과 판단을 구별하는 능력은 보고서 작성자의 '문제해결 능력'과 관련이 있다. 사실과 판단을 구별하는 것은 보고서를 통해 복잡한 문제를 명확하게 이해하고 해결하는 데 필수적이다. 사실은 검증 가능한 정보나 데이터를 의미하며, 판단은 그러한 사실에 근거하여 도출된 의견이나 결론을 가리킨다. 판단은 과거와 현재의 데이터 분석, 정책환경 동향, 경쟁 상황 등 다양한 요소를 고려하여 만들어진다. 만약 보고서 작성자가 사실과 판단을 명확히 구별하지 못한다면 그 결론이 정확할 수 있을까? 잘못된 판단이나 가정 위에 기반한 결론은 종종 심각한 오류로 이어질 수 있다. 따라서 사실과 판단을 정확히 구분하고 이를 바탕으로 '문제를 해결하는 능력'은 모든 보고서 작성자가 가져야 할 중요한 역량이다.

보고자는 객관적인 사실을 근거로 논리를 구성하고 정책결정권자가 올바른 판단을 하도록 하라.

보고자는 보고의 목적을 달성하기 위해 객관적인 사실을 근거로 논리를 구성하고, 정책결정권자가 올바른 판단을 하도록 해야 한다. 그 이유는 다음과 같다.

1. 보고자는 정책결정권자에게 필요한 정보를 제공하는 역할을 하기 때문이다.

정책결정권자는 보고를 통해 다양한 정보를 수집하고, 이를 바탕으로 정책을 결정한다. 따라서 보고자는 객관적인 사실을 근거로 논리를 구성하여, 정책결정권자에게 정확하고 신뢰할 수 있는 정보를 제공해야 한다.

2. 보고자는 정책결정권자의 판단을 돕는 역할을 하기 때문이다.

정책결정권자는 복잡한 상황을 고려하여 정책을 결정해야 한다. 따라서 보고자는 객관적인 사실을 근거로 논리를 구성하여, 정책결정권자가 복잡한 상황을 이해하고, 올바른 판단을 내릴 수 있도록 도와야 한다.

3. 보고자는 정책의 효과성을 높이는 역할을 하기 때문이다.

정책의 효과는 정책결정권자의 올바른 판단에 의해 좌우될 수 있다. 따라서 보고자는 객관적인 사실을 근거로 논리를 구성하여, 정책결정권자가 올바른 판단을 내릴 수 있도록 함으로써, 정책의 효과성을 높이는 데 기여해야 한다.

보고자가 객관적인 사실을 근거로 논리를 구성하기 위해서는 다음과 같은 사항에 유의해야 한다.

1. 객관적인 정보를 수집하고 분석해야 한다.

보고자는 자신의 주관이나 편견을 배제하고, 객관적인 정보를 수집하고 분석해야 한다.

2. 논리적으로 타당한 근거를 제시해야 한다.

보고자는 논리적으로 타당한 근거를 제시하여, 자신의 주장이 객관적이라는 것을 입증해야 한다.

3. 정책결정권자의 입장을 고려해야 한다.

보고자는 정책결정권자의 입장을 고려하여, 그들이 이해하기 쉽고, 설득력 있는 논리를 구성해야 한다.

보고자가 객관적인 사실을 근거로 논리를 구성하고, 정책결정권자가 올바른 판단을 하도록 함으로써, 정책의 효과성을 높이고 공익을 달성할 수 있다.

결과물 목록으로
빠른 체크리스트 만들기

부서장이 지시한 사항을 며칠 동안 고민하여 보고서를 만들었는데 내팽개쳐진 경험이 한 번쯤은 있을 것이다. 당연히 보고서[안]이 통과될 줄 알고 자신만만했지만, 부서장의 장마 빗줄기 같은 소리에 낯이 화끈거려 몸 둘 바를 모른 적도 있었을 것이다. 직장에서 부서장의 의중을 잘 담아 보고서를 만들기 위해서는 어떻게 해야 하는 것일까?

예를 들어 보자. 어느 날 부서장이 당신을 불러 재정문제로 중앙정부와 우리 조직 간에 다툼이 심하니 재정확보 방안에 대해 간략히 보고서를 작성하라는 지시를 받았다고 가정해 보자. 당신이라면 어떻게 하겠는가? 일단 자리로 돌아와 주변 사람들과 구체적인 해결 방법을 생각할 것인가? 아니면 팀장에게 쫓아가 부서장이 이러이러한 지시를 했는데 어떻게 했으면 좋겠는지 물을 것인가? 물론 나의 방법이 정답이 아닐 수 있겠지만 나라면 이렇게 할 것이다. 일단 부서장이 지시한 정확한 내용을 다시 한번 확인하면 다음과 같다.

"재정문제로 중앙정부와 우리 조직 간에 다툼이 심하니 재정확보 방안에 대해 간략히 보고서를 작성하라."

먼저 부서장의 지시 사항을 잘게 쪼개 보자. '1. 재정문제로 중앙정부와 우리 조직 간에 다툼이 심하니', '2. 재정확보 방안', '3. 간략히 보고서를 작성하라'로 크게 세 부분으로 나눌 수 있다.

첫째, 재정문제로 중앙정부와 다툼이 심하다는 부분을 부서장에게 구체적으로 물어야 한다. 매일 언론 보도자료를 통해 조직의 상황을 파악하겠지만, 부서장들의 경우 간부회의를 통해 논의하는 정보의 질은 말단 직원의 그것과는 매우 다르다. 따라서, 구체적으로 물어야 한다. 부서장은 (물론 개인의 성향에 따라 다르겠지만) 지시할 때 자세하게 알려주지 않는다. 따라서 구체적으로 물어야 한다. 재정문제라면 구체적으로 어느 분야의 재정문제인지, 중앙정부와 다툼이 심하다면 내가 생각하고 있는 게 이것인데 부서장의 생각과 일치하는지, 혹시 내가 알고 있는 것 외에 더 알려줄 것은 없는지 물어야 한다.

둘째, 재정확보 방안에 대해서 접근방법을 어떻게 생각하고 있는지 물어야 한다. 부서장이 어느 정도 업무 흐름의 틀을 잡고 있으면 그 틀을 구체적으로 나의 것으로 내재화해야 한다. 부서장이 그리고 있는 방향을 내가 캐치하려면 권투에서 잽을 날리듯이 슬쩍슬쩍 쳐봐야 한다. 그 와중에 무수히 떨어지는 답변들을 얼른 주워 담아야 한다. 반면에 처음부터 부서장이 그냥 재정확보 방안에 대해 실무선에서 해답을 마련해 오기를 바라는 것일 수도 있다. 그때는 오히려 더 편할 수 있다. 왜냐하면 전권 위임이기 때문이다. 자신이 생각하는 재정확보 방안을 백지 위에 마음껏 그려볼 좋은 기회다. 잘만 그린다면 부서장이 당신을 신임할 기회이기도 하다.

셋째, 간략히 보고해 달라는 의미에 대해 구체적으로 물어야 한다. 부서장이 말하는 '간략히'가 1페이지 보고서인지 2~3페이지 보고서인지 물어봐야 안다. 왜냐하면 부서장은 만들어진 보고서를 언제, 어디서, 어떤 상황에 쓸지를 생각하고 있는 사람이기 때문이다. 보고서를 작성하는 사람은 그 상황까지 알 수 없으므로 부서장의 말에서 궁금한 사항을 즉각 물어야 한다. 입장을 바꿔 생각해 보라. 당신이 부서장이라면 20명이 넘는 각각의 직원들의 성향을 일일이 파악해서 성향에 맞게 지시를 할 수 있겠는가? 직급이 올라갈수록 짧은 시간에 판단을 내려야 하고, 직급이 올라간 만큼 더 높은 직급에서 요구하는 수준이 있어서 부서장들은 시간이 항상 부족하다. 처음 지시를 받은 자리에서 구체적인 부서장의 의중을 모두 파악하고 자리에 돌아와서 정리한다. 그리고 머릿속으로 기 - 승 - 전 - 결을 구상해 보자. 나의 경우엔 다음과 같이 한다.

'보고의 개요 부분에는 보고서를 만들게 된 배경을 설명하자. 그래야 다른 사람들이, 나도 이렇게 생각했는데, 이런 문제의식이 있었으니 보고서를 한번 읽어 봐야겠다는 마음이 들거야.'

'현황과 문제점 부분은 어떻게 작성할까? 현황 부분은 예산 부서 실무자와 협의를 해야겠어. 그런데 그 전에 먼저 연구용역 자료를 찾아

봐야지. 왜냐하면 내가 사전에 공부를 해야 질문도 하고 얻어올 게 많으니까. 문제점 부분은 예산업무 실무자에게 인터뷰하면 자세히 나올 거야. 사람들은 해결방안을 제시하긴 어려워도 문제점에 대해서는 말을 다 잘하니.'

'대안, 즉 재정확보 방안은 아까 찾았던 연구용역 자료를 먼저 보는 게 좋을 것 같아. 그런 후에 예산 실무 담당자의 얘기도 들어 보자. 그리고 총괄 정리해서 주변 사람의 도움을 받도록 하자. 초안을 빨리 잡아야겠는걸. 초안이 완성되면 예산업무 전임자들에게도 인터뷰해서 검증해 보자. 다양한 사람들의 의견을 들어야 누수되는 부분들이 없을 거야.'

'추진계획은 대안을 성질별로 먼저 묶어보면 되겠지. 시간이 얼마 안 걸리는 대안과 오래 걸리는 것, 그리고 대안을 추진하는 데 비용이 드는 것과 비용이 안 드는 것 등으로 말야.'

이렇게 고민한 후 바로 실행에 옮겨 초안을 부서장이 지시한 날부터 하루 내지는 이틀 내에 최대한 빨리 완성하여 보고한다. 이 부분이 가장 중요하다. 이 단계는 로켓을 목적지로 발사하는 초기 단계이기 때문이다. 초기 단계에서는 각도가 1도라도 잘못되면 즉시 수정이 가능하다. 만약 초기 단계에 각도 수정을 못하면 적기에 보고할 수 없게 되어 그동안의 고생이 무용지물이 되어 버린다. 즉, 쓰레기가 되어 버리고 만다. 왜냐하면 보고서는 아무리 그 내용이 훌륭해도 제때 하지 못하면 아무런 소용이 없거나 그 효과가 100% 발휘되지 못하게 되기

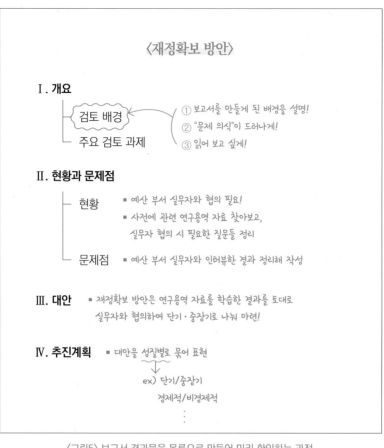

《그림5》 보고서 결과물을 목록으로 만들어 미리 확인하는 과정

때문이다. 부서장이 초안을 검토하게 되면 이런저런 지시가 있을 것이다. 그때 그 지시 사항을 잘 메모하고 조금이라도 모르겠다면 바로 물어봐야 한다. 초안의 방향을 뒤집어야 하는지, 각도만 약간 수정하면 되는지 이 단계만 넘어가면 그다음은 일사천리다.

이러한 관점에서 보면, 결과물을 목록으로 만들어 미리 확인하는 것은 보고서 작성자의 '커뮤니케이션 능력'과 직접적으로 연관된다. 이 과정을 통해 작성자는 자신이 목표와 내용을 명확하게 이해하고 있음을 결재권자에게 보여줄 수 있다. 반면에 결재권자는 보고서의 구조와 내용을 사전에 파악하고 수정이나 보완이 필요한 부분을 쉽게 찾아낼 수 있다. 따라서 결과물을 목록으로 만들어 미리 확인하는 것은 결재권자와 작성자 사이의 '커뮤니케이션 능력'을 향상시키는 중요한 방법이다.

보고서는 지시자가 머릿속에 그린 문제해결 방향과 일치해야 한다. 왜? 여러분이 속해 있는 직장은 대부분 계층제 조직이며 계층제 조직은 최소 부서장의 지지가 없이는 정책이 결정되지 못하기 때문이다. 명심하라. 부서장은 정책 결정의 최소단위 기구다. 부서장의 지지를 받기 위해 보고서 초안을 빨리 만들어 주변 사람과 부서장에게 미리 확인받자.

보고서를 작성할 때는 처음 지시를 받은 자리에서 결재권자의 구체적인 의중을 모두 파악하라.

보고서를 작성하는 과정은 간단한 것처럼 보일 수 있지만, 실제로는 많은 노력과 섬세함이 필요하다. 그중에서도 중요한 것은 결재권자의 구체적인 의중을 정확히 파악하는 것이다. 이 단계가 무시되거나 경시된다면, 그 결과는 효율성 저하와 시간 낭비, 심지어 잘못된 정보 전달로 이어질 수 있다.

1. 결재권자의 의중을 정확히 이해하려면 초기 지시를 철저히 듣고 이해하는 것이 필수적이다.

결재권자가 원하는 바를 완전히 파악하지 못한다면 보고서의 방향성이 흔들릴 수 있으며, 결과적으로 비효율적인 작업에 빠질 가능성이 크다.

2. 구체적인 지시 사항을 받은 후에는 즉각 정리하는 습관을 기르는 것이 좋다.

복잡한 정보나 주제를 다룰 때 특히 중요하다. 이 과정에서 자신의 생각과 아이디어를 명확하게 할 수 있으며 동시에 어떤 점들에 초점을 맞추어야 할지 판단할 수 있다.

3. 알맞은 질문을 하여 추가 정보를 얻거나 모호한 부분을 명확하게 하는 것도 중요하다.

직접 문제 상황에 대해 질문하거나 자세히 설명을 들음으로써 지시를 정확하게 이해하고 분석할 수 있다.

끝으로, 초기 지시 사항의 정확한 파악은 효과적인 보고서 작성의 핵심이다. 결재권자의 의중을 완벽하게 알아차리기 위해서는 충분한 시간과 주의력을 기울여야 하며 그것들로부터 생긴 아이디어와 방향성을 정리해야 한다. 이렇게 함으로써 보고서는 목적에 부합하게 되며, 그 결과로 결재권자와의 원활한 의사소통이 가능해지는 것이다.

현재와 미래의 시점에서
보고 생각하는 전략

보고서는 왜 쓰는 걸까? 직장에서 나에게 바라는 보고서는 어떤 모습일까?

"이○○ 주무관, 경기도의 지방공무원 총액인건비가 턱없이 부족한데 이거 좀 검토해서 보고해 봐요."

"김○○ 주무관, 다음 주에 당정회의가 있는데 지방재정 제도와 관련해 국회에 협조를 요청할 회의자료 좀 만들어 봐요."

"박○○ 주무관, 경기도 내 교육환경평가 승인없이 도시관리계획이 결정되는 경우가 발생하였는데 31개 시군 대상으로 교육환경평가 제도에 대한 홍보 기본계획을 수립해서 보고해 줘요."

우리는 조직에서 위와 같은 사례를 종종 겪는다. 어떤 사안에 대해 검토 보고를 해달라는 것, 회의 자료를 만들라는 것, 홍보 기본계획을 보고해 달라는 것, 이 모든 것에는 공통으로 요구되는 사항이 있다. 무엇일까? 조직에서, 직장에서 우리에게 작성해 달라고 하는 보고서에 공통으로 요구하고 있는 사항은 무엇일까? 다음의 회의계획보고서를 보자.

회의계획은 교육부의 (가칭)지역교육행정협의회[15] 법제화 추진에 대한 의견 수렴을 위해 추진하는 회의계획보고서다. 그렇다면 1안과 2

〈그림6-1〉 지역교육주민참여협의회 업무 관계자 회의 추진계획(1안)

---

15. 기초 지방자치단체의 장과 기초 단위 교육지원청 교육장 간 업무협의기구.

2안

지역교육주민참여협의회 업무 관계자 회의 추진 계획(안)

<'16. 5. 19.(목), 대외협력담당>

□ 회의 개요

○ (목적) 교육부의 (가칭)지역교육행정협의회 법제화 추진 검토와
관련하여 교육지원청 의견 수렴과 우리청 입장 정립*

* 교육부는 교육지원청과 기초지자체 간 정책의 연계·협력 강화를 위해,
(가칭)지역교육행정협의회 설치 근거 마련을 검토 중이며, 17개 시·도교육청
(교육지원청 포함) 의견 수렴을 위한 설문조사(붙임)를 요청한 상태('16. 5. 17.)

○ (일시/장소) '16. 5. 23.(월) 10:00~12:05(예정) / 경기도교육청 방촌홀(4층)

○ (참석대상) 경기도교육청 및 교육지원청 관계자 56명

- (도교육청) 정책기획관·대외협력담당관 부서장 및 관계자 등 6명
- (교육지원청) 지역교육주민참여협의회 업무 관계자 2명(팀장1, 담당자1)

○ (안   건)

- 지역교육주민참여협의회 구성·운영·안건 현황 및 건의사항 보고
- (가칭) 지역교육행정협의회 법제화에 대한 논의 등

□ 세부 진행 일정

시 간	내 용	비 고
10:00~10:30(30')	• 참석자 등록	
10:30~10:40(10')	• 인사말씀	정책기획관 대외협력담당관
10:40~11:20(40')	• 보고 안건 ① '경기도교육행정협의회 조례' 연혁 보고 (10') ② 교육지원청 별 지역교육주민참여협의회 구성·운영·안건 현황 및 건의사항 보고'(30')	대외협력담당 교육지원청
11:20~12:00(40')	• 논의 안건 ③ (가칭)지역교육행정협의회 법제화에 대한 논의(40')	참석자 전원
12:00~12:05(5')	• 마무리 말씀	대외협력담당관

붙임 (교육부) 설문조사서 1부.

〈그림6-2〉 지역교육주민참여협의회 업무 관계자 회의 추진계획(2안)

안의 차이는 무엇일까? 잘 모르겠다면 목적과 세부 진행 일정을 눈여
겨보라.

1안은 중앙정부의 설문조사 의견 수렴 요청에 대한 집행에 관한 내
용만 담겨 있다. 즉, 교육부의 '(가칭)지역교육행정협의회 법제화'에 대
한 설문조사 요청 그대로 단순히 의견을 수렴하는 데 그친다.

2안은 어떠한가? 일단 목적부터 확연히 다르다. 2안은 단순한 의견 수렴 외에 최종적으로 조직의 입장을 어떻게 정할지에 대한 미래 시점의 관점이 담겨 있다. 또한, 중앙정부에서 추진을 구상 중인 정책과 대비하여 현재 운영 중인 정책을 소개하면서 자연스럽게 논의 안건으로 넘어가도록 하여 현황과 연계해 안건을 논의토록 회의계획을 짜 놓았다. 마지막으로, 처음 회의계획보고서를 읽는 사람을 위해 회의를 추진하게 된 배경도 적혀 있다. 어떤가? 같은 1페이지짜리 보고서이지만 2안이 훨씬 더 미래 지향적이지 않은가?

이처럼 회의계획보고서뿐만 아니라 정책기획보고서, 정보(상황)보고서, 조정과제보고서, 정책참고보고서 등 모든 보고서에는 미래의 바람직한 모습, 나아가야 할 방향을 제시해야 한다. 달리 말하면 보고서는 현재 사건이 미래의 결과에 어떤 영향을 미칠 수 있는지, 미래의 발전이 현재 상황에 어떤 영향을 미칠 수 있는지 등 현재와 미래의 관점을 모두 고려하는 것이 중요하다. 당신이 미래 지향적인 접근 방식을 취해 보고서를 작성할 때 비로소 결재권자는 도전과 기회를 예측하고 정보에 입각한 의사결정을 내리며 이해관계자와 효과적으로 소통할 수 있다.

다음 페이지의 문서(《공중화장실 발전 8대 과제 추진계획》) 일부를 한번 보자.

1페이지 보고서로, 전국 공중화장실 실태조사 확대에 대한 내용이다. 현황 부분에서 그간의 경과를 친절히 설명해 주고, 표본조사에서 전수조사로 바꿔야 하는 이유, 조사 대상을 확대하면서 발생하는 예산

2 전국 공중화장실 실태조사 확대

□ **현황 및 문제점**

○ 공중화장실에 대한 실태조사는 '12년부터 **지역별 표본조사***로 실시

* 전국 55,000개중, '12년·'13년'·14년·'15년 120개, '16년 90개 조사 실시

○ 실태조사 대상이 적어 **결과의 신뢰성이 낮고** 실태조사 결과를 보고서 작성에만 활용, **실제 공중화장실 정책에 반영되지 않고 있는 상황**

□ **추진 과제**

○ **(조사방식)** 조사방식을 기존 표본조사에서 **전수조사로 확대,** 결과의 신뢰성을 높이고, 지자체 협업을 통해 예산절감*을 도모

* 기존(화장실협회 조사 및 취합, 10백만원)→변경(지자체 조사 + 화장실협회 취합, 4백만원)

○ **(실태조사) 전국 지자체를 대상**으로 일제조사를 실시, 남녀화장실 분리 등 공중 화장실 시설 설치현황* 및 위생실태 평가 실시

※ 남녀화장실 분리, 비상벨 설치, 무장애 시설 설치, 이용자 만족도 조사 등

- 전수조사에 따른 실효성 있는 분석·활용을 위해 조사 양식 간소화*

* 화장실 시설 현황 항목 : 기존 50개 → 변경 20여개, 만족도 항목도 축소

○ **(결과활용)** 결과보고서 작성 및 지자체 배부, 주요내용을 화장실 관련 포럼 및 워크숍 안건으로 상정, **화장실 관련 정책에 반영**

○ **(인센티브)** 조사결과에 따른 **우수 관리기관 및 관리자를 선정,** 연말 시상*등에 적극 반영하고 관계자 격려 및 화장실 관리 효율 제고

* 화장실 문화축전, 아름다운화장실 대상, 화장실유공자 표창 등

□ **추진 계획**

○ 실태조사 실시(3~5월) 및 결과 분석(5월~6월), 보고서 작성 및 배부(7월), 화장실 포럼 및 워크숍 개최(5월~), 제도개선 방안 마련(7월~)

〈그림7〉 행정안전부 〈공중화장실 발전 8대 과제 추진계획〉 일부 발췌

(출처: 행정자치부 생활공간정책과 – 1201호, 2017. 3. 24.)

을 다른 기관의 협조로 절감할 수 있다는 언급으로 어필하고 있다. 게다가 실태조사 결과를 어디에 활용할지, 인센티브는 뭔지, 향후 제도 개선방안 마련까지 일목요연하다. 기관장 입장에서 당장 결재하고 싶게 만든 문서다.

마지막으로 다음 문서는 문화체육관광부의 〈지역신문발전 3개년 지원계획(2023~2025)〉 일부 발췌본이다.

과거

Ⅱ. 지난 계획(2020~2022)의 성과와 한계

1 성과

□ 「지역신문법」의 상시법 전환 (22.1.11.)
  ○ 여론의 다원화, 민주주의의 실현 및 지역균형 발전을 이루기 위해 「지역신문법」을 한시법에서 상시법으로 전환
  ○ 법률과 지역신문발전기금 재원의 안정적 확보를 통한 지역신문에 대한 선별적이고 집중적인 지원이 가능해짐

□ 지역신문발전기금사업 개선 계획 수립 (22.1월)
  ○ 상시법 전환 계기, 현장과 전문가 의견, 그간 기금존치평가 지적사항 등을 종합 고려한 기금사업 개선계획 수립
  ○ 지역신문발전기금-언론진흥기금간 사업재편, 성과관리 체계 개선 등

□ 현장 목소리를 반영한 신규 사업 개발·확대
  ○ 경영 여건이 어려운 지역 신문사에 새로운 성장동력 창출을 위해 지역 대학과의 협업을 통한 고용 연계형 인턴십 프로그램 신규 도입(21년)
    · 2021 대한민국 일자리 우수사례 선정(기재부), '21~'22년 124개 일자리 창출
  ○ 기사자료 디지털화, 디지털장비임대 등 디지털 역량 강화 예산을 확대(22년 42억원 → 6개 63억원)하고 수요자 만족도와 성과가 우수했던 사업 중심으로 정비하는 등 성과 중심으로 사업 재편

□ 기금 운용의 투명성 및 효율성 제고
  ○ 우수사례 및 성공 사례에 대한 정보와 시행착오 경험을 공유하고 벤치마킹을 통한 새로운 저널리즘의 도전 및 비즈니스 기회 제공

현재

Ⅲ. 정책환경 분석

1 미디어 환경

◆ 디지털 중심으로 뉴스 생태계 변화
  ○ (생산) 텍스트·영상·오디오 등 멀티미디어 형식의 뉴스 제작 보편화 및 AI 기술 접목(빅데이터 분석, 자동화된 기사 작성, 팩트체크 등) 등 디지털 기술 적극 활용, 내용면에서는 전문뉴스 중심으로 변화
  ○ (유통) 포털에 대한 의존이 매우 높으나, 충성도 높은 핵심 독자층에게 집중하는 구독기반 맞춤형 뉴스 서비스가 주목**받고 있음
    · 디지털뉴스 이용율(%) : '22년 포털 등 검색 엔진 69%, 소셜미디어 11%
    · 온라인 미디어서비스 유료 구독 : (16) 6% → ('22년) 14%(디지털뉴스리포트 2022)
  ○ (소비) 종이신문 이용률*은 지속 하락하고 디지털 뉴스소비 증가, 정치편향 등을 이유로 선택적 뉴스회피 경험 증가**
    · 종이신문 정기구독률 : ('00) 59.8% → ('10) 29.0% → ('20) 6.3%,
    · 선택적 뉴스회피 경험(표로이터저널리즘연구소) : ('19년) 54% → ('22년) 67%

◆ 뉴스 관심도 하락 및 신뢰 부족
  ○ 뉴스 무관심층 비율이 5년 전에 비해 2배 이상 증가('17년) 6% → ('22년) 13%) 하였으며, 특히 MZ세대 뉴스이탈 현상 두드러짐
    · 뉴스에 관심없다 : 35세 미만 21%, 35세 이상 10%(디지털뉴스리포트 2022)
  ○ 허위정보 등의 범람으로 뉴스에 대한 신뢰도*는 높지 않으며, 한편으로는 뉴스 과부하 등으로 선택적 뉴스 회피 야기
    · 뉴스 신뢰도 : (표로이터저널리즘연구소) : ('22년) 30% → :46거지 응답 42%
  ➡ 뉴스미디어 생태계 전반에 디지털 기술 이용 보편화, 지역신문에 대한 디지털 역량 지속 강화 필요
  ➡ 독자의 뉴스 피로도를 줄이고 뉴스 신뢰도를 높이는 저널리즘 관행 개선 및 콘텐츠 변화 필요

미래

2 비전 및 전략

비전	지역 맞춤형 지원을 통한 지속가능한 글로컬 저널리즘 구현		
목표	(자유) 지역 고유의 저널리즘 육성	(도약) 신기술 활용기반 확산	(연대) 지역사회 공익활동 강화

전략 및 추진 과제	1	[자유] 글로컬 저널리즘 기능 제고
		1-1. 지역밀착 뉴스콘텐츠 제작 지원
		1-2. 지역신문 전문인력 양성
	2	[도약] 신기술 기반 지역신문 외연 확대
		2-1. AI 활용한 서비스 영역 확장
		2-2. 디지털 전환 지원
	3	[연대] 지역사회 연대·상생 강화
		3-1. 지역공동체 활성화
		3-2. 지역사회 공헌 활동 증진
	4	[기반조성] 지역신문발전 기반 정비
		4-1. 안정적 지역신문 정책 기반 조성
		4-2. 지역신문발전기금 운영 개선

〈그림8〉 문화체육관광부 〈지역신문발전 3개년 지원계획(2023~2025)〉 일부 발췌

(출처: 문화체육관광부 미디어정책과 – 3310호, 2023. 9. 7.)

이 보고서는 목차만 봐도 과거 – 현재 – 미래가 모두 잘 연결된 보고

서임을 알 수 있다. 'Ⅱ. 지난 계획(2020~2022)의 성과와 한계'에서는 과거 시행한 정책의 성과와 한계를 명확하게 정리했다. 'Ⅲ. 정책환경 분석'에서는 현재의 미디어 환경과 지역신문 현황을 분석하고 있다. 'Ⅳ. 비전 및 추진전략'에서는 미래에 달성해야 할 비전과 목표를 제시하고 구체적인 추진과제를 명시하고 있다. 게다가 보고서 원문 전체를 살펴보면 과거 - 현재 - 미래 관점에서 제시하는 정보와 분석 내용이 유기적으로 연결되어 있다는 느낌을 주는 보고서다.

보고서는 현재와 미래의 시점에서 작성되어야 한다. 그리고 이러한 과정이 보고서 작성자의 '문제해결 능력'을 향상시키는 중요한 단계라는 점도 알아야 한다. 예를 들어 질 좋은 정책보고서는 과거의 정책 연혁을 제공하며 현재까지 어떻게 진행되었고 문제는 무엇인지에 대한 내용을 포함한다. 또한 정책을 어떻게 추진할 것이며 추진에 따른 효과, 예상되는 문제점 등도 언급한다. 이렇게 과거 - 현재 - 미래가 모두 연결된 보고서를 작성하는 것은 문제 상황을 종합적으로 이해하고 효과적인 해결책을 제시한다. 이러한 점들은 결재권자에게 신뢰감을 갖게 하는 주요 요인이 된다. 게다가 보고서를 작성하는 사람의 입장에서는 입체적인 시각으로 보고서를 작성해야 하므로 '문제해결 능력'을 기르는 데 큰 도움이 되는 것이다. 따라서, 보고서는 과거 - 현재 - 미래가 모두 연결되어 있어야 한다.

미래 지향적인 접근 방식으로 결재권자가
정보에 입각한 의사결정을 내리고 이해관계자와
효과적으로 소통할 수 있도록 하라.

1. 미래 지향적인 접근 방식은 제도 개선과 새로운 기회를 발견하거나 예측하는 데 도움이 된다.

정치·행정·시장 환경의 변화, 기술 발전, 사회 경제적 변화 등 다양한 요소들을 고려해 보다 입체적인 관점에서 문제와 해결방안을 탐색할 수 있다.

2. 보고서가 제공하는 데이터와 분석 결과는 결재권자가 정보와 사실에 입각한 의사결정을 내릴 수 있는 근거가 된다.

특히 미래 지향적인 접근 방식은 가능성과 정책 실행의 부작용을 함께 고려하여 전략적인 결정을 내리는 데 필요한 폭넓은 시야를 제공한다.

3. 이해관계자와의 소통을 강화한다.

명확하게 설명된 계획과 전략은 이해관계자(stakeholder)들이 조직의 목표와 비전에 대해 이해하게 하며, 그들의 참여와 협력을 유도할 수 있다.

다시 말하면, 미래 지향적인 접근 방식으로 작성된 보고서는 단지 현재 상황만이 아니라 앞으로 일어날 가능성까지 포괄하여 실질적인 가치를 제공한다. 이러한 가치는 결재권자가 조직이나 프로젝트를 성공적으로 이끌어 갈 수 있도록 돕는 핵심적인 요소다.

한 장으로 요약하는
보고서 작성의 신세계

깊이 생각하고 만들어진 보고서는 군더더기가 없다. 일반적으로 오랜 시간 고민을 거듭하며 만든 보고서는 깔끔하고 일목요연하다. 그런데 그런 보고서를 한 장으로 다시 요약하라고? 이렇게 한번 생각해 보자. 내가 만든 10여 페이지 내지는 40여 페이지의 보고서가 궁극적으로 말하고자 하는 것은 뭘까? 그리고 기관장에게 꼭 알려줘야 할 내용이 뭘까? 그런 관점에서 봐도 10페이지 내지는 40페이지의 보고서가 필요할까?

내가 생각하는 1페이지 보고서는 3가지가 필요하다.

첫째, 한눈에 알아볼 수 있어야 한다. 읽는 사람이 문서를 보는 순간 핵심을 이해할 수 있게 하려면 어떻게 해야 할까? 그렇게 하려면 간결하고 명료한 메시지, 적절한 인포그래픽(Infographic, 정보의 시각적 표현)과 여백, 용어의 선택과 설명, 글자체의 선택 등 다양한 고려가 필요하다. 우리가 포스터 광고를 볼 때 아무 생각 없이 보지만 그것을 만든 사람은 인간의 심리를 고려해 다양한 고민을 해서 만들지 않을까? 글자체, 전체적인 밸런스, 여백, 그림과 글자의 위치, 주제를 고려한 색상의 분위기 등을 말이다. 한 장짜리 보고서도 마찬가지다.

둘째, 핵심 메시지가 드러나야 한다. 핵심 메시지는 어떻게 만들까? 원 서류의 모든 내용을 핵심 문장과 단어로 압축해야 한다. 단순히 각 문장을 합쳐 놓는 게 아니다. 논리의 흐름을 따라 덩어리로 묶어서 그 덩어리를 대표할 수 있는 단어를 뽑아 문장으로 만들고, 각 문장을 다시 논리의 흐름으로 배치해야 한다. 그리고 '왜(Why)', '어떻게(How)', '무엇(What)'을 생각하며 배치하면 된다.

셋째, 문제점과 해결방안에 방점이 있어야 한다. 통상 많은 양의 보고서를 한 장으로 요약하기 위해서는 '개요 – 현황 및 문제점 – 해결방안 – 기대효과' 순으로 작성하게 된다. 그렇다면 어느 항목에 더 큰 비중을 두고 작성해야 할까? 물론 상황에 따라 다를 수 있다. 이때는 '보고를 받는 사람이 제일 궁금해 하는 게 뭘까?'를 생각하면 답이 나온다. 통상적으로는 문제점과 해결방안에 방점을 두면 된다. 다만, 누구나 다 아는 문제점이라면 그 비중을 줄이고 해결방안과 이를 해결하는데 소용되는 비용에 방점을 찍으면 된다.

혹시 이런 생각을 해 본 적 있는가? 내용과 형식 중에 어떤 게 더 중요할까? 내용은 보고서의 핵심이다. 겉만 번지르르하고 알맹이가 없으면 앙꼬 없는 찐빵이다. 지금은 덜하지만 20년 전만 해도 외국의 웹사이트와 우리나라의 웹사이트는 정말 많이 달랐다. 지금도 대체로 외국의 사이트들은 양질의 정보가 많지만 겉모습이 화려하지는 않다. 즉, 콘텐츠 중심의 자료가 많다. 일례로 유명 대학의 웹사이트를 방문해 보면 바로 알 수 있다. 화면에 표시된 텍스트마다 하이퍼링크(hyperlink, 초연결, 하이퍼연결)를 통해 다른 정보에 접근할 수 있도록 안내하고 있다. 그리고 연결된 문서는 또다시 무수히 많은 하이퍼링크를 통해 다른 문서에 접근하도록 한다.

반면에 우리나라 웹사이트들은 외국의 웹사이트에 비해 다소 외형에 치중하는 듯한 인상이다. 대부분의 정보는 상단(또는 좌측)의 메뉴에서 접근하되 실제 해당 페이지에 접근하면 다른 정보를 포함한 하이퍼링크는 외국의 웹사이트에 비해 찾기 어렵다. 그러다 보니 웹사이트의 모든 정보를 익히는 데 오랜 시간이 걸리지 않는다.

우리나라와 외국의 웹사이트 중 어떤 것이 더 바람직한 모습일까? 그건 정보를 제공하는 자와 정보를 찾는 자와의 관계 내지는 목적에 따라 다르다. 어느 것이 바람직하다고 할 수 없다. 그때그때 다르다. 그렇다면 보고서는 어떨까? 보고서는 결국 정책결정권자의 올바른 선택을 위한 문서다. 따라서 정책결정권자의 눈에 보고의 내용이 한눈에 들어와야 한다. 그러기 위해서 적절한 도표와 그림으로 이해를 도와야 한다. 그런데 그것만으로는 부족하다. 내용이 풍부해야 한다. 그냥 내용만 풍부해서도 안 된다. 나름의 논리를 갖고 열거된 내용들이 그룹화가 되어 '기 – 승 – 전 – 결'로 나타나야 한다.

형식은 어떨까? 앞에서 말한 웹사이트의 예를 생각해 보자. 외국의 웹사이트에 정보가 많았지만 한눈에 알아볼 수 있었을까? 그렇지 않다. 웹사이트는 상사에게 보고하는 문서가 아니기 때문이다. 나는 보고서라는 측면만 놓고 봤을 때, 내용과 형식이 모두 중요하다고 본다. 다소 무책임한 답변일 수도 있겠지만 내용과 형식 그 어느 것 하나 빼놓을 수 없기 때문이다. 보고서는 읽는 사람을 위주로 작성해야 하므로 바쁜 기관장에게 보고할 문서에 필요한 것을 담기 위해서는 내용이 충실해야 하는 것이고, 한눈에 알아보기 위해서는 형식이 중요한 것이다. 필요한 것은 핵심 메시지를 한눈에 알아볼 수 있는 문서가 필요하다. 한눈에 알아볼 수 있으려면 문장은 되도록 단문으로, 쉽게 작성하여야 한다.

결국 보고서는 내용과 형식이 모두 중요하다. 즉, 내용과 형식이 모두 충족된 양수겸장(兩手兼將)의 보고서가 필요하다. 내용이 빈약하면 '오아시스 없는 사막', '피오나 없는 슈렉', '등짝 없는 거북이'가 된다. 보고서는 결재권자가 정책 결정에 확신을 서도록 하여야 하는데 근본적인 문제점과 원인을 제대로 분석하지 않았다면 속 빈 강정에 불과하다. 보고서 형식은 다양하게 정의할 수 있다. 단순하게는 문서 규격(글자 크기, 서체, 여백, 배경 등)이라고 할 수 있다. 또한 보고서의 종류에 따른 개별 서식(개요 – 현황 및 문제점 – 개선방안 – 향후계획)이라고 할 수도 있다. 공통된 또는 정형화된 서식은 읽는 이에게 익숙함을 선사한다. 익숙함은 집중력과 이해력 향상의 효과가 있다. 즉, 통일된 형식은 결재권자가 다양한 문서를 이해하는 데 시간을 절약할 수 있게 해 준다. 기안자에게는, 특히 초급 기안자에게는 일정 수준의 보고서 품질을 확보하게 해주는 효과도 있다.

모든 서류를 한 장으로 요약하는 데 필요한 기술이 있다. 단순히 글자 크기나 자간·장평의 조절을 의미하는 것이 아니다. 문장을 압축하는 세 가지 테크닉(technic)은 다음과 같다.

첫째, '사족'(蛇足)을 없앤다. 사족은 쓸데없는 군짓을 하여 도리어 잘못되게 함을 말한다. 혹자는 사족보다는 완화된 의미의 군더더기라는 표현을 쓰기도 한다. 보고서의 내용 중 불필요한 것, 쓸데없이 덧붙은 것, 삭제해도 의미가 통하는 것을 그대로 내버려 둔다는 것은 기안자나 결재권자 모두에게 불필요한 시간을 소요하게 한다는 점에서 보고서를 망가뜨린다.

소통과 화합의 시대 선두 주자인 제2기 ○○○호가 경기교육의 동반자인 일반직 공무원과 함께하는 멋진 항해를 기대한다.

위 문장은 성명서의 일부분으로, 글쓴이는 ○○○ 교육감에게 공무원과 소통·화합하는 행정을 요청하고 있다. 일반직 공무원이라는 언급을 하지 않아도 화자가 공무원이므로 삭제해도 무방하다. 또한 교육청 내 일반직·교육전문직 공무원은 교육감의 행정을 보조하는 자이므로 동반자라는 단어를 사용하지 않아도 이미 당초 문장에 내재되어 있다. 내재되어 있다는 것은 글을 읽는 이의 마음속에 전제로 자리하고 있으므로 굳이 언급하지 않아도 됨을 의미한다. 또한 동반자와 함께하는 멋진 항해라는 표현은 이미 앞에서 ○○○ 교육감이 소통과 화합의 시대에서 선두 주자를 표방한다고 하였기 때문에 다음과 같이 압축하여도 글을 읽는 이로 하여금 교육감에게 공무원과의 소통·화합하는 행정을 강조하는 글이 된다.

소통과 화합의 시대에서 선두 주자를 표방하는 ○○○ 교육감에게 멋진 항해를 기대한다.

둘째, '단문'으로 만든다. 보고서는 나의 의견을 결재권자에게 전달하는 이른바 프로토콜[16]이라고 할 수 있다. 프로토콜이 복잡하면 상대방이 이해하는 데 추가 시간이 소요된다. "A를 위해서는 B가 필요한데 B는 ○○○ 역할을 해서 필수이므로 B는 반드시 확보해야 한다."라는 글을 보면 우리의 두뇌는 어떤 그림을 그릴까? 두뇌는 글을 읽거나 말을 들으면 그것을 이미지로 이해한다. 따라서 노드 사이의 연관성이 복잡해지면 지치고 의미를 확실히 이해하는 데 방해가 된다.

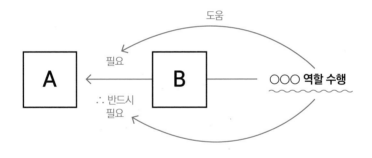

〈그림9〉 뇌가 복문(複文)을 이해하는 과정

'A라는 목적달성을 위해서는 B가 필요하다. B는 ○○○ 역할을 하기 때문이다.'라는 문장은 뇌에 다음과 같은 이미지를 그려준다. 2개 노드 사이가 선형관계이기 때문에 한결 이해하는 데 시간이 단축된다.

---

16. 장치와 장치 사이에서 데이터를 원활히 주고받기 위하여 약속한 여러 가지 규약.

〈그림10〉 뇌가 단문(短文)을 이해하는 과정

셋째, '적절한 용어'로 치환한다. 보고서의 품격은 정제된 표현이 좌우한다. 기안자가 실무적인 관점에서 구구절절 내용을 나열하면 결재권자는 집중력을 잠시 내려두게 된다. 그러한 각각의 내용은 결재권자에게 큰 의미를 갖지 않기 때문이며 오로지 하나의 덩어리로만 인식한다. 즉, 나에겐 구구절절한 내용이 상대에게는 그만큼의 무게로서 전달이 되지 못한다는 것을 의미한다. 오히려 구구절절한 내용을 모두 함축하는 용어로 사용하게 되면 결재권자는 이런 생각을 갖는다.

'이 친구, 아주 디테일한 부분까지 고민한 흔적이 있군. 그럼에도 불구하고 나를 배려해서 핵심만을 전달하고 있어. 한 페이지밖에 안 되는 문서임에도 깊이 있고 간결해서 다른 기관과의 협의에도 많은 도움이 되겠군.'

적절한 용어는 모든 구구절절한 내용을 내재한 단어를 의미한다. 이렇게 압축된 단어는 읽는 이로 하여금 의미를 곱씹게 한다. 결재권자는 이미 오랜 경험을 쌓아왔기 때문에 몇 번의 곱씹는 과정을 통해 기안자의 생각에 더하여 자신의 생각을 덧입힌다. 나는 이렇게 '적절한 용어'를 사용하는 것이 문장의 쉼터라는 생각을 종종한다. 이러한 여백이 바로 보고서의 품격을 높이는 중요한 테크닉 아닐까?

보고서를 한 장으로 요약하는 능력은 복잡한 정보와 아이디어를 간결하게 전달하는 데 중요한 역할을 한다. 이는 결재권자가 보고서의 핵심 내용을 빠르게 파악하도록 돕고 보고서 작성자에게는 '커뮤니케이션 능력'을 발전시키게 한다. 만약 복잡한 정보를 간결하게 요약하지 못한다면 그 보고서가 효과적으로 전달될 수 있을까? 효과적인 커뮤니케이션은 정보를 압축하는 것이다. 이 책을 읽는 독자는 누구나 할 수 있다. 보고서를 한 장으로 요약해 정보를 압축하고 자신의 '커뮤니케이션 능력'을 향상시켜 보고서 작성의 전문가가 되어 보자.

모든 서류를 한 장으로 요약하는 기술

1. 한눈에 알아볼 수 있어야 한다.

한 장으로 된 요약 보고서는 가시성이 있어야 한다. 명확하게 구분된 단락, 짧은 문장, 목록 형식을 사용하고, 차트와 같은 시각적 자료를 활용하여 보고서를 정리하면 결재권자가 쉽게 읽고 빠르게 이해한다.

2. 핵심 메시지가 드러나야 한다.

한 장으로 된 요약 보고서는 필수적인 내용만을 포함해야 한다. 복잡하거나 상세한 내용은 생략하거나 간략화하고 필요한 내용에 초점을 맞춘다. 그럼으로써 결재권자는 쉽게 정보를 파악할 수 있으며, 중요한 사항에 집중할 수 있다. 또한 키워드, 간결한 문장 혹은 부제 등을 사용해 핵심 메시지를 돋보이도록 해야 한다. 이럴 때 결재권자는 대략적인 내용 파악과 함께 중요한 포인트를 쉽게 기억할 수 있다.

3. 문제점과 해결방안에 방점이 있어야 한다.

한 장으로 된 요약 보고서는 빠른 의사결정과 효율적인 의사소통을 위해 중요하지만, 정보 부족에 따른 문제점이 발생할 수 있다. 요약 보고서는 정보를 간결하게 전달하기 위해 내용을 축약하는데, 이로 인해 중요한 세부 사항이 누락될 수 있다. 이는 대부분의 의사결정권자들이 보고서 전문(全文, full text)을 보지 않고 요약 보고서만 읽고 내용을 파악한다는 현실을 고려할 때 상당히 중대한 문제다. 따라서 한 장으로 된 요약 보고서의 문제점을 해결하기 위해 다음 사항들을 고려해야 한다.

① 핵심 정보를 반드시 포함해야 한다. 특히 정책보고서의 경우 문제점·해결방안과 같이 의사결정에 영향을 미칠 수 있는 중요한 정보를 포함시켜야 한다.
② 필요 시 추가 설명이나 근거를 〈붙임〉으로 첨부하는 것이 좋다.
③ 정보 전달 과정에서 손실을 최소화하기 위해 의사결정에 영향을 미칠 수 있는 핵심 정보는 강조를 해야 한다.

2장

전략적으로
보고서
작성하기

상황 분석과 스마트한 정리 방법

정책보고서는 종류에 따라 얼개가 약간 차이는 있지만 대체로 '개요 - 현황 및 문제점 - 개선방안 - 향후계획' 순에서 크게 벗어나지 않는다. 즉, 개요에서 보고서를 쓰게 된 배경이나 목적을 제시하고 이를 통해 현황은 이러이러한데 그러다 보니 문제가 몇 가지 있다. 그리고 이 문제를 해결하기 위해서는 문제점별로 이러이러한 해결방안이 있다. 그래서 앞으로 이러이러한 시간계획을 세우고 개선방안을 실행하겠다는 스토리를 갖게 된다. 즉, 기 - 승 - 전 - 결이 있는 것이다. 인간 의식의 자연스러운 흐름이다. 이러한 스토리가 자연스럽게 연결되지 않으면 대번에 읽을 때 거부감이 생기거나 의문이 생기면서 리딩(reading)이 중단된다.

그런데 보고서라는 게 자기 업무에 평소 문제의식이 없으면 위에서 언급한 항목들의 실행이 잘되지 않는다. 특히 보고서는 결재권자에게 업무계획이나 업무추진 상황 등을 논리적으로 설명하거나 설득하기 위해 작성한 문서이기 때문에 현황 및 문제점 파악과 해결방안이 중요하다. 현황 및 문제점 파악은 자신의 업무에 대한 통찰력이 필요하고 통찰력은 상황의 내면을 들여다볼 수 있는 능력을 말한다. 즉, 보고서에서 상황을 분석하고 정리하는 게 분석적이고 논리적인 보고서를 만드는 밑바탕이 됨을 의미한다. 이에 업무와 관련된 실제 예를 들어 말해 보고자 한다.

2016년 1월, 나는 교육부에서 경기도교육청 대외협력담당관으로 발령이 났다. 업무는 크게 2개 분야였다. 국회에 관한 사항과 경기교육주민참여협의회라는 거버넌스(Governance) 운영에 관한 것이었다. 참고로 거버넌스란, 다양한 사회구성 주체 간의 신뢰와 협조를 근간으로 하는 공동체에 의한 행정으로 민관협의기구와 같은 자문기구가 대표적인 예라고 할 수 있다. 국회 관련 업무는 이미 예전부터 축적된 자료가 있었고 다소 정형화된 업무였기 때문에 요구자료 처리부서 지정 외에는 특별히 난도(難度) 있는 업무는 아니었다. 그러나 경기교육주민참여협의회 업무는 다소 문제가 있었다. 교육감 공약사업에 따라 신설된 업무였으나 경기도의 비협조로 해당 업무는 중단된 상태였고, 근거 조례인 경기도교육행정협의회 설치·운영 조례(이하 경기도교육행정협의회 조례)를 자세히 뜯어보니 이상하다 싶을 정도의 문제들이 보이기 시작했다.

조례란 지방자치단체가 지방의회의 의결로 제정하는 법규로 지방자치단체의 자치법규이며 법률에 준하는 성질을 갖는다. 또한, 조례는 사무의 종류에 따라 자치조례와 위임조례로 구분한다. 소관 조례가

자치조례인지 위임조례인지를 구분하려면 해당 조례의 목적을 보면 알 수 있다. 목적 조문에 "○○○○법률 제○조에 의해 세부 사항을 규정하기 위해~"라는 규정이 있으면 법률의 위임 규정에 따라 제정된 위임조례라고 할 수 있다. 그러나 그런 규정이 없이 해당 지방자치단체의 자치사무에 대한 사항을 규정하고 있다면 자치조례라고 봐야 한다.

경기도교육행정협의회 조례는 목적 조문에 지방교육자치에 관한 법률 제41조를 명시하고 있어 위임조례가 명백했다. 위임조례는 법률에서 규정한 사항에 한해 조례를 규정하는 것이므로 그 외의 목적과 취지를 가진 조문은 존재해서는 안 된다. 지방교육자치에 관한 법률 제41조는 교육감과 도지사 간 교육·학예에 관한 사무를 효율적으로 처리하기 위한 목적으로 시도교육행정협의회를 설치토록 하고 있다. 따라서 이에 기반한 경기도교육행정협의회 조례는 제반사항에 한해 위임조례인 경기도교육행정협의회 조례를 제정해야 마땅하다. 그런데 경기도교육행정협의회 조례는 경기교육주민참여협의회라는 교육정책의 기획집행에 대한 자문기구로 거버넌스를 통한 다양한 의견수렴이 목적인 자문기구를 설치할 것을 규정하고 있다. 다시 말해 조례는 헌법 제117조 제1항과 지방자치법 제22조에 따라 법령의 범위 안에서 그 사무에 관해서만 조례를 규정하여야 한다는 것을 위배하고 있었다.

문제는 여기서 그치지 않았다. 행정조직법상, 자문기구는 행정청에 의견을 제시하는 것을 임무로 하는 기관인데, 경기교육주민참여협의회는 실무협의기구(교육행정협의회)를 자문하고 있어 행정조직 법리에도 맞지 않았다. 본래 자문기구란 행정청에 의견을 제시하는 것을 임무로 하는 기관이다. 행정청이란 국가 또는 지방자치단체의 의사를 결정하여 자신의 이름으로 외부에 표시할 수 있는 권한을 가진 행정기관, 즉 교육감, 도지사, 장관 등을 말한다.

마지막으로 경기교육주민참여협의회 설치·운영은 지방자치 관계 법령 위반 소지가 있었다. 지방자치법 시행령 제80조에 따라, 지방자치단체에 설치된 다른 자문기관과 심의사항이 유사하거나 중복되는 자문기관은 설치가 불가하다. 경기교육주민참여협의회는 경기교육 정책 전반의 기획과 집행에 관한 자문기구로서 거버넌스를 통한 다양한 의견 수렴이 목적이다. 그런데 경기도교육청에는 경기도교육자치협의회 설치 및 운영 조례에 따라 경기교육주민참여협의회와 동일한 성격의 자문기관이 이미 존재하고 있었다. 또한 지방자치단체의 행정기구와 정원기준 등에 관한 규정 제5조에 따라, 자문기관에는 상설의 사무처나 사무국, 과, 담당관 설치가 불가하나 경기교육주민참여협의회는 사무처를 둔다고 조례 시행규칙에 규정함에 따라 법령을 위반한 것이다.

그동안 분석한 사항을 다시 요약하여 정리하자면 다음과 같다.

1. 경기교육주민참여협의회 관련 조문은 지방교육자치에 관한 법률의 위임 목적·내용·취지를 벗어난 규정이다.
2. 경기교육주민참여협의회는 경기도교육행정협의회를 자문하기 위해 설치된 것으로 자문기관의 조직원리에 맞지 않는다. 자문기관

은 행정청을 자문하는 것이기 때문이다.

3. 경기교육주민참여협의회 설치·운영은 지방자치 관계 법령 위반이다.

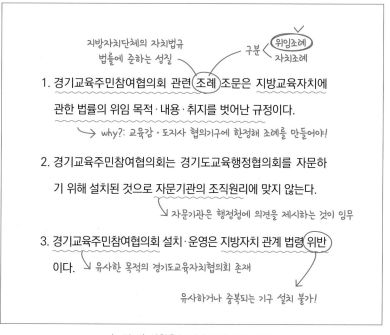

〈그림11〉 상황을 분석하고 정리하는 과정

정책보고서는 현황과 문제점에 방점이 있지 않다. 문제해결형 보고서가 되어야 하므로 해결방안이 명확해야 한다. 특히 문제점별로 해결방안이 있어야 한다. 그런데 행정의 영역은 정치와 절연될 수 없다. 행정은 정치적 환경 아래에서 이뤄지고 정치적 영향을 받으며, 또한 정치적 지지를 얻어야 하고 정치적 기능도 수행하고 있기 때문이다. 따라서, 문제점에 대한 해결방안을 정무적 판단 없이 추진할 수는 없다. 그래서 결국 두 가지 경로(2-track)로 업무를 추진하기로 했다. 경기교육주민참여협의회 관련 조례의 문제점과 이의 단·중·장기 해결(대응)

방안을 마련하고, 동시에 경기교육주민참여협의회를 추진하기 위한 유관기관 협의와 구체적 실행계획을 수립하였다.

이후 2017년에 경기교육주민참여협의회 발대식, 경기교육주민참 여협의회 소속 5개 분과위원회 활동, 정책제안 및 보고서 제출, 백서 발간 등 활발한 활동으로 제1기를 마무리하였다.

보고서 작성에서 상황을 분석하고 정리하는 것은 어떤 의의가 있을

경기도교육행정협의회 운영 관련 검토 보고

<'16. 2. 25.(목), 대외협력담당>

교육행정협의회의 운영현황과 관련 조례의 문제점 분석을 통해, 법리적 모순 해소 및 합리적 운영을 위한 대안을 보고드림

☐ 현황

○ (배경) 다원화된 교육사업 추진에 거버넌스*의 필요성 대두
  • 다양한 사회구성주체간의 신뢰와 협조를 근간으로 하는 공동체에 의한 행정

○ (근거) 「지방교육자치법」 제41조, 「경기도교육행정협의회 설치·운영 조례」

○ (구 성) 교육감과 도지사 간 협의를 통해 구성·운영

경기도교육
행정협의회

대표협의회	실무협의회	경기교육주민 참여협의회	지역교육주민 참여협의회
(공동대표) 교육감, 도지사	(공동위원장) 제1부교육감, 행정1부지사 (실무위원) (교육청) 기획조정실장, 정책기획관 (도)기획조정실장, 교육협력국장 (간사) (교육청) 대외협력담당사무관 (도) 교육협력정책팀장	미구성	운영중

※ 경기도는
교육정책협의회 별도 운영
「경기도 교육재정 지원 및 협력에 관한 조례」

○ (추진경과) 조례 개정 이후 공식적인 경기교육주민참여협의회 전무

☐ 「경기도교육행정협의회 설치·운영 조례」의 문제점

① 경기(지역)교육주민참여협의회 조문은 법률의 위임 목적·내용·취지를 벗어난 규정

○ 조례는 헌법(제117조 제1항)과 지방자치법(제22조)에 따라 **법령의 범위 안에서 그 사무에 관하여만 규정이 가능**

○ '교육자치법' 제41조에 따라 **교육감과 도지사 간 교육·학예에 관한 사무를 효율적으로 처리하기 위한 목적으로** 제반사항에 한해 위임 조례, 즉 '경기도교육행정협의회 조례'를 제정하는 것이 원칙

 - 조례 내 규정된 **경기교육주민참여협의회는** 교육정책의 기획·집행에 대한 자문기구로, **거버넌스를 통한 다양한 의견 수렴이 목적**

- 1 -

② 경기[지역]교육주민참여협의회는 경기도교육행정협의회를 자문하기 위해 설치된 것으로, 자문기관의 조직원리에도 불합치

○ 행정조직법 상, 자문기구는 행정청에 의견을 제시하는 것을 임무로 하는 기관인 바, 경기교육주민참여협의회는 실무협의기구(교육행정협의회)를 자문하고 있어 행정조직법리에 어긋남

- 행정청*이란, 국가 또는 지방자치단체의 의사를 결정하여 자신의 이름으로 외부에 표시할 수 있는 권한을 가진 행정기관(교육감, 도지사, 장관 등)

③ 경기교육주민참여협의회 설치·운영은 지방자치 관계법령 위반

○ 지방자치법 시행령 제80조에 따라, 지방자치단체에 설치된 다른 자문기관과 심의사항이 유사하거나 중복되는 자문기관 설치 불가

- 경기교육주민참여협의회는 경기교육 정책 전반의 기획과 집행에 관한 자문기구로서 거버넌스를 통한 다양한 의견 수렴이 목적

- 경기도교육청에는 「경기도교육자치협의회 설치 및 운영 조례」에 따라 경기교육주민참여협의회와 동일한 성격의 자문기관이 이미 존재

○ 「지방자치단체의 행정기구와 정원기준 등에 관한 규정」 제5조에 따라, 자문기관에는 상설의 사무처나 사무국·과·담당관 설치가 불가

- 경기교육주민참여협의회는 심의·자문기관으로 사무처를 둔다고 규정 ('경기도교육행정협의회 조례 시행규칙' 제7조)함에 따라 법령 위반

□ 건의 및 대안

○ (단기적) 현행 체제 유지, (중·장기적) 조례 개정과 시행규칙 폐지 추진

- 경기교육주민참여협의회 설치를 내용으로 하는 경기도교육행정협의회 조례는 개정(의원발의, '14. 12. 31.)된지 1년여에 불과하므로, 갑작스런 조례 개정 추진은 행정 신뢰성 저하 등 많은 문제 야기

- 경기(지역)교육주민참여협의회 관련 조문은 삭제하되 해당 사무에 대한 법적근거가 필요하다면, 현재의 경기도교육자치협의회 조례를 개정하거나 별도의 자치조례를 신설하는 것이 바람직

- 2 -

〈그림12〉 상황을 분석하고 정리한 후 만든 보고서

까? 생각을 정리할 수 있다. 상황을 열거하는 것은 사실을 적시만 하는 것이지만 분석은 본질을 탐색하는 것이다. 정리는 나열된 분석 결과를 나름의 기준으로 다시 그룹화하는 것이다. 즉, 상황을 분석하고 정리하는 것이 품격 있고 내실있는 보고서를 만드는 핵심과정이며 보고서 인큐베이팅(incubating)이라고 할 수 있다.

아울러 상황 분석과 정리가 '문제해결 능력'과 '커뮤니케이션 능력'과 밀접한 관련이 있다는 것을 말하고 싶다. 상황 분석과 정리는 '문제해결 능력'의 토대가 된다. 문제를 해결하기 위해서는 먼저 문제를 정확하게 파악해야 한다. 상황을 분석하고 정리함으로써 문제의 원인을 파악해야 이를 해결하기 위한 방안을 모색할 수 있기 때문이다. 상황 분석과 정리는 '커뮤니케이션 능력'의 필수 요소다. 정보를 효과적으로 전달하기 위해서는 먼저 정보를 정확하고 체계적으로 정리해야 한다. 상황을 분석하고 정리함으로써 정보를 이해하기 쉽게 전달할 수 있다. 우리가 가진 지식을 바탕으로 현재 상황을 분석하고 잘 정리한다면, 그것은 우리가 보다 효과적으로 문제를 해결하고 다른 사람들과 원활히 소통하는 데 큰 힘이 된다. 따라서 보고서 작성에서 '상황 분석' 및 '정리'는 우리가 성장할 수 있는 좋은 토대가 되는 과정이다.

상황 분석과 정리가 중요한 이유

1. 현황 및 문제점 파악과 해결방안을 마련하는 초석이 된다.

현재 상황을 분석하고 정리하는 것은 문제점 파악의 첫걸음이다. 이는 현재 어떤 문제가 발생하고 있는지, 그 원인이 무엇인지 등의 정보를 제공한다. 이러한 정보는 문제 해결방안을 찾아내는 기본적인 출발점이며, 실질적인 변화를 가져오기 위한 첫 단계다.

2, 상황 분석과 정리는 문제의 본질을 파악('현황 파악' → '문제점 분석' → '본질 탐색 → 검증 반복')하는 인큐베이팅 단계로 이어진다.

현재 상태를 명확히 인식하면, 그에 따른 문제점을 찾아낼 수 있으며, 그로부터 본질적인 원인을 탐색할 수 있다. 이런 과정은 검증과 반복 과정으로 넘어가며, 지속적으로 개선되어야 하는 부분들에 대한 통찰력(洞察力, insight)을 길러낸다.

3. 보고서 작성의 기본 구조나 대략적 틀(얼개)이 도출된다.

어떤 내용들이 포함되어야 하며, 그 내용들 사이에서 어떤 연관성이나 순서가 있는지 등을 알 수 있다.

효과적으로 자료를 수집하는 방법

보고서란 논리적으로 설명하거나 설득하기 위해 작성한 문서다. 설명하는 문서도 결국 결재권자를 이해시켜 원하는 행동을 하게 한다는 점에서 결국 보고서는 결재권자를 설득하기 위한 문서라고 할 수 있다. 보고서는 기안자 나름의 견해를 내세우고, 그 근거를 조리 있게 밝혀 줌으로써 결재권자를 설득한다. 근거가 설득의 가장 중요한 요소가 된다. 그러한 논리로써 보자면 보고서에서 차지하는 자료의 의의는 상당히 커질 수밖에 없다. 따라서, 자신이 작성하는 보고서의 논조, 무게, 방향, 주제에 따라 수집하는 자료가 달라진다. 설문조사 결과, 수치, 변동 사항, 추세, 확률, 연구나 실험 결과, 민원인의 목소리, 성공·실패 사례, 해외 동향 등 보고에 필요한 정보는 보고의 상황, 목표, 결재권자에 따라 달라진다.

자료에는 '1차 자료'와 '2차 자료'가 있다. '1차 자료'는 보고서 작성자가 현재 수용 중인 보고서의 목적달성을 위해 직접 수집한 자료를 말한다. 즉, 측정, 설문 등을 통하여 얻은 자료를 말한다. '1차 자료'는 주어진 의사결정문제를 해결하기 위하여 사전에 적절한 조사설계를 통하여 수집한 자료이기 때문에 보고서 작성 목적에 적합한 정도에 따라 정확도, 신뢰도, 타당도를 평가할 수 있다. 또한 수집된 자료를 의사결정에 필요한 시기에 적절히 이용할 수도 있다. 그러나 일반적으로 '2차 자료'에 비해 수집하는 데 비용과 인력, 시간이 많이 든다.

'2차 자료'는 현재의 조사목적에 도움을 줄 수 있는 기존의 모든 자료를 말한다. 기존의 정부 또는 민간기관의 간행물이나, 기업에서 수집한 자료, 학술지에 발표된 논문 등의 자료를 포함한다. 즉, 보고서를 작성하는 자가 보고목적을 위하여 직접 자료를 수집하거나 작성한 자료로서 '1차 자료'를 제외한 모든 자료를 말한다고 할 수 있다. '2차 자료'는 일반적으로 얻기가 쉽다. 그리고 수집비용도 '1차 자료'에 비해 저렴하다. 다만 '2차 자료'는 보고서의 목적과 일치하지 않기 때문에 사용에 상당한 주의가 필요하다.

자료수집에 있어서 가장 주의할 점은 자료수집을 하기 전에 어떤 목적을 갖고 하는지 명확히 해야 한다는 것이다. 가능하다면 자료수집 리스트를 작성하는 것이 좋다. 왜냐하면 어떤 정보와 자료를 '왜' 수집하는지에 대한 전략적인 사고가 필요하기 때문이다. 보고서에서 주장하는 논거를 뒷받침하는 자료라는 명확히 필요한 사항이 정의되어야 한다. 내가 찾는 자료가 어떤 논거의 뒷받침 자료라는 방향성과 구체성이 확실한지, 그리고 왜 이 자료가 필요한지 자문(自問)하여야 무용한 반복을 줄일 수 있다.

○○○○○○ 처리 방안 보고

- (목적)
- (검토배경)

필요한 정보	필요한 이유	정보 형태	정보 원천	정보수집 방법	기한
⋮	⋮	⋮	⋮	⋮	⋮
⋮	⋮	⋮	⋮	⋮	⋮

〈그림13〉 자료수집 리스트 예시

자료수집이 중요한 이유는 정보를 수집하다 보면 수집하는 일 자체가 목적으로 변질할 수 있다는 점에 있다. '지나치게 많은' 자료를 수집하지 않도록 주의해야 한다. 다만 '지나치게 많은'의 정도는 상대적이다. 자신이 수집한 정보가 이유만 명확하다면 '지나치게 많은' 자료가 아니기 때문이다. 따라서 보고서 성격에 맞는 정확한 정보와 자료를 성공적으로 수집하기 위해서는 '무엇을 위한 자료수집인가?' 또는 '왜 이 자료가 필요한가?'라는 목적의식을 명확히 하는 것에서 출발해야 한다. 자료수집을 잘하는 사람을 보면 대개 다음과 같은 특징으로 표현할 수 있는데, 자료수집은 닥쳐서 하는 게 아니라 평소에 하는 것임을 알 수 있다.

1. 조직의 전반적인 상황에 대한 이해가 깊고, 어떤 정보를 어디에서 구하는지를 잘 알고 있다.
2. 긴급하게 협조를 받을 수 있는 인적 네트워크를 가지고 있다.
3. 평소 정보수집에 관심이 많아서 정보를 잘 수집하고 관리하고 있어 좋은 정보인지 아닌지를 제대로 판단한다.

   4. 어떤 정보가 필요한지 명확히 알고 있어 쓸데없이 시간을 낭비하
      지 않는다.

   보고서 작성에서 자료를 수집하는 과정은 매우 중요하다. 보고서의 주제나 결론을 정해 놓고 자료를 수집하는 것이 정석이지만, 보고서를 쓰다 보면 아무리 조사한 자료를 논리적으로 배열하여도 결론대로 써지지 않는 경우가 있다. 이럴 때는 어쩔 수 없이 보고서의 결론을 바꾸어야 한다. 즉, 수집한 자료들은 보고서의 결론을 바꿀 만큼 매우 중요하다고 할 수 있다. 그렇다면 자료수집은 어떻게 하는 것이 좋을까? 보고서를 작성하는 사람의 위치 또는 상태에 따라 다르다. 이것은 자신이 잘 알고 있는 분야인지 아닌지, 작성하려는 보고서가 정책보고서인지 검토보고서인지 등 때에 따라 수집하는 자료의 종류가 다르다는 것을 의미한다.

   만약 자신이 잘 모르는 분야의 주제에 대해 개선방안을 만든다면 어떻게 해야 할까? 가장 좋은 방법은 주제와 관련된 책을 찾아보면 된다. 처음 낯선 분야에 접근할 때 주제에 적합한 책을 찾게 되면 세 가지 점에서 도움이 된다.

   첫째, 무엇보다 보고서 주제가 전체적인 흐름 속에서 어디에 있는지를 알게 된다. 둘째, 자기 보고서와 관련된 다른 내용들을 알게 되어 도움이 된다. 셋째, 책 내 행간에 숨겨진 깊이 있는 지식들을 알 수 있다.

   그렇게 되면 그 분야의 전문가가 공부한 내용들을 통해 다른 분야

의 핵심적인 자료를 찾을 수 있고 그 자료들을 찾아서 공부하면 해당 분야의 맥을 잡아갈 수 있게 된다. 그런 다음에는 자신의 보고서 주제와 관련된 최전방까지 급속히 다가설 수 있다. 자신의 보고서 주제에 대하여 보다 구체적이고 실천적인 그리고 의미 있는 설계가 가능하게 되는 것이다.

주제와 관련된 책 외에 다른 방법으로는 관련 분야의 정책연구 자료를 찾는 것이다. 이 방법은 공무원에게 유용한 방법이나 사행정[17]의 영역이 공행정의 영역과 괴리될 수는 없다는 점에서 공무원이나 직장인에게 모두 적용 가능한 방법이라고 본다. 정책연구(policy research)는 사회에서 발생하고 있는 다양한 문제들(빈곤, 실업, 범죄, 사교육 등)과 관련된 사회문제들의 쟁점에 관한 연구를 말한다. 주로 행정청이 사회문제에 대한 정책적 고려를 위해 각 분야의 연구전문가들에게 연구용역을 주는 정책연구는 일반적인 연구용역보다 다소 실천적 연구 성격이 강하다고 할 수 있다. 특정 사회적 문제를 이론적 틀에 바탕을 두고, 해당 문제에 대한 양적, 질적 연구 방법이 동원되며, 각 사회적 문제 간의 상호연관성으로 인해 여러 학문 분야 연구자가 함께 참여한다. 보고서 작성자 입장에서는 자신의 분야와 관련된 정책연구 자료를

---

17. 행정과 경영은 넓게 보면 소기의 목적달성을 위한 '인적·물적 제 자원의 효율적 이용'이라는 점에서 본질이 다르지는 않으나 일반적으로는 다음과 같이 구분한다.(출처: 선행정학 2023, ㈜카스파)
① 공행정(public administration): 국가 또는 공공기관이 공익이나 공적목표를 달성하기 위하여 행하는 행정.
② 사행정(business administration): 사기업이나 민간단체가 영리(사익) 추구를 위하여 행하는 행정.

보면서 이론적 토대와 실무적인 해결방안을 같이 습득할 수 있어서 책 다음으로 유용한 자료라 할 수 있다.

　공무원이 자신의 보고서에서 '전문성'을 드러내고 개발하기 위한 방법에는 무엇이 있을까? 나는 자료수집이라고 생각한다. 적절하고 신뢰할 수 있는 자료를 찾아내는 능력은 보고서 작성자의 '전문성'을 개발하는 데 핵심적인 역할을 한다. 이는 주제에 대한 깊이 있는 이해와 지식을 구축하며, 탄탄한 분석과 객관적인 결론을 도출하는 데 밑바탕이 되기 때문이다. '자료는 곧 힘'이라는 사실을 잊지 말자.

자료수집에 있어서 주의할 점

1. 자료수집을 하기 전에 어떤 목적을 갖고 하는지 명확히 해야 한다.

이는 어떤 정보를 찾아야 하는지, 그 정보가 보고서에서 어떻게 사용될 것인지 등에 대한 기본적인 방향성을 제공한다. 목적이 모호하면 필요하지 않은 정보까지 포함되거나 반대로 중요한 정보가 누락될 수 있다. 목적이 명확해야 필요한 자료를 효율적으로 수집할 수 있다.

2. 자료를 수집하는 일 자체가 목적으로 변질될 수 있으므로 주의한다.

자료를 수집하는 일이 보고서 작성의 최종 목표로 오해되어서는 안 된다. 이는 자료수집을 하면서 자신이 원래 갖고 있던 목적과 다른 방향으로 자료를 수집하게 될 수 있다는 것을 경계하라는 의미다. 자료수집은 최종 결과물인 보고서를 완성하기 위한 한 단계일 뿐이다. 너무 많은 시간과 에너지를 자료수집에 집중하다 보면, 실제 분석 및 보고서 작성 시간이 부족해져 효율성이 저하될 수 있다. 따라서 목적을 제시하고 그 목적에 맞는 자료를 선별하여 수집하는 것이 중요하다.

3. 자료수집을 마친 후에는 체계적인 정리가 필요하다.

수집한 자료를 제대로 정리하지 않으면, 필요한 정보를 찾지 못하거나 중복되는 정보를 수집할 가능성이 있다. 자료를 체계적으로 정리하면 분석을 통해 적절한 정보를 도출해내거나 필요할 때마다 재사용할 수 있는 구조가 만들어진다. 따라서, 자료수집을 마친 후에는 반드시 자료를 정리하고 분석하여 필요한 정보를 도출하도록 한다.

보고서 작성의 80%를 차지하는
정보검색 실전 가이드

    사람들은 흔히 생각한다. 요리의 퀄리티(Quality)는 요리사 재능의 차이라고. 하지만 셰프들에게 물어보면 음식의 퀄리티는 재료에 결정되는 경우가 많다고 한다. 질이 좋은 음식은 음식의 시작인 재료에서 시작하는 것이다. 보고서도 그러하다. 작성자의 능력에 따라 같은 재료로도 뛰어난 기획력으로 훌륭한 보고서를 만들 수도 있겠지만, 결국은 글 재료인 정보검색 자료가 풍부하지 않으면 한계에 봉착하고 만다. 그만큼 정보검색은 중요하다. 요즘은 정보검색 기술이 발달하여 소위 '구글링'(googling)을 통해 많은 자료를 찾는다. 그러나 그 전에 정보검색을 위해서는 먼저 정보검색에 대해 머릿속에 구조도를 만들어야 한다. 머릿속에 구조도가 없는 무작위의 정보검색은 무용할 뿐만 아니라 시간 낭비로 귀결될 수 있기 때문이다. 따라서 평소 고급 정보나 미가공 데이터(raw data)를 얻을 수 있는 웹사이트를 분야별로 정리해 두면 좋다.

정보검색을 제일 쉽게 할 수 있는 건 구글이다. 구글은 타의 추종을 불허하는 강력한 검색 능력을 갖추고 있다. 이 때문에 영미권에서는 Google이라는 단어는 고유명사를 넘어서 인터넷 정보검색을 위해서 구글 엔진을 사용하다 의미의 동사 형태로도 통용(I googled him.)되며, 심지어 '웹스터 사전'[18]에도 등재되어 있다. 구글 검색 방법은 인터넷에서 검색하면 너무나 자세히 나와 있다. 주로 내가 사용하는 방식을 소개하면 다음과 같다.

인용문을 찾으려는데 원래 문장이 모르겠다면? 찾으려는 문장에 인용부호(" ")를 붙여 찾는다. 예전에 나부터 바뀌어야 사회를 바꿀 수 있다는 취지의 글을 쓰고 있을 때였다. 인용 글을 써야 하는데 명언이 하나 있었는데 일부 밖에 생각이 나지 않는 것이었다. 그래서 구글에서 "내가 내 자신을 먼저 변화시켰더라면"으로 검색했다. 역시나 바로 찾고자 하는 풀 텍스트(full text)가 검색되었다.

특정 웹사이트의 내용만 검색하고 싶다면? 검색 옵션으로 'site'를 활용한다. 조직개편 관련 보고서를 쓰는 데 행정자치부 사이트 내의 자료만 찾아야 할 일이 있었다. 구글에서 '2013년 정부조직개편백서 site:mois.go.kr'으로 검색해서 바로 원하는 문서를 찾을 수 있었다. 논문 원문이나 세미나 자료 파일을 찾고 싶다면? 검색 옵션으로 'filetype'을 활용한다.

어떤 주제에 대한 정책보고서나 검토보고서를 위해서는 연혁, 현

---

18. 미국의 대표적인 영어사전.

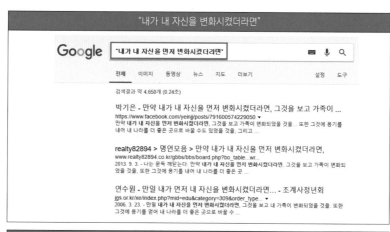

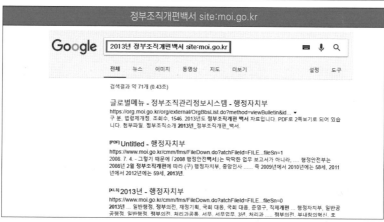

〈그림14〉구글 검색 옵션 사용 예시

〈그림15〉 저자의 인터넷 웹사이트 북마크

황, 문제점, 개선방안 등을 찾아보고 고민해야 한다. 보고서라는 요리를 위해서는 자신이 원하는 신선한 재료가 있어야 하는데 밭에 무턱대고 간다고 원하는 야채를 찾을 수 있을까? 도서관에 필요한 책을 찾으러 갔는데 그 책이 어느 분야인지도 모르면 한강에서 바늘 찾기와 같다. 따라서 원하는 자료를 찾기 위한 노웨어(know where, 필요한 정보가 어디에 있는지 알고 그 정보를 언제든지 활용하는 것)를 평상시에 정리하고 있어야 한다. 나는 간혹 여유 시간에 웹서핑을 하다 필요한 웹사이트를 발견하면 내가 분류한 방식에 따라 북마크에 추가해 둔다. 직관적이지 않은 사이트 주소나 이름을 갖고 있다면 해당 웹사이트에서 어떤 정보를 찾을 수 있는지, 언제 사용할 수 있는지도 주석을 달아 놓는다.

시간은 없고 상사에게 빨리 보고서 초안이라도 넘겨줘야 하는 상황이 있다. 해당 주제에 대한 기본적인 개념도 숙지되지 않은 상태라면 어떤 방법이 있을까? 그럴 땐 거인의 어깨 위에 올라가는 수밖에 없다. 해당 주제와 동일하거나 유사한 보고서 같은 2차 가공 자료를 찾아야 한다. 2차 가공 자료를 찾기 위해선 위에서 언급했듯이 평소 분야별로 2차 가공 자료의 원문을 제공하거나 어디에 있는지 알려주는 웹사이트를 알고 있어야 한다. 국가전자도서관(www.dlibrary.go.kr), 학술연구정보서비스(www.riss.kr), 지자체별 연구원(서울시정개발연구원, 경기개발연구원, 경기도교육연구원 등), 전자저널(DBpia, Earticle), 각종 학회·연구원·연구소 등 무수히 많다. 해당 웹사이트에서 원하는 주제의 2차 가공 자료를 다수 확보 후 공부하면 보고서를 빠르게 작성하는 추월차선을 탈 수 있다.

다시 처음으로 돌아가서, 음식의 퀄리티에 대해 생각해 보자. 보통의 사람들은 요리사의 재능에 따라 음식의 퀄리티가 결정된다고 생각한다. 그러나 과거 JTBC '냉장고를 부탁해'의 고정 출연진이었던 샘킴은 "재료에 의해 음식의 퀄리티가 결정된다."라고 말한다. 사실 요리의 질은 신선한 재료와 훌륭한 요리사 모두에 의해 결정되는 것이 아닐까? 요리사가 아무리 훌륭해도 재료가 형편없다면 질 좋은 음식이라 할 수 없고, 재료가 아무리 신선해도 요리사가 정작 그 재료를 활용할 정도의 수준이 안 된다면 명품 요리가 나올 수 없지 않을까?

보고서 작성 기술은 한 순간에 하수에서 고수로 뛰어넘을 수 없다. 따라서 보고서 작성의 고수가 되기 위해 끊임없이 점진적으로 노력해야 한다. 그렇다면 일단 요리를 하기 위한 재료를 많이 확보하는 것이 좋다. 그러기 위해서 정보검색 기술이 필요한 것이고 많은 정보 중에서 보고서에 사용할 만한 질 좋은 정보의 확보가 필요하다. 결국 보고서의 질을 향상하기 위해서는 재료의 질 확보가 우선인 것이다. 이런 점에서 정보검색은 보고서 작성의 80%라고 할 수 있다. 분명히 말하지만, 정보검색 능력도 보고서 작성 기술의 일부다. 게다가 정보검색 역량은 '문제해결 능력'과 상관관계에 있다. 정보검색 역량은 보고서 작성자가 적합한 정보를 찾고, 이를 분석하여 문제를 해결하는 데 필요한 정보를 도출하는 능력이다. 다양한 정보를 검색하게 되면 정보와 정보를 잇는 순간이 찾아오며, 이는 곧 문제해결의 창이 열리는 때다. 정보검색 분야에서 역량을 쌓으면 주제와 관련된 필수 정보와 가비지(garbage, 쓰레기)를 구분하는 힘이 생겨난다. 직관이라는 것이 생겨서다. 직관은 가설을 세우는 데 결정적인 역할을 한다. 이런 점에서 정보검색 역량은 '문제해결 능력'과 상관관계에 있다. 고품질의 보고서 작성을 위해 정보검색의 노하우를 익히자. 그래서 당당히 행정가로 거듭나도록 하자.

보고서 작성과 정보검색

1. 정보검색이 중요한 이유는 보고서 작성의 원재료 확보의 도구이기 때문이다.
2. 평소 업무 분야와 연관된 원재료를 확보할 수 있는 곳을 갈무리해 두는 것이 필요하다.
3. 정보검색 역량은 질 좋은 재료 확보율과 상관관계에 있다.

자신이 잘 모르는 분야의 주제에 대해 보고서를 만드는 방법

1. 관련 분야의 책을 조사하여 배경지식을 쌓는다.
2. 관련 분야의 정책연구, 논문, 간행물을 조사하여 이론적 지식을 익히고, 추이를 파악한다. 온나라 정책연구 프리즘(PRISM), 디비피아(DBpia), 아티클(Earticle, 학술논문 통합검색), 공공데이터포털, 국가정책연구포털, 정책정보포털(POINT) 등.
3. 분야에 최적화된 자료를 조사하여 논리적으로 구성한다.

보고서의 세부 구성,
어떻게 해야 할까?

　일반적인 보고서의 유형은 크게 5가지 정도로 분류할 수 있다. 정책보고서, 검토보고서, 상황·동향보고서, 행사·회의보고서, 결과보고서다. 더 자세히 분류할 수도 있겠으나 큰 틀에서는 이와 같다.(출처: 지방자치인재개발원, 〈기획실무〉, 2021)

　그렇다면 보고서의 세부 구성은 어떻게 해야 할까? 먼저 정책보고서란 정책의 합리적 의사결정이나 정책목표달성을 위한 구상·기획·대책 등의 내용을 담은 문서다. 정책보고서에는 기획보고서, 계획보고서, 대책보고서, 방안보고서 등의 유형이 해당된다. 보통, 제목으로 '○○추진계획', '○○개선방안', '○○대책' 등의 형태로 쓰이곤 한다. 정책과 관련된 현황과 문제점을 인식하고 올바른 의사결정을 할 수 있도록 하는 데 목적이 있다.
　정책보고서는 정책결정권자의 판단을 구하는 보고서다. 따라서 정책결정권자의 입장에서 알아야 할 핵심 사항을 중심으로 구성해야 한다. 또한 접근방법도 종합적이고 객관적인 접근이 필요하다. 이를 위해 국회나 지방의회, 언론, 관련 기관, 이해집단, 시민단체, 전문가 등의 의견을 광범위하게 조사하여야 하며, 필요 시 현장 방문도 해야 한다.

일반적인 기본 구성은 '검토배경(목적) - 현황 및 문제점 - 개선방안(대책, 추진계획) - 추진일정(향후계획)'이다. 때에 따라 예상 문제점 및 대책, 홍보계획, 소요예산, 행정사항 등은 필요 시 추가하면 된다.

응용 구성으로는, ① 대책이나 대안을 제시할 때는 '현황과 실태 - 문제점 또는 쟁점 - 대책(대안) - 향후계획'으로, ② 계속 추진하는 사업인 경우에는 '일반현황 - 성과와 반성 - ○○년 사업계획 - 추진일정 - 기대효과'로, ③ 진단·분석형일 때는 '진단개요 - ○○현황진단(분석) - 개선방안 - 향후계획' 등 유동적으로 할 수 있다.

기본 구성	응용 구성 Ⅰ	응용 구성 Ⅱ	응용 구성 Ⅲ
Ⅰ. 검토배경(목적) Ⅱ. 현황 및 문제점 Ⅲ. 개선방안 Ⅳ. 향후계획	Ⅰ. 현황과 실태 Ⅱ. 문제점 또는 쟁점 Ⅲ. 대안(대책) Ⅳ. 향후계획	Ⅰ. 일반현황 Ⅱ. 성과와 반성 Ⅲ. ○○년 사업계획 Ⅳ. 추진일정 Ⅴ. 기대효과	Ⅰ. 진단개요 Ⅱ. ○○현황진단(분석) Ⅲ. 개선방안 Ⅳ. 향후계획

〈그림16〉 정책보고서 구성 예시

검토보고서란 업무처리와 관련한 사실이나 주장을 비교·분석한 후 그 의사결정 여부를 담은 문서다. 일반적으로 ○○검토결과, ○○검토의견 등의 제목을 붙인다. 검토보고서는 정책건의사항, 의원발의안, 국회(의회)수석전문위원 검토보고서, 의견조회, 지자체·민간단체 건의사항, 쟁점사항, 언론보도, 국회(의회)요구사항, 예산심의사항에 대한 검토 등 다양한 형태가 있다.

일반적인 기본 구성은 '검토배경 - ○○현황 - 과제별 검토결과 - 향후 조치계획'이다. 때에 따라 종합의견, 관련단체와 유관기관의 의견, 기 조치사항 등을 추가할 수 있다.

응용 구성으로는, ① 건의사항 검토형인 경우 '건의사항 개요 - 검토결과 - 조치계획'으로, ② 제도개선 검토형인 경우 '현황과 문제점 - 유관기관 의견 - 검토결과 - 향후계획'으로, ③ 언론보도 검토형인 경우 '보도요지 - 사실확인 결과 - 검토결과 - 향후 조치계획' 등 유동적으로 할 수 있다.

기본 구성	응용 구성 Ⅰ	응용 구성 Ⅱ	응용 구성 Ⅲ
Ⅰ. 검토배경 Ⅱ. ○○현황 Ⅲ. 과제별 검토결과 Ⅳ. 향후 조치계획	Ⅰ. 건의사항 개요 Ⅱ. 검토결과 Ⅲ. 과제별 검토의견 Ⅳ. 향후 조치계획	Ⅰ. 현황과 문제점 Ⅱ. 유관기관 의견 Ⅲ. 검토결과 Ⅳ. 향후계획	Ⅰ. 보도 요지 Ⅱ. 사실 확인 결과 Ⅲ. 검토결과 Ⅳ. 향후 조치계획

〈그림17〉 검토보고서 구성 예시

상황·동향보고서란 현재의 업무 진행 상황, 최근 동향이나 미래의 동향을 예측하기 위한 사실전달에 초점을 둔 보고서다. 제목 형식은 주로 ○○상황보고, ○○현황보고, ○○현안보고, ○○정보보고, ○○동향보고 등의 방식이다. 여론·언론동향, 국회동향, 법령개정 추진상황 등을 보고하는 것이 그 예다. 중요한 것은, 이러한 부류의 보고서는 정책결정권자에게 정확하고 간결하게 보고하는 것도 중요하지만, 적기에 신속하게 보고하는 것이 더욱 중요하다.

일반적인 기본 구성은 '보고배경 - 현 상황(최근동향) 및 전망 - 대응방안(조치계획)'이며, 보고서 성격과 내용에 따라 응용하여 서식을 변경·작성하면 된다.

기본 구성
Ⅰ. 보고 배경 Ⅱ. 현 상황 및 전망 Ⅲ. 대응방안(조치계획)

〈그림18〉 상황보고서 구성 예시

행사·회의보고서란 일반적으로 다양한 행사, 회의를 추진함에 앞서 계획을 수립하거나 행사(회의)추진과 관련한 진행 상황 또는 그 결과를 보고하기 위해 작성한 모든 문서를 말한다. 행사보고서는 크게 기본적인 행사계획과 행사를 준비하기 위한 사전 준비계획으로 구성된다. 기본적인 행사계획은 행사개요와 시간계획(진행계획)으로 나눈다. 행사개요는 행사목적, 일시, 장소, 참석대상, 주요내용(요지) 등으로 구성된다. 시간계획(진행계획)은 주로 시간대별 주요 행사내용과 주관자를 담은 표 형식으로 작성한다. 행사보고서 작성 시 기본적인 행사계획만큼 중요한 부분이 행사의 사전 준비계획이다. 행사목적을 성공적으로 달성하기 위해 가장 꼼꼼하게 챙겨야 할 부분이다. 일반적으로 사전 준비계획에 포함하는 사항은 행사주빈(또는 기관장)의 역할, 행사 준비요원의 역할, 소요예산 집행계획, 행사(회의)자료 준비 안내사항, 행사장 통제계획, 주차계획, 행사장 배치도, 행사 시나리오 등을 들 수 있다. 특히 행사주빈(기관장 등)의 역할과 동선, 행사장 배치도, 시간계획 등을 일목요연하게 별도로 작성하여야 한다. 아울러 기관장 말씀자료도 작성하여야 한다.

일반적인 기본 구성은 '행사(회의)개요 – 시간계획 – 준비계획 – 행정사항'이며 보고서 성격과 내용에 따라 응용하여 서식을 변경·작성하면 된다.

기본 구성
Ⅰ. 행사(회의)개요 Ⅱ. 시간(추진)계획 Ⅲ. 준비계획 Ⅳ. 행정사항

〈그림19〉 행사·회의보고서 구성 예시

　결과보고서란 정책(사업), 행사, 회의 등 다양한 업무의 추진결과를 보고하는 문서다. 보통 ○○행사결과 보고, ○○회의결과 보고, ○○점검결과 보고, ○○연구결과 보고, ○○조치결과 보고, ○○진단결과 보고, ○○출장결과 보고 등 다양한 명칭으로 작성되고 있다. 결과보고서는 그동안 추진한 업무를 마무리 짓고 새로운 업무를 추진하기 위한 가교 역할을 하기도 한다. 따라서 결과 내용을 토대로 향후 대책이나 조치계획과 같은 문제해결방안도 함께 요구하는 경우가 많다. 결과보고서는 먼저 전체 개요를 쓰고, 다음으로 추진결과를 토대로 분석하며, 그 추진결과로 나타난 주요성과와 시사점이 무엇인지를 제시하고, 향후계획을 언급하는 순서로 내용을 전개한다.

　일반적인 기본 구성은 '○○개요 - ○○결과 분석 - 주요성과 및 시사점 - 향후 조치계획'이다. 응용 구성으로는, ① 행사결과 보고형인 경우 '주요성과 - 행사주요결과 - 조치계획'으로, ② 평가결과 보고형인 경우 '평가개요 - 평가결과 - 향후계획'으로, ③ 설명회결과 보고형인 경우 '설명회개요 - 설명회결과 - 참석자 건의사항 - 향후계획' 등 유동적으로 할 수 있다.

　알다시피 보고서는 회사의 커뮤니케이션 프로토콜이다. 즉, 작성하는 사람과 읽는 사람 사이에 보고서가 존재한다. 이는 보고서의 세

기본 구성	응용 구성 I	응용 구성 II	응용 구성 III
I. 개요 II. 결과 분석 III. 주요성과 및 시사점 IV. 향후 조치계획	I. 개요 II. 결과 분석 III. 조치계획 IV. 향후 조치계획	I. 개요 II. 평과 결과 III. 향후계획	I. 개요 II. 결과 분석 III. 주요 건의사항 IV. 향후계획

〈그림20〉 결과보고서 구성 예시

부 구성을 읽는 사람의 인지 상태를 고려해야 함을 의미하며, 보고서를 작성하는 과정은 복잡한 정보와 아이디어를 체계적으로 정리하고 명확하게 전달하는 능력을 요구한다. 따라서 보고서의 세부 구성을 잘하는 것은 보고자의 '커뮤니케이션 능력'과 직접적으로 연결된다.

보고서를 작성할 때는 위와 같은 세부 구성을 먼저 해야 한다. 그리고 구성 형식을 자신의 보고서 주제에 맞게 응용하면 된다. 보다시피 보고서 유형별 목차의 제목은 5단계를 넘는 게 없다. 되도록 위에서 말한 유형을 유지하는 것이 좋다. 왜냐하면 보고서의 스토리 라인이 검증되었기 때문이며, 정책결재권자 입장에서도 생소한 목차 구성은 적응하면서 읽는데 추가적인 에너지 소비가 필요하기 때문이다. 다만, 보고서 주제의 특성상 목차 제목의 단계가 부득이 늘어날 필요가 있다면 보고서를 보는 사람이 낯설지 않게 목차 구성을 하여야 한다. 보고서를 쓸 때마다 무라카미 하루키의 『샐러드를 좋아하는 사자』에서 읽었던 구절이 떠오른다.

"선물을 잘 고르는 사람을 보며 느끼는 것인데, 선물을 고를 때 에고가 드러나지 않는다. 대부분의 사람은 '이 옷은 내 마음에 드네.'라든가 '이 옷을 그 사람한테 입혀보고 싶네.'라는 식으로 자신의 마음이 앞선다. 그런데 잘 고르는 사람은 자연스럽게 상대의 입장에서 상대의 마음이 되어 물건을 고른다. 좀 노골적인 표현일 수 있지만 분명 선천적인 자질이 아니려나."

보고서의 종류별로 세부 구성이 정형화되어 있다.
이미 정형화된 구성은 스토리라인이 검증되어 있어
보고서를 읽는 사람이 편하다. 잊지 말자.

1. 표준화된 구성

정형화된 보고서 구성은 보고서의 종류에 따라 일정한 틀과 구성 요소를 가지고 있다.
이러한 표준화된 구성은 보고서 작성자와 결재권자 간의 의사소통을 원활하게 해준다.

2. 스토리라인의 검증

정형화된 구성은 수많은 보고서에서 반복적으로 사용되며, 그 효과가 검증되었다. 표
준화된 구성은 보고서의 논리적인 흐름을 제공하여 보고서의 내용을 쉽게 따라갈 수
있도록 도와준다. 이는 보고서를 읽는 사람들이 해당 구성에 익숙하고, 정보를 빠르게
파악하고 이해할 수 있다는 점에서 그러하다.

3. 편의성과 효율성

정형화된 구성은 보고서를 효율적으로 작성하고 읽는 데 도움을 준다. 보고서 작성자
는 표준화된 구성에 따라 필요한 내용을 쉽게 정리하고 서식 설정(formatting)을 할
수 있으며, 결재권자는 구성의 일관성을 통해 필요한 정보를 빠르게 찾아볼 수 있다.
이는 보고서 작성과 읽기의 편의성을 높여준다.

보고서 유형별 목차의 개수는 최대 5단계까지 하되
이를 넘기는 것은 지양하자.

1. 목차의 단계가 많아지면 읽기 어려워진다.

보고서는 대개 많은 정보가 포함되어 있으며, 이를 구조화하고 집중적으로 전달하기
위해 목차를 활용한다. 그러나 목차의 단계가 많아지면 정보를 찾아내기 어려워지고,
보고서의 구조가 복잡해져 결재권자가 이해하기 어려워진다.

2. 5단계 이하의 목차는 구조화된 정보 제공에 적합하다.

5단계 이하의 목차는 보고서 작성자가 목차를 구성할 때 집중적으로 정보를 정리하고, 결재권자가 정보를 빠르게 파악할 수 있도록 도와준다.

3. 목차의 단계가 많아지면 보고서 전체의 구조가 일관성이 없어 보인다.

목차의 단계가 많아지면 보고서 작성자가 의도한 바와 달리 결재권자가 정보를 이해하는 데 어려움을 줄 수 있다. 따라서, 목차의 단계를 최대 5단계 이하로 하여 목차 구성의 일관성을 유지하는 것이 좋다.

마감시간 설정,
시간 관리의 중요성

    우리나라 언론기업 중 하나인 헤럴드의 소속 기자들은 '데드라인' 을 두고 '생명'이라고 말한다고 한다. 그만큼 반드시 지켜야 하기 때문일 것이다. 일반적으로 사용되는 마감시간(Deadline)의 뜻은 무엇일까? 마감시간은 '더 이상은 넘어갈 수 없는 최종적인 한계'라는 뜻으로 쓰인다. 일반적으로 '데드라인을 정하다', '데드라인에 놓이다'와 같이 사용한다. 나는 보고서 작성과 관련한 마감시간의 의미를 이렇게 생각한다.

마감시간(Deadline)
① 나의 문서 작성 시간 + ② 다른 사람·부서·기관 협조 시간
+ ③ 결재권자 검토·결재 시간 + ④ 수정·보완 시간

    그렇다면 보고서를 작성하는 데 마감시간은 왜 필요할까? 업무의 효율성 향상의 지름길이기 때문이다. 먼저 PPPPP라는 말을 알아둘 필요가 있다. PPPPP는 "Proper planning prevents piss-poor performance(일을 망치지 않으려면 계획부터 잘해야 한다)."의 약자다. 계획을 세운다는 것은 앞으로 닥칠 일을 미리 예견한다는 것과 같은 말이다. 앞으로 다가올 일을 미리 머릿속으로 시뮬레이션하는 과정에서 예상치 못한 상황을 미리 막을(prevent) 수 있다. 이러한 과정이 바로 남과는 차별된, 고품질의 보고서를 작성하는 자세다.

보고서 작성을 위한 마감시간을 정할 때는 ① 나의 보고서 작성계획, ② 다른 사람(부서·기관)의 협조계획, ③ 결재권자들의 수를 고려한 검토·결재계획을 살펴야 한다. 나의 보고서 작성계획을 고려할 때도 보고내용의 기본구상, 자료수집·분석, 보고서의 유형 및 틀(골격) 확정, 논리 흐름, 퇴고 과정 등 전반적인 구상을 하여야 한다. 그리고 다른 사람(부서·기관)의 협조계획을 고려할 때는 조직 내부적인 사항인지 외부적인 사항인지를 검토하고 각 사항에 따라 적절한 기간, 대상, 내용 등을 생각한다. 마찬가지로 결재권자들을 고려할 때는 그들의 성향, 결재 가능 시기, 반려될 경우의 재작성 기간 등을 고민해야 한다.

이렇게 전반적인 사항을 생각하는 것은 결국 전체 일정을 고려한 시간적 차원에서 큰 숲을 볼 수 있는 장점이 있다. 마감시간이 업무의 효율성을 높이는 건 다음 관점에서도 확인할 수 있다. 마감은 대박은 아니더라도 쪽박은 면해준다. 게다가 중박이라도 계속 치다 보면 대박 가능성이 커진다. 가끔 대박을 치면 성취감은 이루 말할 수 없다. 결국 마감시간은 행복감을 만드는 촉매제(accelerator)다.

마감시간은 개인의 느슨함을 관리할 수 있는 도구가 될 수 있다. 다음 사례들을 눈여겨볼 만하다. 심리학자 아모스 트버스키(Amos Tversky)와 엘다 샤퍼(Eldar Shafir)는 대학생들에게 설문지를 작성해오면 5달러를 주겠다고 말했다. 그런데 5일이라는 기한을 정했을 때는 66%의 학생들이 돈을 받으러 왔지만 기한을 정하지 않았을 때는 불과 25%만이 돈을 받으러 왔다. 보상이 그보다 훨씬 클 때도 비슷한 현상이 나타났다. 영국의 경제사회연구회(Economic and Social Research Council)에서는 세계 경제, 안보, 보안, 교육 분야를 연구하는 대학 연구자들에게 지원금을 주는데, 한 번은 연구 제안서의 제출 기한을 없애고 연중 수시로 받기로 했다. 연구 교수들은 이 결정을 반겼다. 학기 중간에 위치한 짧은 기간에 맞춰 제안서를 내지 않고 대신 시간이 날 때 자유롭게 제출할 수 있으니 말이다. 그러나 그해 연구 제안서 제출률은 예년보다 15~20% 떨어졌다.

마감시간은 몰입도를 높인다. 몰입과 관련된 책은 우리나라에 약 2,500권[19]이나 존재한다. 수많은 몰입 관련 책들에서 말하는 요점은 명확하다. 각자의 분야에서 비범한 업적을 이룬 사람들에게는 공통점이 있는데, 고도로 집중된 상태에서 문제를 생각하는 '몰입'적 사고를 했다는 것이다. 보고서 작성 역량은 기본적으로 기획력과 소통 능력에 따라 달라진다. 몰입을 통해 '아하!' 하는 영감과 직관을 얻어야만 기획력을 높일 수 있고, 몰입을 통해 객관적으로 상황을 시뮬레이션할 수 있어야 타인과의 소통능력을 높일 수 있다.

---

19. 2023년 5월 교보문고 기준, eBook 포함.

조직에서 많은 일을 하다 보면 나의 뜻대로 일이 진행되지 않을 때가 있다. 내가 근무하는 경기도교육청(본청)은 22조 574억 원의 예산 규모를 갖고 있으며, 1실 5국 33개 부서, 36개 직속기관, 25개 교육지원청, 지방공무원(정원)만 14,950명이다(2024년 5월 기준). 이에 더하여 4,698개의 학교, 1,641,021명의 학생, 108,831명이 교원이 소속되어 있다(2023년 9월 기준). 지방교육행정기관 중 전국 최대 규모의 조직이다 보니 욕심대로 일이 진행되지 않을 때가 많다.

조직 내에서 업무를 처리하는 사람을 크게 두 분류로 나눌 수 있다. 실패하는 사람과 성공하는 사람. 신기하게도 똑똑하고 아는 것도 많은데 막상 맡은 일을 잘 풀지 못하고 문제만 일으키는 사람이 있는가 하면, 일하는 방식은 다소 세련되지 못하지만 어떤 일이든 술술 잘 해결하는 사람이 있다. 왜 그런 것일까? 해결 능력이 뛰어난 사람은 상황을 인정하고 본인이 할 수 있는 일에 몰입하기 때문이다. 상황을 냉철하게 인식하고 현재 자신이 할 수 있는 일에 집중하는 것은 기획력과 소통능력에 기반해 보고역량을 향상하는 데 도움이 된다.

마감시간은 중간보고의 타이밍을 결정하고, 진행상황과 예측상황 보고를 언제든 할 수 있게 해 준다. 보고서의 종류에 따라 추구하는 가치(정확성, 신속성, 완벽성 등)의 중요도가 달라진다. 다만, 완벽성만을 추구하다 보면 제대로 보고서를 작성할 수 없다. 작성하는 도중 상황은 얼마든지 달라질 수 있기 때문이다. 따라서, 언제든 시시각각 변하는 상황을 고려한 중간보고를 할 수 있는 상태가 되어야 한다.

중간보고는 매우 중요하다. 문제가 발생하면 담당자로서 최대한 본인이 해결하고 해결이 어려울 경우 상사에게 보고하는 사람이 있다. 이런 경우에는 문제가 더 커질 가능성이 높다. 문제는 상사를 비롯해 여러 사람이 힘을 모아야 더욱 쉽게 해결된다. 게다가 상사는 본인보다 경험이 더 많고 문제해결을 위한 여러 자원의 위치를 알고 있다. 또한, 문제해결은 초기에 더 쉽게 해결할 수 있으므로 문제 발생 시 즉시 중간보고를 하는 게 바람직하다.

마감시간 일정에 딱 맞추거나 그보다 앞서 보고서 작성을 완료했을 때는 자신감이 높아질 뿐만 아니라 보다 많은 것을 얻을 수 있다. 생각지 못한 해결책, 문제해결을 위한 다른 관점, 수정·보완을 위한 시간 확보 등이 그러하다. 그렇다면 마감시간을 잘 지키는 방법에는 뭐가 있을까? 방법이 세 가지나 있다.

첫째, 데드라인을 최종의 것 하나가 아니라, 여러 단계의 중간 데드라인을 만드는 것이다. 진행과정을 세분하면 중간 데드라인 때마다 가끔은 한 번씩 실패할 것이므로 실패의 쓴맛을 봐야 하는 괴로움은 있다. 그러나 여러 번의 작은 기한 초과가 최종 데드라인을 지키지 못하는 것보다 낫다. 중간 데드라인을 여러 개 만들어 두면 간혹 실패가 있을 수 있으나 성공할 수 있는 확률도 높아진다. 기회가 많기 때문이다. 성공하면 성취감이 생기고 이를 동력으로 다음 데드라인을 완수하는 힘이 생긴다.

둘째, 자기 전 내일의 계획을 상기하는 것이다. 잠자기 전 아이에게 동화책을 읽어 주면 은연중 아이의 어휘력이 향상된다는 말이 있다. 잠을 자기 전 몰입하여 생각한 것들은 잠을 자면서 장기기억으로 저장되고, 수면 중에 뇌가 학습을 하게 한다. 단기기억이 장기기억으로 저장되는 과정은 주로 수면, 특히 꿈을 꾸는 렘(REM, Rapid Eyes Movement) 수면 중에 대부분 이뤄진다. 꿈은 뇌의 휴식이자 기억과 학습에 관계하여 문제해결에 유용하고 필수적인 기능도 수행한다.

셋째, 자투리 시간을 이용하는 것이다. 출·퇴근 시간, 출장 중 기다리는 시간 등 할 일 없이 우두커니 있는 시간에 보고서 작성에 어려운 부분을 몰입한다. 그러면 뇌는 신기하게도 고민의 시간에 부응하는 해결방안을 가져다준다.

참고로, 직장에서 보고서 작성 마감일이 항상 촉박한 이유를 말해보고자 한다. 주관적인 생각일 수 있긴 하지만, 결재권자 입장에서는 직원의 전투력을 가늠해 볼 수 있기 때문은 아닐까 생각한다. 특정 사안에 대한 보고서 작성을 지시받게 되면 평소 자신의 업무에 대한 문제의식과 해결방안에 대한 고민이 많았던 사람은 아무래도 남들보다 빠른 보고서가 작성될 수밖에 없다. 아무 생각 없이 외부의 자극에 의해서만 일을 하는 사람을 구분할 수 있는 좋은 방법이 보고서 작성 속도다. 또 다른 이유로는, 보고서는 생선, 고기, 야채처럼 신선해야 하기 때문이라고 본다. 이미 예전에도 유사한 문서가 있을 수 있으나 결재권자가 원하는 것은 좀 더 새롭고 좀 더 업그레이드가 된 보고서이기 때문이다. 재탕 삼탕의 보고서가 아니라 데드라인에 기반한 그때 그 시간에 알맞은 보고서가 필요한 것이다. 마지막 이유로는, 정례화된 정기 업무 때문이라고 본다. 국가나 지방자치단체에는 매년 정례화된 업무가 있다. 국정감사, 행정사무감사, 감사원감사, 예산 및 결산 등이 그러하다. 이는 사기업도 업무의 종류만 다를 뿐 마찬가지다. 사실 조직은 정례화된 업무를 하기도 바쁘다. 따라서 결재권자는 보고서 작성에 많은 시간을 직원들에게 주면서까지 기다려 줄 여유가 없다.

미국의 지휘자, 작곡가, 피아니스트이자 음악 교육가 · 저술가인 레너드 번스타인은 이렇게 말했다.

> "위대한 업적을 이루려면 두 가지가 필요하다.
> 하나는 계획이고, 하나는 적당히 빠듯한 시간이다."
> (To achieve great things, two things are needed:
> a plan and not quite enough time.)

어떤 일을 할 때, 그 일을 끝내야 하는 마감시간 직전에 이를수록 일의 능률은 상승한다. 마감효과가 발휘되면 민첩성 증가, 집중력 증가, 잡생각 무효화 등의 강화효과를 받는다. 혹자는 터널링(Tunneling)이라는 단어로도 설명한다. 긴 터널에 들어서면 오로지 출구의 빛에만 집중하고, 주변의 사물엔 눈길을 주지 않게 되는 것을 빗댄 용어다. 나는 마감시간을 설정하는 것이 '창의력'을 개발할 수 있는 좋은 방법이라고 생각한다. 시간의 제한이 우리의 두뇌를 더욱 집중하게 만들며, 완벽주의를 벗어나 창의적인 생각을 펼칠 수 있게 하기 때문이다. '창의력'은 공무원이 고품질 보고서를 작성하기 위한 필수 역량이다. 보고서 작성뿐만 아니라 다른 활동에서도 마감시간을 활용해 자신의 '창의력'을 확장해 보자.

마감시간이란?

마감시간 = ① 나의 문서 작성 시간 + ② 다른 사람·부서·기관 협조 시간 + ③ 결재권자 검토·결재 시간 + ④ 수정·보완 시간

1. 효율적인 시간 관리

마감시간을 설정하면 보고서 작성에 필요한 모든 과정을 계획하고, 효율적으로 시간을 관리할 수 있다. 자료수집, 분석, 초안 작성, 수정 및 검토 등 각 단계에 적절한 시간을 배정하는 것은 질 좋은 보고서를 완성하는 데 도움이 된다.

2. 준수할 기한의 공시력

결재가 된 보고서는 다른 행정 집행의 근거가 되며, 이러한 행정 집행은 다른 관련 행정행위나 일정에 영향을 준다. 보고서의 마감시간이 지연되면 순차적으로 다른 일정이 차질을 빚거나 행정 비용 증가를 초래할 수 있다. 따라서 보고서 마감 기한을 설정하면 작업의 집중도를 높여주며, 동시에 여러 업무 중에서 어떤 것이 우선순위인지 명확하게 해준다.

3. 신뢰성 확보

마감시간 준수는 신뢰와 전문성을 나타내는 중요한 지표다. 기한 내에 고품질의 보고서를 제시함으로써 결재권자와 업무 관계인에게 신뢰를 구축할 수 있다.

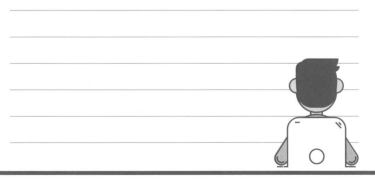

쉬운 글로
술술 읽히는 보고서 만들기

보고서를 통해 전달하고자 하는 내용을 결재권자에게 빠르고 쉽게 전달하기 위해서는 네 가지 방법이 필요한데, 첫 번째 방법은 보고서의 가독성을 높이는 것이다. 보고서는 결재권자에게 전달하고자 하는 내용을 효과적으로 제시하거나 해당 내용을 토대로 상사의 효율적 의사결정을 돕기 위해 작성하는 것이다. 인간적인 친숙감을 높이기 위한 문서가 아니다. 따라서, 핵심 내용을 압축해 전달할 수 있도록 짧게 끊어서 중요한 요점이나 단어를 나열하는 방식의 문장 서술 기법이 필요하다. 그것이 바로 개조식이다. 개조식은 여러 장점이 있다. 먼저 한눈에 전체 내용을 파악해 요점을 파악하기 용이하며, 의미전달이 빠르고 명확하고, 관심사항만 찾아서 읽을 수 있다. 그런데! 보고서를 작성하는 모든 사람은 안다. 보고서는 개조식으로 작성하여야 함을. 그럼에도 불구하고 부득이 이를 언급하는 것은 개조식의 진정한 의미를 설명해야 해서다. 업무를 디테일하게 고민하여 추진하는 사람들이 작성하는 문서를 보면 간혹 보고서의 외형은 개조식이나 실질은 서술식 형태인 경우가 있다.

다음의 'A 문서'는 외형상으로만 보면 분명 개조식으로 작성한 보고서다. 그런데 자세히 내용을 뜯어보면, 서술식으로 말하는 것을 단순히 명사형으로 끝내는 것에 불과함을 알 수 있다. 검토배경은 '서론-본론-결론' 내지는 '기-승-전-결'의 논리적 흐름이 필요하다. 그런데 'A 문서'는 논리적 흐름은 없고, 사실의 열거만 있다. 그리고 디테일한 내막은 주석(작은 글씨) 처리로 충분함에도 모든 문장의 글자 크기가 동일하게 되면서 상사가 모든 내용에 집중해야 하는 상황을 만들어 버렸다. 문서는 적절한 강약이 있어야만 쉽게 술술 읽히고 이해도 잘 된다.

제대로 된 개조식 보고서를 작성하기 위해서는 어떤 것을 고려해야 할까? 첫째, 주장 내지는 결론이 되는 문장이 제일 먼저 나와야 한다. 둘째, 단락 내 각 문장은 중요하고 핵심적인 키워드를 뽑아 구성해야 한다. 셋째, 선택한 키워드를 흐름에 맞게 단문으로 구성하되, 추가 내용은 하위 레벨에서 표현한다. 넷째, 모든 문장은 함축하여 표현하도록 노력한다. 관형어를 되도록 줄여야 한다. 관형어란 체언(주어 따위의 기능을 하는 명사, 대명사, 수사) 앞에서 체언의 뜻을 꾸며 주는 구실을 하는 문장 성분을 말한다. 다섯째, 중복되는 단어나 문장을 제거한다.

'A 문서'를 핵심 내용 위주로 축약하고 개선한 문서가 'B 문서'이다. 만약 전체 보고서에서 검토 배경이 차지하는 크기가 커야 한다면

A (잘못된 사례)

□ 검토 배경

○ 「학교용지 확보 등에 관한 특례법」 개정으로 수도권 공영개발사업의 경우 사업시행자는 학교시설을 설치하여 교육청에 무상 공급하도록 의무화
- 현재 한국토지주택공사(이하 'LH')는 화성 동탄(2)지구 외 3개 사업지구에서 학교시설공사를 위한 사업에 착수
○ 업무협약을 위한 협의 중, LH는 학교시설공사에 대한 전문성과 노하우 부족으로 사업 진행의 어려움 토로
- 해당 공사를 교육청에서 위탁받아 수행하는 방안을 계속하여 요구
- 위탁수수료에 대해서는 교육청과 LH 간 상호 이견 존재
- 학교시설 품질 저하 우려와 시설 인수 및 하자관리의 불명확성
- 그러나, 최초 시행 제도임에도 교육청의 관리·감독 인력은 부족
○ 공영개발사업의 대부분을 시행하는 LH가 시행자가 될 경우 국가계약법 적용에 따라 경기도 건설업체 수주물량 감소 예상
- 국가계약법 적용 시, 경기도 지역 업체 공동 도급 비율이 30%이나, 지방계약법을 적용하게 될 경우, 경기도 지역 업체 공동 도급 비율을 40%(최대 49%) 이상 의무 적용하여 되어 경기도 건설업계 활성화 기대
○ 일부 도의원은 학교시설공사 사업주체는 교육청이 되어야 한다는 의견 제시
- 학교시설의 관리 및 사용의 주체는 교육청이며, 해당 사업비의 교육청 부담비율이 높기 때문에 사업시행자가 LH가 되는 것은 불합리하다는 의견이 해당 의원 발언의 요지
○ 따라서, 공영개발사업시행자가 희망하는 경우 학교시설공사 수탁 가능 여부 검토와 수탁 시 그 기준을 정립할 필요성 존재
- 기존 시설업무를 담당하는 인력들의 업무량이 과다한 상황에서 추가로 학교시설공사 수탁 시 필요한 조직, 인력을 투입하여 이를 통한 사업수지 분석
- 학교시설공사 집행방법, 조직 신설, 제도개선 방향 제시
- 위 사항들을 분석하고 타당성과 신뢰도를 검증하기 위해 시설, 계약, 정원 업무 담당자들로 구성된 별도 T/F Team 구성
- 해당 임시조직에서 학교시설공사 수탁에 대해 전반적인 검토 보고서 작성 후 향후 수탁에 대한 추진계획 수립

B (잘된 사례)

□ 검토 배경

○ 「학교용지 확보 등에 관한 특례법」 개정으로 수도권 공영개발사업 시행자는 학교시설을 설치하여 교육청에 무상 공급하도록 의무화
- 현재 LH(한국토지주택공사)는 화성 동탄(2)지구 외 3개 사업지구에서 학교시설공사를 위한 사업에 착수
○ LH는, 학교시설공사에 대한 전문성과 노하우가 부족해 교육청이 해당 공사를 위탁받아 시행하는 방안에 대해 적극 검토를 요구
- 법 개정에 따른 일선 혼란을 예방할 세부 규정이 없는 상황에서, 학교시설공사 주체를 LH로 할 경우 다양한 문제점이 예상

연번	문제점
1	위탁 수수료율에 대한 교육청-LH 간 이견
2	학교시설 품질 저하 우려 및 시설 인수 및 하자 관리의 불명확성
3	최초 시행되는 제도임에도 교육청 내 관리·감독 인력 부재
4	경기도 건설 업체 수주 물량 감소
5	공사비의 교육청 분담 비율이 높음에도 권한 행사에 한계 우려

○ 사업시행자측의 공사 위·수탁 요청과 도출된 문제들을 입체적으로 분석하여, 행정 현실을 고려한 단기·중·장기 방안 마련 필요
- 시설·조직·정원·계약 업무 전문가들로 조직된 T/F팀을 구성하여, 학교시설공사 집행방법, 조직·인력 진단, 제도 개선 방향 등 제시

〈그림21〉 개조식 보고서 비교

(출처: 경기도교육청, 〈공영개발에 따른 학교시설공사 수탁 방안 검토 TF팀 운영계획〉, 2014)

(좀 더 자세한 설명이 필요하다면) 본문 내용 중 추가적 설명이 필요한 부분에 주석을 달아 검토 배경의 분량을 늘이면 될 것이다.

보고서를 통해 전달하고자 하는 내용을 결재권자에게 빠르고 쉽게 전달하기 위한 두 번째 방법은 알기 쉬운 단어를 사용해야 한다는 것이다. 어려운 단어나 약어는 보고서를 읽는 흐름을 끊기게 한다. 사내에서 이미 관용적으로 쓰이지 않는 이상 지양하는 것이 바람직하다. 그럼에도 불구하고 해당 단어를 반드시 써야 하는 경우가 있다. 그 단어를 사용하지 않으면 보고서 문장이 너무 늘어지는 경우가 있기 때문이다. 이럴 때는 단어를 쓰되, 바로 아래에 주석으로 단어의 설명을 적

어 주어야 한다. 그런데 보고서에 사용하는 단어가 어려운지 아닌지는 어떻게 판단할 수 있을까? 나는 해당 보고서 분야를 전혀 모르는 사람을 기준으로 삼아야 한다고 생각한다. 해당 분야를 모르는 사람이 보고서를 술술 읽을 수 있을 정도의 문서가 가장 훌륭한 보고서다. 특히 전문 용어의 경우 결재권자가 해당 용어를 잘 모르는 경우도 있기 때문에 순화용어를 사용하는 것도 좋은 방법이다. 이와 관련된 '전문용어 – 순화용어' 비교표는 부록을 참고하기 바란다.

이 외에 강조하고 싶은 것은 맞춤법이다. 맞춤법은 보고서의 가장 기본이다. 맞춤법에 어긋난 문서는 품격이 떨어져 보인다. 특히, 기관장 문서에서 틀린 맞춤법을 발견하면 기관 전체의 품격이 떨어져 보인다. 흔히 틀리는 맞춤법 사례는 이 책의 후반부에 있는 부록을 참고하기 바란다.

보고서를 통해 전달하고자 하는 내용을 결재권자에게 빠르고 쉽게 전달하기 위한 세 번째 방법은, 문장은 단문으로 작성해야 한다는 것이다. 단문이란 주어와 서술어가 각각 하나씩 있어서 둘 사이의 관계가 한번만 이루어지는 문장을 말한다. 쉽게 말해 동사를 하나만 갖는 문장을 말한다. 단문이 가진 장점은 명확하다. 첫째, 간결하다. 한 문장에 주어, 목적어, 서술어가 하나씩만 있어서 이해하기 쉽다. 이는 곧 상대방의 읽는 부담을 한결 덜어줌을 의미한다. 둘째, 쉬어야 할 때를 알려준다. 문장이 끝날 때마다 쉬면 된다. 셋째, 몰입하게 만들 수 있다. 복잡한 내용을 설명할 때 '기 – 승 – 전 – 결' 형태로 문장을 서술해 가면, 읽는 사람은 자신도 모르게 집중하여 읽는다. 마지막 문장을 읽고 나서는 '아하!'라는 소리도 나온다. 넷째, 문장의 길이가 2줄을 넘지 않게 된다. 문장이 짧으면 가독성이 높아진다. 가독성이 높은 글이 좋은 글임을 아무도 부인하지 않을 것이다.

추가로 강조하고 싶은 것은 문장의 의미가 명확해야 한다는 점이다. 그 기본이 주어와 술어의 일치다. 주어와 술어가 일치하지 않으면 문장의 내용이 부자연스러워진다. 자연스럽게 읽히지 않고 불편한 느낌이 든다. 문장의 의미를 모호하게 만드는 사례로 '~과', '~와', '및'을 사용하는 경우를 들 수 있다. "기획·집행에 대한 자문·심의와 거버넌스를 통한 다양한 의견을 수렴하여 정책에 반영한다."라는 문장을 보자. 이 문장은 두 가지 해석이 가능하다. 첫 번째는 자문·심의 결과와 거버넌스 의견 수렴의 결과물 모두를 정책에 반영한다는 것으로 해석할 수 있다. 두 번째 가능한 해석은 위원회 운영으로 기획·집행에 대해 자문·심의 과정을 거치고 거버넌스 기구를 통한 의견 수렴 결과를 정책에 반영한다는 의미로 해석할 수 있다.

보고서는 명확하지 않으면 의사결정권자의 잘못된 결정을 유발한다. 명확한 보고서 작성을 위해서라도 사소한 표현 하나에도 주의를 기울여야 한다. 악마는 디테일에 있기 때문이다. 다만, 의도적으로 중의성을 띠게 문장을 구성해야 하는 때도 있다. '이럴 수도 있고 저럴 수도 있다.'라는 뉘앙스를 가진 문장이 그러하다. 그러나 이는 지극히 특수한 상황에 한정하여 사용해야 한다.

내용	의미
기획·집행에 대한 자문·심의와 거버넌스를 통한 다양한 의견을 수렴하여 정책에 반영한다.	(첫 번째 해석) 자문·심의 결과와 거버넌스 의견 수렴의 결과물 모두를 정책에 반영한다.
	(두 번째 해석) 위원회 운영으로 기획·집행에 대해 자문·심의 과정을 거치고 거버넌스 기구를 통한 의견 수렴 결과를 정책에 반영한다.

보고서를 통해 전달하고자 하는 내용을 결재권자에게 빠르고 쉽게 전달하기 위한 마지막 네 번째 방법은 문단 내 문장 구성이 논리적이어야 한다는 것이다. 글을 전개하는 과정에서는 일정한 규칙이 필요하다. 그것은 주제 또는 소주제를 뚜렷이 드러내어 주장하고자 하는 바가 선명하게 드러나도록 하기 위한 원리를 말한다. 이를 위해서는 크게 세 가지를 들 수 있다.

첫째, 자료 선택에 통일성이 있어야 한다. 문단 내 주제와 주제를 뒷받침하는 모든 자료가 내용적으로 일치를 이뤄야 한다. 예를 들어 '위원회 운영의 기본 방향'에 관한 단락을 작성한다고 하자. 이때 글에 쓰이는 모든 자료는 그것과 관련되고 뒷받침할 수 있어야 한다. 자료 중 조금이라도(한 단어, 한 문장이라도) 주제와 무관하거나 거슬리는 내용이 있으면 앞에서 말한 통일성을 저해하게 된다.

둘째, 자료 배열에 연결성이 있어야 한다. 글을 이루고 있는 모든 자료가 주제를 가장 효과적으로 전개할 수 있도록 배열되어야 한다. 통일성이 알맞은 자료를 선택하는 것이라면, 연결성은 자료를 적재

잘된 사례	잘못된 사례
① 경기교육주민참여협의회 운영 기본방향 ○ 경기교육주민참여협의회 자문결과를 대표협의회 또는 실무협의회에서 논의하여 그 결과를 교육감과 도지사 정책에 반영 유도 ○ 대의제 보완책으로서 거버넌스 본연의 기능을 강화하는 협의회 운영 ○ 실무협 단계에서 논의 안건을 사전에 정리해 의제 집중 논의 ○ 경기교육주민참여협의회는 경기교육정책의 자문기구 역할을 하되 자문범위는 운영 세부계획에 따름	① 경기교육주민참여협의회 운영 기본방향 ○ 경기교육주민참여협의회 자문결과를 대표협의회 또는 실무협의회에서 논의하여 그 결과를 교육감과 도지사 정책에 반영 유도 ○ 경기교육주민참여협의회는 경기교육정책의 자문기구 역할을 하되 자문범위는 운영 세부계획에 따름 ○ 대의제 보완책으로서 거버넌스 본연의 기능을 강화하는 협의회 운영 ○ 실무협 단계에서 논의 안건을 사전에 정리해 의제 집중 논의 ○ 별도 사무처 설치는 지양하고, 대외협력담당관에서 사무처 역할 수행 ○ 공무원이 아닌 위원의 임기는 1년(관련 조례 시행규칙 제3조 1항)으로 하되, 연임 필요시 두 차례까지 가능(재위촉) ○ 모든 회의는 보고서 작성(개최계획, 결과보고 등)이 원칙이며, 결과보고서는 회의 종료 후 5일 이내 결과물 제출

이 부분은, 운영 기본 방향이 아니라 운영 세부계획에 들어갈 만한 수준의 내용!

〈그림22〉 자료 선택의 통일성

(출처: 경기도교육청, 〈경기교육주민참여협의회 구성 기본계획 및 지역교육주민참여협의회 운영 활성화 계획〉, 2016)

적소에 배치하는 것이다. 연결성은 보고서 전체의 구성 과정과 단락별 전개 과정으로 나눠 생각할 수 있다. 단락별 전개 과정에서 소주제와 소주제를 뒷받침하는 문장들이 연결성을 따르게 되면 소주제를 효과적으로 전개할 수 있다. 그리고 보고서 전체 구성 과정에서 각 단락들의 연결성을 고려하면 전체 주제를 효과적으로 전달할 수 있게 되는 것이다.

셋째, 논지를 충분히 뒷받침할 수 있어야 한다. 주제와 가장 밀접한 관련이 있는 사항에 대해서는 특별히 두드러지게 서술해야 한다. 상대방과 대화하거나 청중을 대상으로 강의할 때도 특별히 강조할 부분이

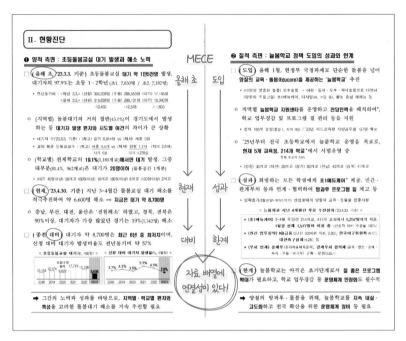

〈그림23〉 자료 배열의 연결성

(출처: 정보공개포털, 교육부 〈초등돌봄 대기 해소와 2학기 늘봄학교 정책 운영방향 수립〉, 2023)

있으면 큰 소리로 말하거나 특정 제스처를 사용하기도 한다. 보고서도 이와 마찬가지다. 보고서 작성에서 특정 사항을 강조하기 위한 두 가지 방법이 있다. 첫 번째 방법은 강조하고자 하는 내용을 눈에 잘 띄는 곳에 '※ 표시', '☐ 박스 처리', '**굵은 글씨체**', '색상(음영)' 등으로 하여 배치하는 것이다. 두 번째 방법은 강조하고자 하는 내용을 좀 더 지면을 할애해 상세하고 알차게 설명하는 것이다.

앞에서 명품 보고서는 함축적으로 중요 사항만 컴팩트하게 작성한다고 말했다. 그런데, 특정 사항에 대해 더 자세한 설명을 풀어 쓰게 되면 결재권자는 '이 부분이 특별히 중요한 사항인가 보군.'이라는 생각을 갖게 되고 더 면밀히 보게 된다. 다만 서술 내용에 의한 강조는

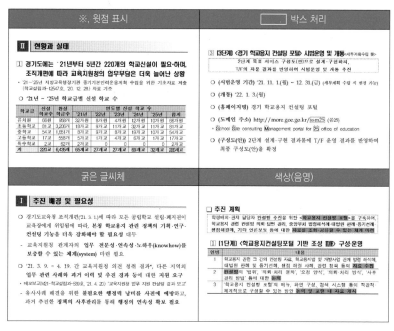

〈그림24〉 보고서 내용 강조 기법

(출처: 경기도교육청, 〈학교용지 확보 컨설팅 체계 마련 기본계획〉, 2021)

이 책에서 언급하는 내용에 따라 작성한 보고서라는 전제에서 통한다. 강약이 없는 보고서는 서술 내용에 의한 강조는 통하지 않는다.

글을 쉽게 쓰는 것은 커뮤니케이션의 기본이며, 이는 비즈니스 및 일상적인 상황에서 모두 중요하다. 글쓰기는 아이디어 및 정보를 전달하는 가장 효과적인 방법 중 하나이기 때문이다. 따라서 글을 어떻게 작성하는지는 커뮤니케이션에서 매우 중요한 역할을 한다. 또한, 글을 쉽게 쓰는 것은 혼란스러운 문제를 명확하게 이해하고 해결하는 데 도움을 준다.

예를 들어 분량이 많은 보고서를 작성할 때 글을 쉽게 쓰면 독자들이 정보를 쉽게 이해하고 문제에 대한 해결책을 찾을 수 있도록 도와줄 수 있다. 결국 글을 쉽게 쓰기 위한 노력은 '커뮤니케이션 능력'을 기르는 것과 같다. 좋은 보고서는 읽는 사람에게 명확하게 전달되는 것이며, 그것은 효과적인 커뮤니케이션의 핵심이라는 사실을 기억하자.

보고서 내용을 빠르고 쉽게
결재권자에게 전달하려면 지켜야 할 규칙이 있다.

1. 문서에 가독성이 있어야 한다.

가독성이 있는 보고서는 결재권자가 내용을 더욱 잘 이해할 수 있으며, 복잡한 정보도 효과적으로 전달할 수 있다. 또한 보고서를 읽는 시간이 최소화되어 신속한 의사결정에 도움이 된다.

2. 알기 쉬운 단어를 사용한다.

복잡하거나 전문적인 용어 대신 일반적이고 알기 쉬운 단어를 사용하면, 결재권자가 보고서의 내용을 더욱 잘 이해한다. 이는 결재 과정에서 중요한 판단을 내리는 데 필요한 정보를 명확하게 인식하는 데 도움이 된다. 애매모호한 용어나 전문 용어는 때로 오해나 잘못된 해석을 초래할 수 있다. 반대로, 일반적이며 명확한 언어 사용은 이런 위험을 최소화할 수 있다.

3. 단문으로 작성한다.

복잡한 문장보다 간결한 문장이 이해하기 쉽다. 단문은 중요한 정보를 명확하게 전달하기 때문에 결재권자가 보고서의 핵심 내용을 빠르게 파악하는 데 도움이 된다. 또한 긴 문장에서는 주어와 동사, 혹은 다른 구성 요소들 사이의 관계가 복잡해 해석에 오류를 범하기 쉽다. 반대로, 짧은 문장에서는 구조가 간단해 해석 오류 발생을 줄일 수 있다.

4. 문장과 문단을 논리적으로 구성한다.

보고서 내 각 문장과 문단이 명확하게 연결되어 있으면 결재권자가 보고서의 전체적인 내용을 이해하는 데 도움이 된다. 따라서 각 문장과 문단이 어떻게 서로 연결되는지, 전체적인 주제나 결론으로 어떻게 이어지는지를 파악하기 쉽다.

뜨거운 마음,
차가운 보고서의 조화

누군가와 이야기하고 있는데 상대방은 열심히 이야기하고 있지만, 자신은 무슨 이야기인지 전혀 알 수 없을 때를 경험한 적이 있을 것이다. '무슨 말이지? 그 일 아니면 이 일을 이야기하고 있는 건가?'라고 생각하는 동안에 상대방의 이야기는 거의 끝나버리는 경우를 말하는 것이다. 상대방은 내가 알고 있다고 생각했는지 계속해서 이야기하지만, 나는 전혀 알 수가 없는 그런 경우 말이다. 이야기하는 도중에 '대체 무슨 이야기를 하는 거야?'라고 되묻기도 어려운 상황에서 결국 나는 핵심 내용을 모른 채 대화는 끝나게 된다. 나중에 상대방이 뭐라고 말을 하길래 '무슨 일?'이라는 표정을 지으니 되려 '아까 이야기했잖아!'라고 하면서 화를 내는 경험, 누구나 한두 번은 이런 경험을 했을 것이다.

이야기하는 사람은 정확히 듣고 있지 않은 상대방이 미워 보이겠만, 실제로는 이야기하는 사람의 전달 방법이 잘못된 경우가 대부분이다. 상대방에게 자신의 이야기를 정확히 알려주고 이해할 수 있도록 배려하는 타인 의식이 빠져 있기 때문이다. 상대방이 알거나 아니면 몰라도 상관없는 이야기를 하고 있을 때라면 별개이지만 정확히 전달하고 싶을 때는 이야기하는 순서가 중요하다. 대충 이야기를 시작해 버리면 조금 전과 같이 상대방은 이야기의 주요 내용도 모르고 끝나버릴 수도 있다. 자신이 무슨 일에 관해 이야기하고 싶고 상대방이 알아주기를 바란다면 우선 그것을 상대방에게 잘 알릴 필요가 있다. '지금부터 이것에 관해 이야기합니다. 잘 들어 주세요! 알아주세요!'라고 상대방에게 주의를 부탁하고, 상대방의 시선을 자신의 이야기에 집중할 수 있도록 만들어야 한다. 그리고 말하고자 하는 취지가 왜곡되어 전달되지 않도록 논리적인 구성이 필요하다.

보고서도 마찬가지다. 철저히 상대방의 관점에서 내가 전달하고 싶은 내용이 제대로 전달될 수 있는 상황을 만들어야 한다. 나는 보고서를 작성할 때마다 마음속에 되뇌는 문장이 있다. 바로, "마음은 뜨겁게, 보고서는 차갑게"다. 보고서 작성은 냉정과 열정 사이를 끊임없이 오르내려야 한다.

보고서는 문제점을 파악해 해결방안을 마련하는 데 있다. 문제점을 파악하는 데는 오랜 시간이 걸린다. 나는 보고서 작성의 역량을 외적 역량과 내적 역량으로 나눈다. 보고서 작성의 외적 역량은 구성, 양식, 비주얼, 시안성, 직관성 등을 말한다. "What looks good tastes good. 보기 좋은 무언가는 품질이 좋을 공산이 크다. 누군가 모양을 내기 위해 노력했기 때문이다. 요리사가 음식을 먹음직하게 만든다면 그 요리는 맛이 있을 것이다."라는 누군가의 말처럼 보고서도 그러하다. 외적 역량은 오피스 툴(한글, 워드, 파워포인트, 엑셀) 사용 기술, 미적 감각, 읽는 이를 배려한 문서 구성력과 상관관계에 있다고 할 수 있다.

보고서 작성의 내적 역량은 기획력을 말한다. 기획은 조직에서 널리 사용하는 단어이나 정확한 의미와 개념에 대해서는 답변을 어려워하는 사람이 있다. 특히 기획과 계획을 혼동하곤 한다. 일반적으론 계획(plan)을 짜는 과정을 기획(planning)이라고 한다. 즉, 기획은 계획을 수립·집행하는 과정이며, 계획은 기획을 통해 산출된 결과다. 기획은 문제인지 → 목표설정 → 정보의 수집 분석(상황 분석) → 기획전제(planning premise) 설정 → 대안(기획안)의 탐색과 작성 → 대안의 결과 예측 → 대안의 비교·평가 → 최적안 선택의 과정을 거친다. 기획의 과정에서는 고도의 사고력이 필요하다.

다양한 시각으로 문제를 얼마만큼 고민했는지에 따라 보고서의 질이 달라진다. 보고서 작성의 외적 역량은 상대방에게 핵심 메시지를 제대로 빨리 전달하는 데 있다면, 내적 역량은 핵심 메시지를 도출하기까지의 논리적 전개와 깊이를 보여주기 때문에 깊이가 있을수록 결재권자에게 감탄을 자아내게 할 수 있다. 특히, 문제점에 대한 인식을 수박 겉핥기식이나 상투적으로 제시하지 않고 전략적, 총괄적, 능동적인 관점에서 본질을 찾아내고 다양한 미래예측기법[20]과 법리를 검토

---

20. 회귀분석, 시계열분석, 델파이, 역사적 유추법 등.

하여 해결방안을 마련한 보고서가 작성된다면 그러한 보고서를 읽은 기관장의 눈도장을 찍는 것은 일도 아니다.

이렇듯 고품질의 보고서를 작성하기 위해서는 보고서 작성 역량이 필요하며 역량을 키우기 위해서는 뜨거운 마음을 가져야 한다. 그러나 결재권자에게 보여줄 보고서를 작성하는 단계에서는 냉철하고 이성적인 차가운 마음이 더 필요하다. 보고서에 들어가는 자료가 핵심 메시지를 제대로 뒷받침할 수 있는지, 수집한 자료들의 논리적 구성이 타당한지, 주장하는 논거는 합당한지 등 철저히 제3자의 입장에서 모든 문장과 단락을 냉철하게 바라보아야 하기 때문이다.

본질을 탐구하거나 역량을 향상하는 과정에서 필요한 덕목은 열정이다. 열정을 갖고 사물을 바라보되, 방향을 틀어 평면도, 정면도, 좌·우측면도, 배면도, 저면도까지 두루 살펴보아야 한다. 필요하다면 안경이나 선글라스를 쓴 것처럼 볼 수 있어야 하고, 시간적 차이를 두고 아침, 점심, 저녁, 새벽에도 바라보아야 한다. 특히 업무 지식과 법적 사고(legal mind) 함양은 평소에 꾸준히 갈고 닦아야 한다.

보고서를 실제 글로 풀어내는 과정에서 필요한 덕목은 냉정이다. 문법, 논리적·체계적 작성, 구성과 논리의 타당성, 핵심 메시지의 효율적 서술, 자료의 조직화·체계화, 단어의 경제적 사용, 입증자료 제시, 문서의 강약 등에 대해 외부적 관점에서 살펴봐야 한다. 그리고 나서 보고받는 자의 입장에서 눈높이가 맞는지 냉철하게 검토해야 한다. 공무원이라면 행정청(대통령, 장관, 교육감·도지사, 시장·군수)의 입장에서,

일반 회사원이라면 대표이사의 입장에서 보고서를 작성해야 한다는 말이다. 자신의 직위·직급의 범위에서만 보고서를 작성한다면 입체적인 보고서가 될 수 없다. 입체적인 보고서가 되려면 평소 자신의 업무 환경 흐름을 입체적으로 파악해야 한다. 본인의 업무 외에 부서 업무, 기관 전체의 업무까지 파악하는 노력이 필요하며, 더 나아가서는 유관 기관의 업무까지 파악하는 노력이 필요하다. 이에 더하여 각종 신문 및 업무 관련 논문과 정책연구 자료 숙지로 배경지식을 쌓아 업무환경 흐름을 입체적으로 알아야 한다.

결국 '전문성'을 가진 보고서 작성을 위해 냉정과 열정은 필수적인 요소다. 냉정은 정확한 분석과 사실에 기반한 정보 제공을 보장하며, 열정은 결재권자의 흥미와 이해를 유발한다. '전문성' 있는 공무원은 냉정과 열정을 모두 가져야 한다. 그렇다면 어떻게 냉정과 열정을 동시에 갖출 수 있을까? 이를 위해서는 자신의 분야에 대한 지식과 경험을 쌓는 것이 기본이지만, 동시에 열린 마음으로 새로운 아이디어와 도전 의식을 가져야 한다. 또한, 자신의 감정을 적절하게 조절하며, 상황에 따라 냉정한 판단과 열정적인 행동을 적절히 조화시키는 능력을 기르는 것이 중요하다.

냉정과 열정 사이에서 보고서 작업이 어느 정도 완료되면, 퇴고하는 가벼운 느낌으로 다음 사항에 대해 검토해 보자.

연번	구분	내용
1	표지	보고서의 표지가 눈에 쏙 들어오는가?
2	제목	제목이 전체 내용을 포괄하는가?
3		제목이 너무 길거나 너무 짧지는 않은가?
4	목차	분량이 많은(5페이지 이상) 보고서임에도 목차가 생략된 건 아닌가?
5		목차가 전체 보고서를 파악할 수 있게 작성되었는가?
6		목차 나열 시 중요도와 우선순위를 고려하여 배열하였는가?
7		상위 레벨과 하위 레벨을 잘 구분하였는가?
8	내용	라이브(live)하게 작성되었는가?
9		핵심 메시지가 선명하게 드러났는가?
10		약어에 대한 주석이 있는가?
11		기 – 승 – 전 – 결 형태의 스토리가 있는가?
12		기 – 승 – 전 – 결 형태를 페이지(쪽) 단위로 구분하였는가?
13		두괄식 구성으로 작성하였는가?
14		2줄(부득이한 경우 최대 3줄) 내에서 설명하였는가?
15		한 문장에 2개의 메시지를 담은 것은 아닌가?
16		자료에 범례를 표시하였는가?
17		객관적 사실 자료에 출처를 작성하였는가?
18	시각화	중요 사항에 관해서 도표, 그래프, 이미지 등을 적당히 삽입하여 시각적으로 작성하였는가?
19		중요하거나 핵심 단어에 글자체, 진하게, 밑줄 등의 효과를 적절히 사용하였는가?

냉정과 열정 사이에서 보고서 작성하기

1. 기획력은 깊이 있는 보고서를 만드는 밑바탕이다. 자기 직위·직급에서의 시각이 아니라 기관장의 시각에서 냉철한 입체적인 보고서를 만들어야 한다.

기관장은 조직의 전반적인 상황을 고려하여 보고서를 평가하고 의사결정을 내린다. 따라서, 자신의 보고서가 통과되기 위해서는 자신의 직위나 직급에서의 시각이 아니라 기관장의 시각에서 입체적인 보고서를 작성하는 것이 중요하다.

2. 보기 좋은 떡이 먹기도 좋다. 보고서의 비주얼, 시안성, 직관성을 향상할 수 있는 오피스 툴(한글, 워드, 파워포인트, 엑셀) 사용 기술, 미적 감각, 읽는 이를 배려한 문서 구성력은 평소에 열정을 가지고 길러야 한다.

보고서의 비주얼, 시안성, 직관성은 보고서를 읽는 사람들에게 긍정적인 인상을 심어준다. 시각적으로 매력적인 보고서는 주제를 더욱 명확하게 전달할 수 있으며, 결재권자의 이해도를 높일 수 있다.

3. 보고서 작성에서 냉정과 열정은 균형을 유지해야 한다.

너무 냉정하게 작성하면 지루하고 흥미 없는 보고서가 될 수 있으며, 열정적으로만 작성하면 주관적인 견해와 편견이 포함될 수 있다. 따라서, 냉정함과 열정의 균형을 유지하여 보고서를 작성하는 것이 중요하다.

전략적인 보고서 작성,
어떻게 시작할까?

　나는 어떤 주제에 대한 보고서를 작성하는 모든 과정에서 항상 '왜(Why)'를 생각한다. '왜 그럴까?'를 생각하고 나면 그다음은 '그래서 뭘 해야 하지?'를 고민하며 그다음에는 '어떻게 할까?'를 계속 연달아 생각한다. 왜(Why)라는 것은 목적의식과 문제의식을 찾는 과정이다.

　거버넌스를 구성하여 정책에 반영하기 위한 기획서를 작성하라는 지시가 있었다고 하자. 그러면 나는 제일 먼저 왜 거버넌스를 구성해서 정책에 반영하는지 그 정책의 철학을 고민한다. 왜(Why) 해야 하는지를 고민하게 되면 보고서의 흐름을 구성하는 데 유용하다. 물론 이런 과정을 거치면 다소 보고서 작성이 느려질 수도 있다. 그러나 이 과정은 다른 곳에 양보할 수 없을 만큼 매우 중요한 과정이다. 특히, 보고서 작성에 동기부여도 되며 정책 실행 반대자에 대한 논리도 금방 만들어 낼 수 있다.

빌 게이츠는 "하늘 아래 새로운 것은 없다. 다만 새로운 조합만이 있을 뿐이다."라고 말했다. 그런 측면에서 먼저 할 일은 인터넷 또는 사내 인트라넷을 통해 유사 사례를 찾는 일이다. 우리 조직 또는 다른 기관에서 거버넌스와 관련된 기획서를 찾아본다. 그리고 거버넌스와 관련된 연구·논문자료를 검색해서 정리해 둔다. 정보검색 시 문제점은 무엇인지 해결방안이 무엇인지에 주안점을 두고 찾아서 정리하다 보면 보고서에 활용할 재료들이 차곡차곡 쌓이게 된다. 음식의 재료도 신선한 게 좋은 것처럼 정보검색 결과 중 통계나 언론보도 자료 등은 최신자료가 훨씬 좋다.

정보검색은 인터넷을 통해서만 가능한 것은 아니다. 도서관에 직접 가서 관련 서적을 찾는 것도 좋다. 직접 눈으로 보고 만지며 생각하다 보면 새로운 통찰력이 생기고 아이디어가 꼬리에 꼬리를 물어 보고서의 한 꼭지를 만들기도 한다. 쉽게 찾은 정보는 쉽게 증발한다. 내 경우에는 직접 발로 뛰어가며 찾은 정보가 유용하게 활용된 경험이 많다.

마지막으로 사람을 활용하는 방법이 있다. 잘만 활용하면 사실 이 방법이 제일 좋다. 내가 찾고자 하는 정보를 직접 경험한 사람과 인터뷰하게 되면, 인터뷰이(interviewee)의 경험과 노하우를 발견할 수 있고 어떤 정보를 추가로 어디서 수집해야 하는지도 확인할 수 있다. 게다가 내가 미처 발견하지 못했던 문제해결 방법론을 얻을 수도 있다. 왜냐하면 논문이나 연구자료 등의 문서에는 현장에서만 알 수 있는 정보들이 활자화되지 못하는 경우가 많고 행간의 의미도 알 수 없는 경우가 많기 때문이다. 다만, 인터뷰로 정보를 수집할 때는 사전에 질문지를 작성하거나 구체적인 질문계획을 머릿속에 그려놓고 가야 한다. 그래야 인터뷰이 자신도 모르는 사실이나 내재한 정보의 정수를 얻어낼 수 있다.

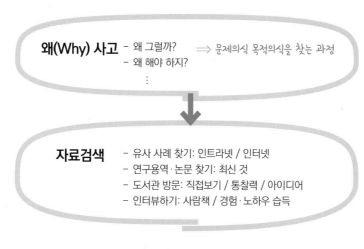

〈그림25〉 왜(Why)사고와 자료 검색

다음은, 검색한 모든 정보는 자신만의 기준으로 정리하고 분류하여 정보들 속에서 의미 있는 나만의 핵심 메시지를 뽑아내야 한다. 정보는 흩어져 있으면 그 의미를 발견하기 힘들다. 정보를 일단 모아서 다시 분리하고, 분리된 정보를 다른 것과 연결해서 펼쳐보기도 하고, 유사한 것끼리 묶어보기도 한다. 어렵다고 생각되면 이미 예전에 개발된 기법들을 응용해 보면 된다. 나는 주로 트리즈(Triz)와 마인드맵(mind map) 프로그램을 활용한다.

트리즈에 대한 자세한 설명은 뒤로하고, 간단하게 말하면 창의적인 문제해결을 위한 체계적 방법론으로 이해하면 된다. 어떤 하나의 해결되지 않는 문제를 머릿속에 생각한 상태에서 트리즈 기법을 쭉 훑어보다 보면 항상 해결 방법(창의적이면서 안정된 해결 방법)이 떠오르곤 하니 많이 이용했으면 좋겠다.

앞에서 말했던 행정기관 내 거버넌스 구축을 예를 들어 보겠다. 거버넌스는 전시행정으로 끝나는 경우가 대부분이라 구축 단계부터 치밀한 계획이 있어야 한다. 난 이에 대한 고민을 머릿속에 넣은 채 트리즈 기법을 쭉 읽어 보았다. 이 중 '25. 셀프 서비스(Self Service)'를 보면서 아이디어가 떠올랐다. 셀프 서비스란, 대상물이나 시스템이 유용한 보조 기능을 수행하게 함으로써 스스로 서비스하게 한다는 것이다.

난 여기서 얻은 아이디어로 거버넌스 운영 기본 방향에 거버넌스가 스스로 정책을 직접 기획하고 제안하는 역할을 부여했다. 이를 위해 구성 단계부터 다양한 계층의 전문가가 참여할 수 있도록 구성 원칙도 수립했다. 우리나라에서 거버넌스가 활성화되지 못하는 주된 이유는 행정청의 요청에 단순히 자문하는 선에서 끝나버리고 그마저도 전문성이 부족하고 열심히 할 동인이 없기 때문이다. 나는 거버넌스 기구에 직접 정책을 제안하는 역할을 부여하면 행정청의 거수기 역할에서 벗어날 수 있다고 생각했고 구성원들이 평소 생각하던 정책이 직접 실현되는 모습을 보여줌으로써 그들이 적극적으로 참여할 수 있으리라 생각했다. 사람마다 트리즈를 이용하는 방법은 다양할 수 있으므로 나의 방식은 참고만 하기를 바란다.

다음은 마인드맵 프로그램이다. 마인드맵 프로그램에는 알마인드,

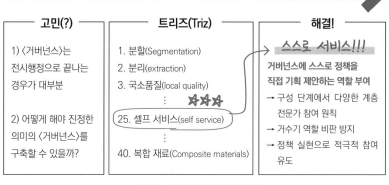

생각의 흐름

고민(?)	트리즈(Triz)	해결!
1) 〈거버넌스〉는 전시행정으로 끝나는 경우가 대부분 2) 어떻게 해야 진정한 의미의 〈거버넌스〉를 구축할 수 있을까?	1. 분할(Segmentation) 2. 분리(extraction) 3. 국소품질(local quality) ⋮ ✡✡✡ 25. 셀프 서비스(self service) ⋮ 40. 복합 재료(Composite materials)	**스스로 서비스!!!** 거버넌스에 스스로 정책을 직접 기획 제안하는 역할 부여 → 구성 단계에서 다양한 계층 전문가 참여 원칙 → 거수기 역할 비판 방지 → 정책 실현으로 적극적 참여 유도

〈그림26〉 트리즈를 활용한 문제해결

엑스마인드(Xmind), 심플마인드(SimpleMind) 등 다양한 프로그램이 있는데, 마인드맵 프로그램은 머릿속에서 생각나는 대로 계속하여 가지를 쳐가며 질문과 답변을 적을 수 있어 매우 유용하다. 그리고 '왜 그럴까?', '그래서 뭘 해야 하지?', '어떻게 할까?'에 대한 가지 생성을 하기 쉽다. 또한 각각의 가지를 보면서 글을 작성하다가 나무의 뿌리와 내가 현재 고민하는 가지의 위치가 어디인지를 바로 확인하면서 보고서를 작성할 수 있으므로 논점을 유지하는 데 아주 유용하다.

나는 루트에 보고서의 주제를 적고 1단계 가지에는 보통 4~5개 정도의 가지를 만들어 개요, 현황 및 문제점, 개선방안, 향후계획을 작성한다. 거기서부터 생각나는 아이디어를 마구 적어나가기 시작한다. 문법이 좀 맞지 않아도 상관없다. 대신 다양한 생각들을 짧게 끊어 가지를 쳐 나간다. 그렇게 가지를 다 만들고 나서 다시 유사한 것끼리 덩어리로 묶어보기도 하고, 중복된 건 삭제도 한다. 본래 마인드맵은 이미

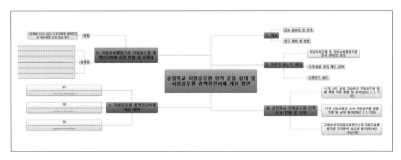

〈그림27〉 알마인드를 이용한 생각 정리

지가 들어가야 맞긴 하지만(이미지가 없으면 로직 트리에 불과하다) 여기서는 구분에 큰 의미가 없으므로 통일해서 말한다.

　이제는 생각을 보여주는 단계다. 이미 마인드맵을 통해 목차를 구성하였기 때문에 여기서부터는 살을 붙인다는 생각이 필요하다. 자판을 두들기면서 말하고 싶은 내용을 적되, 논리의 흐름이 있어야 한다. 각 단락에는 핵심 메시지가 있어야 하며, 그것이 한눈에 알기 쉽게 나타나야 한다. 마치 보고서를 읽기 싫어하는 사람이 봐도 빠져들 수 있도록. 그렇게 하기 위해서는 편집에도 강약이 필요하다. 때로는 인포그래픽도 필요하다. 이처럼 생각을 보여주는 단계는 그림을 그리는 것에 비유할 수 있다. 어떤 그림이 잘 그린 그림인지는 말로 설명하기는 어렵듯이, 보여주기에서는 직관이 필요하다. 직관적으로 보는 사람이 이해하기 쉬워야 한다. 내 생각의 덩어리들이 인과관계가 나타난 흐름형인지, 목록형태로 표현된 나열형인지 등을 고려해 적절히 순서를 구성하되, 각 덩어리는 그 자체로 완결성도 있어야 한다. 보고서 작성에도 이렇듯 전략이 필요한 것이다.

구분	내용(흐름형/나열형)		
검토 배경	핵심 메시지 1 핵심 메시지에 대한 이유·근거·예시 등	핵심 메시지 2 핵심 메시지에 대한 이유·근거·예시 등	핵심 메시지 3 핵심 메시지에 대한 이유·근거·예시 등
현황 및 문제점	핵심 메시지 1 핵심 메시지에 대한 이유·근거·예시 등	핵심 메시지 2 핵심 메시지에 대한 이유·근거·예시 등	핵심 메시지 3 핵심 메시지에 대한 이유·근거·예시 등
개선방안	핵심 메시지 1 핵심 메시지에 대한 이유·근거·예시 등	핵심 메시지 2 핵심 메시지에 대한 이유·근거·예시 등	핵심 메시지 3 핵심 메시지에 대한 이유·근거·예시 등
※ 흐름형인 경우는 인과관계가 드러나도록 핵심 메시지를 구성하고 나열형인 경우는 시간순서나 중요도 순서로 핵심 메시지를 구성한다.			

〈그림28〉 보고서 작성에 필요한 핵심 메시지 구성

　　보고서 작성에 전략이 필요한 이유는 전략적으로 접근해야 보고서의 핵심 메시지를 효과적으로 전달할 수 있기 때문이다. 보고서의 목적·목표, 구성, 형식 등을 왜(Why) 사고에 기반해 고민하면 변칙적인 상황에서도 유연하게 글을 쓸 수 있다. 유연함은 '전문성'을 가진 공무원만이 부릴 수 있는 기술이다. 실제 보고서 작성을 위한 구조화 과정에서는 정보를 체계적으로 정리하고 논리적인 순서로 배열해야 한다. 이는 결재권자 글의 흐름을 쉽게 이해할 수 있도록 돕기 위한 세심함이다. '전략 없는 보고서 작성의 결과는 반려'라는 것을 잊지 말자.

저자의 보고서 작성 전략은?

1. 왜(Why) 사고를 먼저 해서 문제의식과 목적의식 찾기!

보고서를 작성하는 첫 단계는 '왜 이 보고서가 필요한가?'라는 질문에 대한 답을 찾는 것이다. 이것은 문제 정의와 목표설정 과정에서 핵심이며, 이렇게 해야 보고서가 제시해야 할 핵심 내용과 방향을 명확하게 할 수 있다.

왜(Why) 사고를 통해 문제와 목적을 분명히 하면, 그것이 보고서 전체의 논리적 구조를 결정하는 기본 틀이 된다. 각 문장, 문단, 표, 인포그래픽 등이 어떻게 서로 연결되며 전체 문맥 속에서 어떤 의미를 가지는지 생각하며 만들 수 있다.

2. 4가지 방법을 이용한 자료 검색하기!

1) 유사 사례 찾기

유사 사례 찾기는 보고서 작성에 필수적인 요소다. 이전에 해결한 비슷한 문제에 대한 사례를 찾으면 보고서 작성에 필요한 정보를 습득할 수 있다. 이를 활용하면 보고서에는 유용한 정보와 실제 문제에 대한 해결 방법이 포함될 수 있다.

또한 이전에 비슷한 문제나 상황에 대해 어떻게 접근했는지를 파악하면 보고서 작성에 필요한 통찰력과 아이디어를 얻을 수 있다. 유사 사례 분석은 실패와 성공의 이유를 파악하는 데 도움이 되며 새로운 해결책을 제안할 때 실질적인 근거가 된다.

2) 연구용역 및 논문 찾기

학술 연구 결과나 전문가들의 의견은 보고서의 내용을 객관적이고 신뢰할 수 있는 정보로 설득하는 데 중요할 뿐만 아니라 보고서의 질도 향상시킨다.

3) 도서관 방문하기

도서관에는 다양한 분야의 책과 자료가 있으며, 이를 통해 보고서 작성에 필요한 정보를 습득할 수 있다. 사무실과 달리 도서관은 조용하고 집중하기에 적합한 환경을 제공한다. 도서관의 조용한 분위기에서 작업하면, 더욱 효과적으로 자료를 찾고 분석할 수 있다. 이러한 조용하고 집중적인 환경에서 다양한 분야의 책과 자료를 참고하다 보면 문제해결을 위한 영감도 덤으로 얻는다.

4) 인터뷰하기

인터뷰는 직접 관련자들로부터 생생하며 구체적인 의견 및 경험담 등을 얻어낼 때 매우 유용하다. 인터뷰 과정에서 나오는 견해나 개별 경험 등은 보다 현실감 있고 현장감 있는 내용으로 보고서를 구성하는 데 크게 기여한다.

3. 트리즈와 마인드맵 프로그램을 이용해 정보들 속의 의미 있는 핵심 메시지 찾기!

트리즈는 문제해결을 위한 창의적인 방법론으로, 새로운 관점에서 문제를 바라보도록 돕는다. 이를 이용해 보고서 내에서 색다른 접근법이나 해결책을 제시하는 데 도움을 받을 수 있다. 마인드맵은 개념 간의 연결 관계를 시각적으로 나타내주므로 복잡한 내용을 한눈에 파악하도록 해준다. 또한, 이런 방식으로 정보가 구조화되면 보고서 작성 시 결재권자가 이해하기 쉬운 구성 체계를 만들 수 있다.

4. 보고서를 읽는 사람이 직관적으로 이해할 수 있도록 메시지 구성하기!

1) 보고서는 정보를 전달하고 의사결정을 돕는 도구다.

따라서 보고서를 읽는 사람이 직관적으로 내용을 이해할 수 있어야 한다. 복잡하거나 어려운 구성이나 어휘는 결재권자의 이해를 방해할 수 있으며, 정보의 전달과 목적달성을 어렵게 할 수 있다.

2) 보고서 작성은 결재권자의 입장에서 접근하는 것이 중요하다.

결재권자의 지식 수준과 관심사를 고려하여 적절한 용어와 예시를 사용하고, 필요한 배경 정보를 제공하여 직관적으로 이해할 수 있도록 도와야 한다.

3) 직관적으로 이해할 수 있는 보고서를 작성하기 위해 시각적인 도구를 활용하면 좋다.

그래프, 차트, 표 등을 사용하여 정보를 시각화하고 구조화함으로써 결재권자가 빠르게 정보를 파악할 수 있도록 도와야 한다.

3장

한 장으로
생각
정리하는 법

제로 베이스에서
시작하는 생각 습관

나는 업무 특성상 국회나 지방의회를 자주 간다. 국회와 지방의회는 행정부(집행부)의 권한을 견제하는 역할을 담당한다. 그러다 보니 의원들은 행정부의 법률안(조례안)이나 예산편성안에 대해 검토하면서 '제로 베이스(zero - base)' 또는 '원점'이라는 표현을 다음과 같이 자주 사용한다.

"······그에 대한 수요가 있으면 그때 또다시 시작하려면, 제로 베이스 하려고 그러면 그만큼 비용하고 노력이 들어갈 텐데 이 부분을 신중하게 할 수 있는 방법이 없을까, 차관님이 한번 답변해 보세요······."

"다시 제로 베이스에서 사업을 검토해서, 예를 들면 시군과 대응하지 않고 도 자체사업으로 하는 것도 타당하겠다. 그렇게 생각하면, 그렇게 해서 도 본예산에 사업계획과 함께 제출해서 예산심의를 받아서 추진하면 된단 말이에요."

"오늘 임시회를 시작하면서 우리 의회의 역할을 다시 원점에서 되새겨 봅니다. 존 스튜어트 밀은 의회의 역할을 말하는 것이라 했습니다."

"10년이 넘는 기간 동안 벌인 사업이 효과를 거두지 못하면서 이를 원점에서 재검토할 필요성이 제기되고 있는 것입니다. 지금껏 추진된 정부 정책의 문제는 현실과 동떨어진 탁상머리 행정과 주먹구구식 행정이라는 점입니다."

제로 베이스란, 처음의 출발점에서 다시 생각해 보자는 의미다. 이런 단어를 사용한다는 의미는 쉽게 풀리지 않는 어려운 문제이거나, 이러지도 저러지도 못하는 결정을 해야 하거나, 새롭고 창의적인 아이디어 도출이 필요하다는 의미를 내포한다. 예전부터 관행적으로 해왔던 것에 대해 반기(?)가 필요한 상황이 온 것이다. 제로 베이스는 원래 영기준예산(ZBB, Zero-Base Budgeting)에서 확장된 개념이다. 영기준예산이란 전년도 예산을 편성하는 점증주의 예산을 완전히 탈피하여 조직체의 모든 사업·활동(계속사업과 신규사업)을 총체적으로 분석·평가하고 우선순위를 결정한 뒤 이에 따라 예산을 합리적·근원적으로 배분하는 제도를 말한다.

그렇다면 제로 베이스 생각 습관과 보고서 작성 간에는 어떤 연관성이 있을까? 보고서 종류별로 어떻게 제로 베이스와 연계해서 생각해 볼 수 있을까? 모든 보고서에는 목적이 있다. 목적을 정하기 위해서는 먼저 문제를 알아야 한다. 그 문제를 해결하는 과정을 담는 것이 보고서를 작성하는 과정이다. '무엇이 문제인가'에 대해 생각하는 과정은 매우 중요하다. 나는 어렸을 때 눈이 자주 충혈되어 안과를 수시로 들락거렸다. 안과 의사가 처방한 치료법은 단지 안약을 눈에 자주 넣으라는 것이었다. 나중에 알고 봤더니 눈이 충혈된 원인은 편도선 때문이었다. 어렸을 적 안약을 자주 눈에 넣은 덕분에 시력이 나빠져 안경까지 쓰게 되었다. 결국 잘못된 해결책으로 부작용이 생긴 것이다.

"무엇이 문제이고 왜 그런 것일까?"라고 고민하는 과정은 시간도 오래 걸리고 귀찮지만, 반드시 숙성시켜 생각해야 한다. 보고서의 깊이가 결정되는 중요한 시기가 바로 이때이기 때문이다. 보고서 유형별로 생각해 보자.

정책보고서·검토보고서는 합리적 의사결정을 위한 보고서들이다. 이들은 문제해결의 방향이나 목표설정을 어떻게 하느냐에 따라 다양한 보고서가 만들어질 수 있다.

상황·동향보고서는 현재 추진현황(상황)이나 정보 동향을 위해 작성하기 때문에 신속성·정확성·간결성이 중요하다. 그러나 이러한 종류의 보고서도 종국에는 대응방안이나 조치계획을 작성해야 하므로 평소 해당 분야의 목적과 문제점 대한 근원적 고민이 없으면 빠르고 정확하고 간결한 보고서 작성이 될 수 없다.

행사·회의보고서는 또 어떠한가? 단순히 행사나 회의 진행을 하는 데 초점(목적)을 두고 보고서를 만들면 공허한 보고서가 되어 버린다. 행사(회의)의 목적을 생각하고 그 목적을 달성하는 데 문제가 뭔지 생각을 해야 한다. 그리고 문제해결을 위해 숙성하는 과정을 거쳐야만 살아있는 보고서가 작성되고 행사·회의 참석자가 감동한다.

> "신영민 씨, 정원책정 기준을 다시 만들어야 하는데 안 바쁘면 같이 참여해서 보고서 좀 작성해 줬으면 좋겠는데……."
> "신영민 주무관, 이번에 연구원 법인화를 위한 TF를 추진해야 하는데 같이 참여합시다."
> "요즘 많이 바빠? 이번에 기부채납과 관련된 TF를 하나 하려고 하는데……. 좀 도와줘."

나는 가끔 내가 잘 모르는 분야의 TF(Task Force, 임시조직)에 차출되어 일을 할 때가 종종 있다. 그리고 항상 그곳에서 최종 보고서 작성을 담당한다. 사실 잘 모르는 분야의 TF에 참여하는 것은 상당히 부담스럽다. 24시간 중 업무에 할애할 수 있는 시간을 또 쪼개서 해당 TF를 위한 일을 해야 하기 때문이다. 뜬금없이 TF에 참여하여 보고서를 작성하는 얘기를 하는 것에는 이유가 있다. 바로 제로 베이스 생각 습관을 얘기하고 싶어서다.

TF 참여에는 장점과 단점이 있지만, 단점부터 말하자면 일단 에너지 소비가 심하다. 생소한 분야라는 것은 그 업무에서 기본적으로 쓰는 단어, 배경지식, 마인드 형성이 되지 않았다는 것이다. 따라서 짧은 시간 내에 TF 결과물이 나와야 하는 특성상 본연의 업무 외에 추가 시간을 들여 부족한 부분을 메꿔내야 한다. 그것뿐만이 아니다. 공식적인 조직 내에서 해결방안을 마련하는 게 쉽지 않기 때문에 TF를 만든 것이므로 그곳에서 일할 때는 원래 담당자의 사고수준을 뛰어넘는 사고력을 갖춰야 한다. 따라서 쉽지 않은 일이다.

그러나 세상에 어두운 면이 있으면 밝은 면도 있듯이 TF 참여에는 장점도 있다.

첫째, 자신의 업무역량이 강화된다. 업무역량은 결국 얼마만큼의 경험을 했느냐에 달려 있는데, 짧은 기간 임팩트 있게 다양한 분야의 업무를 추진함으로써 넓은 시야를 기를 수 있다.

둘째, 당연하다고 생각하는 부분에 궁금증을 갖고 사고하는 습관을 기를 수 있다. 그런 습관을 갖고 고민하다 보면 의외의 해결책을 마련하는 경우가 많다. 그 분야의 전문가나 업무 담당자는 해당 분야에 매몰되어 있어 새로운 사고를 못 하는 경우가 있다. 즉, '왜'라는 생각을 하지 않는다는 것이다. 오히려 비전문가나 업무를 잘 모르는 사람이 '왜'라는 질문을 계속하면서 회의를 하다 보면 새로운 해결책을 발견할 수 있다. 이런 점에서 다양한 분야의 지식을 조금씩 아는 제너럴리스트도 중요하다.

셋째, 모두 다르게 존재하는 행정의 전문영역들을 연계해서 생각하는 사고력을 기를 수 있다. 숙련된 항해사일수록 방향을 잘못 잡고 항해하면 그만큼 더 빨리 잘못된 목적지에 도착하게 된다는 말이 있다. 아이의 마음으로 모든 문제는 '0'에서 시작하라. 그리고 왜 이 문제를 해결해야 하는지 고민하라. 그래야 올바른 목표와 해결책을 도출할 수 있다.

결국 제로 베이스 생각 습관이란 머릿속에 수많은 '왜(Why)'를 품고 있으면 된다. 그러면 문제의식이 생기고 개선 방향을 결정할 수 있으며 당위성을 주장할 수 있다. 고품질의 보고서란 다른 게 아니다. 죽어있는 보고서가 아닌 살아있는 보고서, 상투적인 보고서가 아닌 참신한 보고서, 곁다리만 건드리는 게 아닌 근원을 진단하는 보고서여야 한다.

아! 그리고 제로 베이스 생각 습관은 '창의력' 개발에 중요한 역할을 한다는 것을 강조하고 싶다. 기존 지식에 갇혀 있게 되면 새로운 아이디어를 떠올리는 것이 어려워진다. 창의력은 기존과 다른 새로운 것을 생각해 내는 능력이다. 제로 베이스 생각 습관을 통해 우리는 기존의 지식에서 벗어나 새로운 관점에서 문제를 바라볼 수 있게 된다. 그렇기 때문에, 제로 베이스 생각 습관은 '창의력' 개발의 핵심적인 토대가 된다.

제로 베이스 생각 습관을 강조하는 이유

1. 제로 베이스 생각 습관은 우리가 기존의 사고방식과 선입견에서 벗어나 새로운 시각을 획득할 수 있도록 도와준다.

제로 베이스 생각 습관은 개인의 성장과 발전에도 중요하다. 새로운 아이디어와 창의성을 발휘하는 것은 성취에 대한 열정을 유지하는 데 도움을 준다.

2. 제로 베이스 생각 습관은 문제를 해결하고 혁신을 이끄는 데 도움이 된다.

제로 베이스 생각 습관은 문제에 대한 편견이나 과거의 경로의존적 사고방식을 잠깐 내려놓고, 새롭고 창의적인 해결책을 찾아내는 과정을 의미한다. 이러한 습관은 비판적 사고력을 향상시키고 문제해결에 대한 다양한 관점을 선물로 받는다.

3. 적극적으로 도전하는 자세를 갖출 수 있다.

현대 사회는 빠르게 변화하고 발전하고 있다. 새로운 도전과 기회가 계속 등장한다. 제로 베이스 생각 습관은 새로운 환경에 빠르게 적응하고 새로운 도전을 받아들일 수 있는 능력을 키울 수 있다.

생각을 정리하는 가장 쉬운 방법,
그냥 써 봐!

보고서 작성을 위해, 좀 더 정확하게는 기획을 위해 자문을 요청해 오는 사람들이 종종 있다. 막역한 사이부터 얼굴만 아는 사이까지 다양하다. 그럴 때마다 나는 그들에게 다음과 같은 질문을 한다.

1. 기획의 목적은 무엇인가?
2. 왜 이 일을 해야 하는가?
3. 구체적으로 추진하고자 하는 바는 무엇인가?
4. 관련 부서장의 의견은 무엇인가?
5. 관련 법령은 무엇인가?
6. 사업을 추진하기 위한 예산은 얼마인가?
7. 해결이 안 되는 부분은 어디인가?
8. 추진하고자 하는 내용의 문제점이 무엇인가?

질문에 대한 대답을 모두 듣고 나면 기안자가 어디까지 얼마나 고민했는지 생각의 깊이를 알 수 있다. 기안자가 생각을 얼마나 넓고 깊게 하느냐에 따라 보고서의 질이 달라진다. 비즈니스 세계에서는 생각이 깊은 사람을 이길 수 없다. 생각을 얼마나 깊고 넓게 하느냐가 성공을 좌우한다. 문제해결을 위해 가설을 세운다든가, 시뮬레이션 사고를 한다든가, 창의력 향상을 위해 다양한 방면의 지식을 습득한다든가 이모든 것들이 변화무쌍한 환경에 대응하는 방법이다.

자문을 요청해 오는 사람에게 위와 같은 질문을 할 때 대답을 주저하는 경우가 있다. 이유는 자명하다. 생각이 아예 없든지, 자기 생각이 정리되지 않았든지. 생각이 정리되지 않은 사람에게 나는 이렇게 말한다. 내가 물어본 것들을 포함해 2~3장 정도 문서로 작성해서 다시 만나자고. 그리고 덧붙여 말한다. 문서를 작성하다 생각이 정리가 안 되면 가만히 앉아 생각을 일단 적어보라고. 내가 이렇게 하는 이유는 자명하다. 무언가를 쓰는 행동은 '문제해결 능력'과 '창의력'을 개발하는 데 도움을 주기 때문이다. 며칠이 지나 다시 기안자를 만나면 사뭇 달라진 기안자의 수준을 느낄 수 있다. 기안자와의 대화를 마치고 항상 듣는 말이 있다.

"머릿속이 잘 정리되지 않아 형님을 만났는데, 만나고 나서 생각을 정리하니 못 보던 것도 보이고 좋았어요."

생각 정리의 기본은 일단 쓰는 것이다. 쓰는 행위 자체는 몸을 움직이는 것이고 이는 곧 뇌의 활성화를 의미한다. 다음은 코리안스피

릿(인터넷 신문사) 2015년 9월 9일 자 보도 〈[두뇌사용설명서] 뇌사용의 첫걸음, 몸을 움직여라〉의 일부다.

"미국 일리노이주 네이퍼빌의 한 고등학교. 늘 책상 앞에만 앉아 있던 학생들이 공부가 아닌 특별한 체육시간을 하면서 성적을 눈에 띄게 올렸다. 체육교사 필 롤러가 학생들의 건강을 위해 매주 한 번 있는 체육시간에 오래달리기를 실시하면서부터였다. 그는 각각의 심장박동을 측정하여 각자의 수준에 맞게 하도록 했다.

이렇게 매일 하자 건강은 물론 생각지도 못한 효과가 나타났다. 성적이 오른 것이다. 이 소식이 전해지자 지역의 다른 학생들에게도 이 체육수업이 전해졌는데, 당시 국제적으로 수학 과학 성취도를 비교하는 테스트 팀스(TIMSS)에서 네이퍼빌 학생들은 놀라운 성적을 냈다. 과학영역 1등, 수학 6등을 한 것이다. 미국 전체 학생이 과학 18등, 수학 19등을 했으니 상대적으로 매우 우수하였던 것이다. 이 학생들의 뇌를 바꾼 것은 '운동'이었다. 이렇게 우리 몸과 뇌는 밀접하게 연결되어 있다. 우리 뇌는 신체 각 부위의 정보를 받아들이기도 하고, 정보처리를 하여 생각이나 신체 행동으로 출력하는 역할도 한다. 이때 몸의 각 부위와 뇌의 해당 영역은 서로 긴밀하게 상호작용하기 때문에, 몸을 움직이면서 뇌의 해당 영역을 활성화할 수도 있다."

나는 집중이 잘 안되거나 새로운 아이디어가 필요할 땐 일부러 몸을 움직인다. 책상에 앉아 있다 커피를 마시러 사무실 옥상에 올라가기도 하고, 그것도 여의찮으면 문서 파쇄기 내부를 청소하기도 한다.

보고서 작성이 잘 안될 때 억지로 책상에 앉아 머리를 싸매고 있는 것보다 몸을 움직이는 게 훨씬 낫다는 것을 알기 때문이다. 해결되지 않는 일이 있을 때는 고민하면서 몸을 움직이다 보면 항상 대어를 낚곤 한다.

어쩌면 우리의 뇌는 이미 모든 정답을 알고 있는지도 모른다. 몸의 각 부위와 연결된 뇌의 해당 영역이 활성화되면서 미처 생각지 못했던 아이디어가 떠오른다. 자기 전에 문제해결을 위한 간절한 고민을 하고 잠을 자면 꿈에서 해결책을 찾기도 한다. 영화를 보다가도 '유레카'를 외칠 수 있다. 대화 중에 별거 아니라는 친구의 말 한마디에서 실마리를 찾아내기도 한다.

회사에서 점심 식사 후 쉬는 시간에 비가 오거나 미세먼지가 많지 않으면, 나는 생각을 정리하거나 마음을 새롭게 하기 위해 사무실 주변을 산책한다. 이때 주변 동료들과 이런저런 사는 얘기를 할 때도 있지만, 업무적으로 고민 중인 사안에 대해 내 생각을 얘기하고 어떻게 생각하는지 묻기도 한다. 업무시간에는 다들 바쁘므로 시간을 내서 질문을 하게 되면 질문을 하는 사람도 부담스럽고 말해 주는 사람도 고민 없이 답하거나 많은 부분을 생략해서 답을 할 수밖에 없다. 그러나, 산책하면서 의견을 교환하다 보면 내가 미처 생각지 못했던 아이디어가 나오곤 한다. 그때마다 느끼는 것은, 사물을 보는 관점이 사람마다 너무나 다르다는 것이다. 조직 내 인적 구성의 다양성이 필요하다는 걸 체감하고 나니 한 사람 한 사람이 모두 소중하다고 생각하게 된다. 또 도움을 주고받아야 한다는 생각에 말 한마디도 조심하게 된다. 사람은 더불어 살아야 함을 깨닫게 된 것이다. 특히 어떤 정책이든 다양한 사람들의 견해를 물어야만 실수가 생기지 않는다고 생각한다. 또한 다른 부서에 협의할 일이 있을 때 전화로 하지 않고 굳이 직접 찾아간다. 움직이면서도 항상 머릿속은 보고서 주제에 관한 생각을 지우지 않는다. 내가 이렇게 하는 이유는 신체와 정신이 연결되어 있다는 걸 경험으로 알기 때문이다.

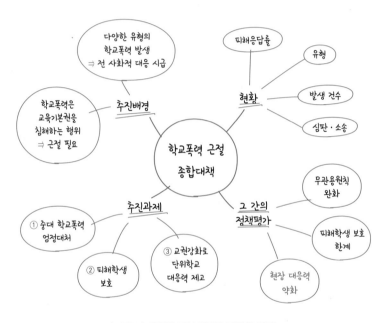

〈그림29〉 종이에 써서 생각을 정리한 결과

재차 강조하지만, 이처럼 많은 생각들을 정리하려면 일단 종이에 써야 한다. 머릿속 생각들을 종이에 적고 나면 뇌는 종이에 적힌 내용에 기반해 다시 생각을 계속하여 이어 나간다. 종이에 적지 않으면 사고를 이어 나가기 어렵다.

사람마다 차이는 있겠지만 나는 보통 이런 식으로 생각을 정리한다. A4용지에 연필로 머릿속에서 떠오르는 생각들을 적는다. 생각들을 이어 나가기 위해 '왜(Why)', '어떻게(How)', '무엇을(What)'이라는 단어를 계속하여 나 자신에게 묻는다. 이러한 질문은 다른 사람에게 자문을 구할 때도 마찬가지다. 그런데 이렇게 연필로 적다 보면 A4용지의 크기가 작다고 느껴질 때가 있다. 이 단계가 되면 본격적으로 아이디어가 발산하는 시기다. 그 귀중한 생각들을 다 담기 위해서 컴퓨터를 켜고 마인드맵 프로그램을 이용해 정리한다. 연필로 정리하는 건 초벌구이다. 이때는 대략적인 큰 그림만 그리면 된다. 이후 마인드맵 프로그램을 이용할 때는 좀 더 디테일하게 생각들을 적는다. 프로그램을 이용하는 가장 큰 장점은 편집이 신속하고 간편하다는 점이다. 머릿속 생각들을 나열하고 유사한 것끼리 묶고 인과관계에 있는 것들은 화살표로 표시하고 대소관계를 파악해 아이디어를 덩어리로 정리하고, 계층도를 나타내기도 하고, 순서를 표시하기 위해 넘버링도 한다. 구체적으로 생각을 정리하는 방법에 대해서는 추후 계속하여 다루기로 한다.

생각을 정리하려면 일단 써야 한다.
머릿속 생각들을 종이에 적고 나면 뇌는 종이에 적힌
내용에 기반해 다시 생각을 계속하여 이어 나간다.

1. 생각을 쓰는 것은 아이디어를 시각화하는 과정이다.

머릿속에서 수많은 생각과 아이디어가 떠올라도, 그것들을 제대로 정리하고 이해하기 위해서는 글로 표현하는 것이 중요하다. 글로 쓰면서 생각과 아이디어를 구체적으로 시각화한다.

2. 생각을 글로 정리하는 것은 논리적인 구조를 형성하는 과정이다.

글을 쓰면서 생각을 정리하고 정확한 표현을 선택하는 과정에서 논리적으로 생각하고 주장을 설득력 있게 전달할 수 있다. 논리적인 구조화는 우리의 사고를 발전시키고 타인과 소통할 때도 도움이 된다.

3. 생각을 쓰면 기억력을 강화할 수 있다.

머릿속에는 많은 정보가 들어오고 지나간다. 이러한 정보들을 글로 정리하면 기억에 더 오래 남게 된다. 생각을 쓰면서 자신이 생각했던 것들을 더욱 선명하게 기억할 수 있고, 필요할 때 다시 꺼내어 쓰기가 쉬워진다.

가설 세우기,
생각의 범위를 넓히는 방법

'가설(假說, hypothesis)'은 현실적 조건에서 경험적으로 검증 가능한 사물, 현상의 원인 또는 합법칙성에 관해 예측하는 설명을 말한다. 쉽게 말해 어떤 사실을 설명하려고 임시로 세운 이론이라고 할 수 있다. '가설'은 사람들이 자연과 사회에 대한 지식을 확대 발전시키는 데 중요한 역할을 한다. 천문학에서 이룩한 새로운 행성들의 발견이나 물리학에서 이룩한 원자와 핵의 구조의 해명, 여러 가지 입자들의 발견들은 모두 다 가설의 설정과 그 증명에 의해서 이루어진 것들이다.

일반적으로 사람은 어떤 문제에 직면했을 때 자신이 가진 기존의 경험칙 등의 생각들로 해결할 수 없는 문제에 직면했을 때 혼란에 직면한다. 이러한 상태를 극복하기 위해 고안된 것이 바로 가설이다. 어떤 문제에 대한 임시적 해답이나 해결책이 그 이유다.

보고서 작성에서 가설은 전혀 필요 없기도, 매우 필요하기도 하다. 그 이유는 자명하다. 가설이란 고도의 사고 과정이 필요하기 때문이다. 보고서는 월중업무보고서처럼 주기적으로 발생하는 업무를 나열하는 것도 있고, 마스터 플랜 보고서처럼 큰 전략을 수립해야 하는 보고서까지 스펙트럼이 다양하다. 보고서를 작성하는 사람들에게 가설을 세우라고 하면 매우 낯설 게 들릴 것이다. '가설'은 왠지 통계적 방법이나 과학적 연구방법에서만 쓰고 있다는 선입관이 있기 때문이다. 그런데 사실 대부분의 사람은 보고서를 작성하는 과정에서 자신도 모르는 사이에 이미 가설을 세우게 된다. 다만 해당 가설을 구체적으로 문서화하지 않았을 뿐이다. 전통시장 화재 재난예방 특별강화 대책을 수립한다고 가정해 보자. 보고서 작성자는 현황을 파악해 문제점을 찾아내어 대책을 고민한다.

1. 전통시장은 구조상 개방형이고 건물이 노후하며 취급물품이 가연성 물질로 화재에 취약하다.
2. 시장 내 복잡한 시설 간 책임소재, 비용문제 등으로 상인들의 자발적인 시설 개·보수를 기대하기 어렵다.
3. 시장 내 개별 점포당 화재보험료가 비싸 가입을 꺼리고 있으며, 화재가 발생해도 정부에서 피해복구 지원금을 투입하고 있어 자발적인 피해 경감 노력에 소홀하다.

위 문제를 해결하기 위해 기안자는 해결방안에 대해 여러 생각을 할 것이다.

'전통시장의 구조적인 노후화를 해결하기 위해서는 단기간에 해결할 수 없으므로 단기적 - 중장기적 측면에서 입체적으로 추진계획을 수립해야겠다. 단기적으로는 가칭 화재 안전지킴이를 위촉해 상시 순찰하는 방법을 고려하고, 중장기적으로는 연차적으로 상인 - 지자체 간 비용 분담으로 시설을 교체하는 것도 좋겠지.'

'시장 상인들을 대상으로 화재 예방 교육을 직접 찾아가서 하는 것은 어떨까?'

'화재보험료가 비싸면 당연히 보험 가입을 원해도 할 수 없겠지. 어차피 피해복구 지원금이 투입되고 있으니 차라리 지자체 차원에서 보험에 가입하는 것은 어떨까? 아니면 보험사가 아닌 준공공기관에서 운영하는 공제회를 활용해, 보상액은 적지만 실비는 보장받을 수 있는 제도를 찾아 안내하는 것도 좋겠지.'

위와 같은 생각을 보고서 작성 전, 작성 중, 작성 후 수시로 하게 된다. 그리고 그에 기초해 보고서를 작성하게 된다. 통상의 이러한 보고서 작성 과정에서 가설 수립은 언제 한 것일까? 바로 문제점을 해결하기 위해 생각한 방안들이 가설인 것이다. 이런 가설을 구체적으로 구현하지 않고 머릿속에 머물러 있어서 우리는 가설을 세운다는 개념에 낯설 뿐이다.

그렇다면 가설은 왜 필요한 것일까? 문제해결을 위해서다. 그런데 그것만으로는 굳이 왜 가설이 필요한지 명확한 답이 되지 않는다. 나는 '가설'이 필요한 궁극적 이유는 세 가지라고 생각한다.

첫째, 문제해결을 신속하게 할 수 있어서다. 앞에서 살펴봤던 전통시장 화재 관련 문제점들의 해결책을 찾기 위해 문제점들을 도출하게 된 모든 세부 데이터의 인과관계, 상관관계를 분석하여 연관성을 찾아 결론을 내린다면 엄청난 자원과 시간이 소요될 것이다.

둘째, 나뭇가지가 아닌 숲을 볼 수 있어서다. 전통시장 화재 예방이라는 숲을 맨 위에 두고 다양한 해결방안을 고민하지 않고 하위 문제들에 매몰되면 통찰이 결여된 결론으로 인해 의도하지 않은 거짓 해결방안이 나오는 경우가 많다.

셋째, 세상에서 가장 효율적인 문제해결 방법이기 때문이다. 가설을 내용적으로 탄탄하게, 절차적으로 신속하게 수립할 수 있는지 여부에 따라 보고서 작성에 드는 비용(시간, 인력, 돈, 에너지 등)을 대폭 절감할 수 있다. 숲을 보고 필요한 자료만을 수집하고 분석하기 때문에 매우 효율적이다.

'전문성'이 있는 공무원들을 보면 상황을 분석하고 그 분석 결과를 바탕으로 논리적이고 타당한 가설을 세우는 능력이 뛰어나다. 가설을 잘 세우면 문제를 정확하게 파악하고, 이를 해결하기 위한 방안을 모색할 수 있다. 따라서 보고서 작성자는 가설을 잘 세우는 능력을 키워야 한다. 우리는 보통의 일반 공무원과 달라야 한다.

그렇다면 가설을 세우는 능력을 키우려면 어떻게 해야 할까? 세 가지가 필요하다.

첫째, '왜(Why)? 사고'다. 현황과 문제를 파악하면 거기서부터 계속해서 '왜(Why)?'라는 의문을 가져야 한다. 그 의문은 궁극적인 해결이 될 때까지 계속해서 물어야 한다. 1970년대 일본 도요타에서는 문제 해결을 위한 기법으로 '5 Whys'를 고안했다. 문제가 발생하면 "왜 그렇지?"를 5번만 물으면 문제의 본질에 접근할 수 있다는 발상법이다. 이처럼 특정 문제의 본질적 원인이 되는 인과관계를 탐색하기 위해서는 반복적으로 의문이 필요하다. 그래야 볼링(bowling)의 '센터 핀'[21]을 맞출 수 있다. 중앙에 있는 핀을 제대로 쓰러트려야 나머지 9개의 핀을 쓰러트릴 수 있듯이 가장 본질이 되는 원인을 찾아내 해결해야 통찰이 담긴 보고서를 만들어 낼 수 있다.

둘째, '시뮬레이션(Simulation) 사고'다. 시뮬레이션은 모의실험이라는 뜻이 있다. 여기서 말하는 시뮬레이션 사고란, 보고서가 실제 시행이 되면 어떻게 될지를 상상해 보는 것을 말한다. 좀 더 구체적으로는, 대응방안을 실행했을 때 어떤 결과가 다가올지를 상상하는 것이다. 긍정적인 측면 외에 문제점은 뭐가 있는지 탐색할 때 좋은 방법이다. 행사계획 보고서를 작성하는 경우, 시뮬레이션 사고는 특히나 필요하다. 행사를 진행하는 사회자의 입장, 갑작스럽게 비가 내릴 때 행사 참석자들에게 발생하는 문제, 다음 식순 진행 전 썰렁한 상황 등 상상에 사용하는 변수를 마음껏 대입해 보면 다양한 결과를 예측해 낼 수 있다. 다양한 경우의 수를 찾아낼 수 있기 때문에 실패를 예방하는 데 시뮬레이션 사고만큼 좋은 건 없다. 나는 종종 결재권자에게 보고를 하

---

21. 볼링 레인에 놓인 핀 중에서 제일 앞에 놓은 볼링 핀.

고 있는 나의 모습을 상상하곤 한다. 작성된 보고서를 읽고 있는 상사의 모습을 보면서 상사의 입장에서 무엇을 나에게 질문할지, 그때 내가 어떻게 대답해야 할지도 생각한다. 생각이 깊은 사람은 무조건 이긴다.

셋째, '전략(Strategy) 사고'다. 전략은 군사 용어로 전쟁을 전반적으로 이끌어 가는 방법이나 책략이라는 뜻이다. 전쟁에는 상대가 있고 상대로부터 승리를 하기 위해서는 전략이 필요하다. 상호 경쟁하는 환경에서 이기기 위해 자원을 효과적으로 배분해 목표를 달성하기 위해서는 전략이 필요한 것이다. 업무 환경도 마찬가지다. 문제를 해결하기 위해서는 적절한 시기(Time)에 적절한 공간(Place)에서 적절한 힘(Energy)을 발휘해야 한다. 이를 위해 입체적인 분석과 자신이 가진 역량을 집중해 해결방안을 도출하여 보고서에 담아야 한다. 그래야 통찰이 담긴 전략 보고서가 나올 수 있다.

그런데 가설을 세우기만 하면 되는 것일까? 아니다. 가설은 세우고 나면 검증이 필요하다. 검증은 거창한 것이 아니다. 본인이 생각한 가설을 실증 조사를 통해 검증하면 된다. 다만 해당 가설을 수치화하여 검증할 수 있는 것이 좋다. 왜냐하면 수치화하지 않으면 설득력이 떨어질 뿐만 아니라 검증도 쉽지 않기 때문이다. 구체적인 가설 검증 방법은 다음과 같다.

보고서를 작성할 때는 해당 업무 주제에 대한 주인의식 내지는 프로의식이 필수다. 주인의식이란 별것이 아니다. 주인으로서 가져야 하

전략	가설(예상 결과)	분석 내용	일정
전통시장 화재 재난예방 특별강화 대책	단기적으로 가칭 화재 안전지킴이를 위촉해 상시 순찰한다.	- 화재 안전지킴이와 화재 발생 건수의 상관관계 - 범죄 안전지킴이 제도의 효과성과 비교 (정책연구 자료)	
	중장기적으로는 연차적으로 상인-지자체 간 비용 분담으로 시설을 교체한다.	- 법령상 비용을 지원할 수 있는지 여부와 가능하다면 그 소요 비용 - 전체 시민이 아니라 일부 시민에 한해 예산을 투입하는 것에 대한 정당성	
	시장 상인들을 대상으로 화재 예방 교육을 직접 찾아가서 실시한다.	- 생업 중인 시장 상인들에게 교육 시간을 확보할 수 있는지 여부 - 화재 예방 교육의 효과와 효과를 극대화할 수 있는 방안(시장상인회 대표와의 간담회 마련 등)	
	지자체 차원에서 화재 예방 보험에 가입한다.	- 법령상 비용을 지원할 수 있는지 여부와 가능하다면 그 소요 비용 - 전체 시민이 아니라 일부 시민에 한해 예산을 투입하는 것에 대한 정당성	
	고비용 보험사가 아닌 준공 공기관에서 운영하는 공제회를 활용해 보상액은 적지만 실비는 보장받을 수 있는 제도를 찾아 안내한다.	- 시장 상인의 공제회 가입 가능성 검토	

는 권한과 책임을 말한다. '가설', '왜(Why) 사고', '시뮬레이션 사고', '전략 사고' 등 이 모든 방법은 고품질의 보고서 작성을 위한 필요 조건일 뿐 충분조건에는 해당하지 않는다. 주인의식이 결여된 상태에서는 그 어떤 방법론도 제대로 실행되기 어렵다. 다만, 주인의식 함양은 개인의 노력만으로 고취할 수 없는 한계를 갖고 있다. 회사의 시스템적 한계로 주인의식을 가질 수 없는 환경이라면 차선책으로 일을 하고 돈을 받는 사람으로서의 책임 또는 업무에 대한 전문성을 갖겠다는 프로의식이라도 있었으면 좋겠다. 그렇지 않으면 직장인은 일의 노예에 불과하기 때문이다.

가설 세우는 능력을 키우는 세 가지 비법(WSS)

1. 왜(Why) 사고: 계속된 질문으로 본질을 찾는다.

가설은 현상의 원인을 설명하는 일련의 추론이다. 특정 현상을 관찰할 때 그 원인을 추론하고 검증하기 가설을 세울 수 있으며 이후 여러 검증 과정을 거쳐 확정이 되면 해당 현상을 더욱 깊이 이해할 수 있어서 그러하다. 따라서 가설을 세우기 위해서는 현상의 본질을 파악해야 한다. 왜(Why) 사고를 통해 계속된 질문을 던지며 현상을 깊이 있게 분석하면 현상의 본질을 파악하고 이를 바탕으로 가설을 세울 수 있다.

2. 시뮬레이션(Simulation) 사고: 발생할 일에 대해 상상으로 대비한다.

시뮬레이션은 예상되는 결과나 현상에 대한 모의 실험이다. 가설은 현실에서 검증해야 하나 현실에서 모든 가능성을 검증하기는 어렵다. 따라서 시뮬레이션 사고를 통해 발생할 일에 대해 상상하는 것이 중요하다. 시뮬레이션 사고를 통해 발생할 수 있는 다양한 상황을 고려하면, 가설의 타당성을 검증하고 오류 가능성을 줄일 수 있다.

3. 전략(Strategy) 사고: 문제해결은 시간, 장소, 에너지를 전략적으로 투입해야 한다.

전략적 사고란 자원의 최적화와 목표달성방안에 초점을 맞추어 생각하는 것이다. 여기서 자원은 시간, 장소, 에너지 등 다양할 수 있으며 이들의 조합과 배치로 인하여 발생할 수 있는 결과와 변화를 고려한다면 보다 효율적으로 가설을 설정할 수 있다.

좌뇌와 우뇌를 활용한
생각 정리법

두뇌는 좌뇌와 우뇌로 구성된다. 전문가에 따르면 각각의 뇌는 서로 다른 특성을 갖고 있다고 한다. 우뇌는 음악과 그림 등 이미지를 떠올리는 기능, 직관적 판단에 의한 문제해결, 감정적이며 창의적 특성을 갖는다. 그리고 좌뇌는 말과 계산 등 논리적인 기능, 논리적인 생각과 사고로 문제를 해결, 추리를 통한 학습, 귀납적이며 논리적, 분석적 특성을 갖는다. 우뇌가 다양한 답을 끌어내는 창조적 사고를 한다면, 좌뇌는 한 문제에 한 가지 답을 하는 논리적 사고를 한다.

보고서 작성을 위해서는 이러한 두뇌의 특성을 어떻게 이용해야 할까? 결론부터 말하자면 우뇌에서 발상하고 좌뇌에서 정리하라는 것이다. 즉, 좌뇌와 우뇌는 서로 소통해야 한다. 그래야 창조적인 생각들 내지는 문제해결방안들을 논리적으로 구성할 수 있다. 그렇다면 우뇌와 좌뇌를 어떻게 소통하고 각각의 뇌를 이용할 수 있을까?

보고서는 크게 현황 및 문제점과 해결방안으로 요약해 볼 수 있다. 현황은 있는 사실을 그대로 발견하는 것이므로 특별한 두뇌의 사용을 요구하지는 않는다. 그런데 문제점과 해결방안은 단순히 발견해 낼 수 있는 것은 아니다. 표면적인 문제만을 발견하면 그 해결방안 또한 피상적인 것에 불과하다. 그런 내용을 담은 보고서는 쓰레기처럼 세상 어디에나 존재한다. 내공이 있는 보고서를 만들기 위해서는 현황에 대한 문제점도 본질을 찾아내야 한다. 앞 장에서 우리는 '5 Whys'를 통해 문제의 본질을 찾는 법을 살펴보았다. 다음 예는 '5 Whys'를 설명할 때 여타 다른 책들에서 흔히 드는 것이다.

문제: 미국 워싱턴 제퍼슨 기념관의 대리석 부식	
1 Why	(질문) 왜 기념관의 대리석들이 빨리 부식되는가?
	(답변) 대리석을 세제로 자주 닦았기 때문이다.
2 Why	(질문) 왜 대리석이 부식될 만큼 세제로 자주 닦는가?
	(답변) 비둘기들의 배설물 때문에 자주 닦을 수밖에 없다.
3 Why	(질문) 왜 기념관에 비둘기가 오는 걸까?
	(답변) 비둘기의 먹잇감인 거미가 많기 때문이다.
4 Why	(질문) 왜 하필 기념관에 거미가 많을까?
	(답변) 해가 지기 전에 다른 곳보다 전등을 먼저 켜서 그 불빛 때문에 거미의 먹이인 나방이 많이 몰려든다.
5 Why	(질문) 왜 해가 지기 전에 주변보다 전등을 먼저 켜는가?
	(답변) 기념관 직원들이 일찍 퇴근하기 때문이다.
결과	불을 켜는 시간을 늦춤으로써 대리석이 부식되는 것을 근본적으로 막을 수 있었다. 만약 당장 눈앞의 대리석 보수 공사만 진행했다면 계속되는 부식에 많은 재원이 낭비됐을 것이다.

위처럼 문제의 본질을 발견해 내기 위해 계속하여 "왜?"라는 물음으로 문제가 생겨난 이유를 찾아내는 방법이 '5 Whys'다. 그런데 복잡계 사회에서 문제의 본질 1개만을 찾으면 제대로 된 해결방안이 나올 수 있을까? 그렇지 않다. 또 다른 문제는 없는지 계속하여 찾아야 한다. 그리고 발견한 문제의 본질을 탐구하며 이러한 과정을 지속적으로 반복하여야 한다.

이렇게 발견한 문제의 정수들에 대한 해결방안은 어떻게 마련하는가? 도출된 각각의 문제를 입체적으로 분석하여 미스터리한 부분들에서 경험 규칙을 찾아내어 알고리즘을 도출하고 이를 해결할 수 있는 궁극적인 해결책을 마련하게 된다. 그리고 이러한 과정들은 다음 문제점 해결방안 마련에 그대로 반복된다. 혹시 눈치를 챘을지 모르겠다. 여태까지 말한 과정들이 모두 우뇌에서 발상하고 좌뇌에서 정리한 것을. 문제점을 찾기 위한 단계들과 도출된 문제점의 해결책 마련을 위한 입체적 분석 과정들이 우뇌의 발상 과정이다. '5 Whys'를 통해 도출된 문제점들을 입체적으로 분석하여 문제의 본질을 찾아내는 것, 그리고 문제를 입체적으로 분석하여 알고리즘을 찾아내어 보편타당한 해결방안을 만들어 내는 것이 좌뇌의 정리 과정이다. 좌뇌와 우뇌는 이렇게 서로 소통(생각의 발산, 정리, 반복)하여 '문제해결 능력'을 발휘한다.

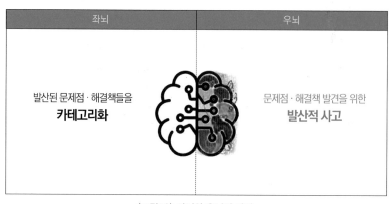

좌뇌	우뇌
발산된 문제점 · 해결책들을 **카테고리화**	문제점 · 해결책 발견을 위한 **발산적 사고**

〈그림30〉 좌뇌와 우뇌의 관계

원활한 의사소통이 성공적인 인간관계의 기본이듯, 좌뇌와 우뇌가 상시 소통해야 정상적인 생각의 정리가 가능하다. 인간이 짐승보다 나은 점은 생각하는 힘에 있다. 생각을 깊고 넓고 다양하게 입체적으로 하는 사람은 실수나 실패를 자주 하지 않는다. 그리고 그렇게 생각하여 작성한 보고서에도 힘이 있기 때문에 그 보고서를 읽고 나면 해당 보고서 작성자의 수준을 가늠할 수 있다. 누군가 나의 보고서를 볼 때 스포츠신문 읽듯 만들지 말고 경제신문 정도의 수준으로 읽게 만들어 보자. 깊이 있는 보고서는 두고두고 나의 든든한 대변인이 되어 줄 것이다.

보고서 작성은 생각의 발산과 정리의 반복으로 만들어진 결과물이다.

1. 생각의 발산

보고서 작성은 생각의 발산으로 시작된다. 이를 위해서는 주제에 대한 아이디어와 정보를 모으는 과정이 필요하다. 이 과정에서 다양한 생각을 발산하고, 관련 정보를 탐색하며 아이디어를 융합한다. 달리 말해 창조적 사고다. 이러한 생각의 발산은 다양한 시각과 관점을 입체적으로 고려할 수 있다.

2. 생각의 정리

아이디어와 정보가 충분히 모아지면, 이들을 분석하고 평가하여 중요한 내용만을 선택해야 한다. 이 과정에서는 비판적 사고와 내용을 구조화하고 연결하는 능력이 필요하다. 보고서를 제대로 작성하기 위해서는 발산된 생각을 논리적으로 연결하고, 결재권자가 이해하기 쉽도록 정리해야 한다.

3. 정리의 반복

보고서 작성은 생각의 정리와 구조화 과정을 거친다. 생각을 정리하고 정보를 구성하면서 보고서의 목적과 내용을 명확하게 전달하기 위해서는 반복적인 정리 작업이 수반된다. 이로써 보고서의 논리적인 흐름과 구성을 구축할 수 있다.

05

브레인스토밍으로
생각을 효과적으로 연결하기

브레인스토밍(Brainstorming)은 창의적인 아이디어를 생산하기 위한 학습도구 또는 회의기법을 말한다. 보고서는 결국 문제에 대한 창의적 해결방안을 만드는 데 의의가 있는 것이므로 브레인스토밍은 보고서 작성을 위한 좋은 도구가 된다. 따라서 여기서는 창의적 아이디어 생산을 위한 학습도구 측면에서 다루도록 한다.

브레인스토밍은 오스본(A. F. Osborn)이 고안한 것으로 두뇌선풍, 두뇌폭풍이라고도 한다(Brain+Storm). 원래는 정신병자의 돌연 발작을 가리키는 용어로 사용되었다. 오스본은 브레인스토밍에 관한 방법론에서 효과적인 아이디어 생산을 위한 두 가지 원리를 제안했다. 첫째는, '판단 보류'다. 섣부른 평가나 판단을 금지한다. 둘째는, '가능한 많은 숫자의 발상을 이끌어 낼 것'이다. 질보다는 양을 추구함으로써 양이 질을 낳는다. 아이디어는 많을수록 좋다고 생각한다.

사실 브레인스토밍은 회의기법에서는 접해 봤어도 보고서 작성과 관련한 도구로는 사용하는 사람을 찾아보기 힘들다. 그러나 자신이 사용하는 방법이 브레인스토밍이라는 사실을 모를 뿐 우리는 분명히 그 도구를 사용하고 있다.

전략이 담긴 문서에서 문제해결방안은 보고서의 본질이다. 해결방안 마련을 위한 브레인스토밍 방법은 양적 측면과 질적 측면에서 살펴볼 수 있다. 양적 측면은 오스본이 말한 "양이 질을 낳는다(Quantity breeds quality)."로, 8살 아이들에게 색연필과 스케치북을 주면서 사람을 그려보라고 하면 다양한 그림이 탄생한다. 머리카락의 흐느낌, 눈빛의 표현, 머릿결, 투박한 몸동작, 손가락 마디의 표현 등 모두가 다르다. 문제를 해결하는 방식도 저마다 다르다. 정답은 없다. 다양한 해결방식만 있을 뿐. 업무는, 아니 우리의 인생은 어떤 방식의 해결책도 허락한다.

다양한 아이디어가 제시될수록 효과적인 아이디어가 나올 확률이 농후하다. 그런데 다양한 아이디어는 일정량을 넘어서면 대상을 놓고 머리를 쥐어짜도 잘 나오지 않는다. 그때는 질문이 필요하다. 질적으로 좋고, 양적으로 많은 질문이 해결방안을 만들어 낸다. 양적 측면에서는 질을 고려하지 않는다. 무조건 다양한 측면과 관점에서 무수히 많은 해결방안을 만들어 내는 데 있다. 질적 측면에서는 개수보다 실질적인 해결방안 여부에 더 주안점을 둔다. 말하자면 열 아들 부럽지 않은 든든한 딸 하나가 더 중요하다고 보는 관점이다. 양적으로 일정량의 해결방안이 만들어지면 숙고의 시간이 필요하다. 해결방안들을 리스트업 후 분리도 해 보고, 필요한 것을 뽑아 보기도 하고, 여러 방안을 합쳐 보기도 한다. 그래도 부족하면 다시 숙고의 시간을 갖는다. 산책을 하거나 음악을 듣는다. 그러다 다시 반대 방향으로 생각해 보거나, 다른 것으로 대체도 해 보고, 속성을 바꿔 보기도 한다.

결국 양적 측면과 질적 측면은 상보적(相補的) 관계다. 각자가 모자란 부분이 있으면서 서로를 채워주기 때문에 떼려야 뗄 수 없는 관계다. 양적 측면만을 고려하면 다듬지 않은 원석들이 너저분하게 있는 것과 같다. 이 상태는 그냥 돌덩어리에 지나지 않는다. 그러나 원석을 다듬고 쪼개고 닦아내는 숙고의 시간을 거치게 되면 결국 보석이 된다. 질적 측면은 시간이라는 비용이 소요되는 것이다.

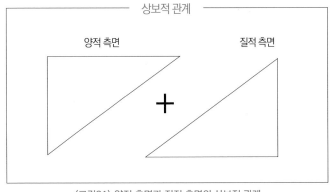

〈그림31〉 양적 측면과 질적 측면의 상보적 관계

그렇다면 성공적인 브레인스토밍을 위한 조건은 무엇일까? 두 가지가 필요하다.

첫째, "지식이 풍부해야 한다." 충분한 가치가 있는 아이디어를 만들기 위해서는 해당 분야를 포함한 다양한 분야에 대한 지식이 충분히 뒷받침되어야 한다. 그래야 해당 지식을 기반으로 많은 생각을 하며 숙고의 시간을 거치면서 창의적인 아이디어들이 샘물처럼 솟아오른다. 이러한 지식은 자신의 경험, 오감으로 느끼는 정보들, 그리고 자신만의 생각들과 학습에 의해 쌓이게 되지만, 이것만으로는 충분하지 못하다. 미약한 햇병아리에 불과하다. 부족한 지식은 책에서 찾을 수 있다. 가장 저렴한 비용으로 최단 시간에 다른 사람의 지식과 감정, 경험을 내 것으로 끌어안을 수 있다. 창의적인 아이디어는 다양한 지식이 필요하므로 책을 한 분야만 읽어서는 곤란하다. 업무와 관련된 책 외에 다양한 분야의 학문을 습득해야 변형하여 적용하는 창의적 아이디어 발상법이 가능하다. 책을 읽는 것에서 그치면 안 된다. 공부머리를 길러 온전히 내 것으로 체화해야 한다.

　성공적인 브레인스토밍을 위한 두 번째 조건은 "준비를 많이 해야 한다."라는 것이다. 문제해결을 위한 아이디어를 내려면 그 문제에 대해 뭘 알아야 한다. 평소에는 지식을 쌓기 위해 책을 읽지만, 갑작스러운 생소한 분야에 대한 해결책을 마련하려면 목마름을 채울 수 있을 정도의 자료조사가 필요하기 때문이다. 수준 있는 정보검색과 충실한 자료조사는 보고서 작성의 보이지 않는 중요 전제조건이다. 따라서 조직 내·외부에 과거 유사사례가 있었는지, 관련 도서와 자료는 뭐가 있는지, 주변 전문가와의 미팅 등으로 묵시적 지식을 찾아내야 한다. 이렇게 성공적인 브레인스토밍을 위한 두 가지 조건을 반복하다 보면 과거부터 현재에 이르러 만들어진 다양한 정보와 패턴을 학습하고 경험하게 되면서 기획력이 상승한다. 그리고 이것이 좋은 아이디어와 해결

방법을 찾아내는 첩경이다.

"하늘 아래 새로운 것은 없다(There is nothing new under the sun)."

아무리 새로운 것이라 하더라도 따져보면 완전히 새로운 것이 아니라 이미 누군가 했던 것이라는 의미를 담고 있다. 성경 전도서 1장 9절~10절에도 이와 유사한 말씀이 있다.

"이미 있던 것이 후에 다시 있겠고 이미 한 일을 후에 다시 할지라. 해 아래에는 새것이 없나니 무엇을 가리켜 이르기를 보라 이것이 새것이라 할 것이 있으랴. 우리가 있기 오래전 세대들에도 이미 있었느니라."

창의적 해결방안(내지는 아이디어)도 그러하다. '창의력'은 완전히 새로운 것을 만들어 내는 것이 아니다. 이미 있는 것을 새롭게 하는 것이자, 이미 있는 것에서 또 다른 아이디어를 덧붙여 가치를 혁신함을 의미한다. 전화기에 디지털카메라를 합치면서 2G 폰이 되었고, 여기에 유연성 있는 사용자 환경(UI, User Interface) 및 운영 체제(OS, Operating System), 각종 센서를 장착하여 스마트폰이 태어났던 것처럼 말이다. "창의력은 행동이다. 아이디어를 실행에 옮기는 것이다."라는 말처럼 이 글을 읽는 당신도 누워 있지만 말고 지금 당장 보고서 작성의 기술들을 체득하길 간절히 바란다. 우리의 회사·조직·기관은 지금도 찾고 있다. 당신이라는 인재를.

보고서 작성을 위한 성공적 브레인스토밍 두 가지 요건

1. 평소 다양한 방면의 지식을 쌓아야 한다.

1) 다양한 분야에 대한 지식이 있으면 그만큼 다양한 관점에서 생각할 수 있다. 이는 브레인스토밍 과정에서 여러 가지 아이디어를 제시하고, 문제해결에 대해 창의적으로 접근하는 데 도움이 된다.

2) 서로 다른 분야의 정보나 개념들을 연결하여 새로운 관점이나 접근법을 찾아낼 수 있다. 이러한 융합적 사고력은 복잡하면서 상호 관련된 문제를 해결하는 데 중요한 역할을 한다.

3) 폭넓게 익힌 지식으로부터 특정 주제나 문제에 대해 보다 깊은 통찰력을 얻을 수 있다. 이런 통찰력은 브레인스토밍 과정에서 직관적으로 문제를 파악하고, 핵심 요소를 도출하는 데 큰 영향을 미친다.

2. 익숙하지 않은 분야일 경우 정보검색과 자료조사를 충실히 해야 한다.

1) 익숙하지 않은 분야일 경우 다양한 관점에서 문제를 바라보기 어렵다.

브레인스토밍은 다양한 아이디어를 자유롭게 발산하는 과정이므로 다양한 관점에서 문제를 바라보고, 창의적인 아이디어를 떠올릴 수 있어야 한다. 익숙하지 않은 분야일 경우, 해당 분야에 대한 지식이 부족하기 때문에, 다양한 관점에서 문제를 바라보기 어렵다.

따라서 정보검색과 자료조사를 통해, 해당 분야에 대한 기본적인 지식을 쌓고, 이를 바탕으로 다양한 관점에서 문제를 바라볼 수 있어야 한다.

2) 익숙하지 않은 분야일 경우 창의적인 아이디어를 떠올리기 어렵다.

창의적인 아이디어는 기존의 관념이나 사고방식을 벗어나는 데서 비롯되므로, 익숙하지 않은 분야일 경우 기존의 관념이나 사고방식에 갇혀 새로운 아이디어를 떠올리기 어렵다. 이럴 때 정보검색과 자료조사를 통해, 다양한 관점의 정보를 수집하고, 이를 통해 기존의 관념이나 사고방식을 벗어나는 새로운 시각을 제시할 수 있다.

따라서 보고서 작성을 위한 성공적 브레인스토밍을 위해서는 익숙하지 않은 분야일 경우 정보검색과 자료조사를 충실히 해야 한다. 특히 과거부터 현재에 이르러 다양한 정보와 패턴을 학습하고 경험해 가면, 좋은 아이디어와 해결 방법을 찾는 내공이 길러진다.

카테고리화로
생각을 체계적으로 정리하기

'카테고리(category)'는 '범주'라는 의미가 있는 영어단어로, '카테고리화'는 나열된 정보들을 일정한 기준으로 묶는 것[22]을 말한다. 이러한 카테고리 작업은 우리가 알지 못하는 사이에 자연스럽게 사용하곤 한다. 작게는 사람의 성격을 혈액형으로 구분하는 것부터, 크게는 국가를 아시아, 아메리카, 유럽, 아프리카 등으로 범주화하는 경우가 그러하다. 우리는 왜 세상을 인지할 때 이렇게 카테고리화를 하는 것일까? 이유는 자명하다. 뇌의 인지적 한계 때문이다. 스트레스를 받고 싶지 않고 복잡한 것을 싫어하는 우리의 뇌는 세부적으로 나열된 많은 정보를 쉽게 인지하지 못한다. 뭔가 유사한 것끼리 3~5개 정도로 묶어서 내용을 카테고리화해 놓아야 쉽게 이해를 한다. 고정관념을 깨기 어려운 이유도 여기에 있다.

---

22. 카테고리 작업, 범주화, 그룹핑(grouping), 유목화 등 다양한 용어로 사용된다.

그런데 보고서 작성법을 얘기하는 데, 생각들을 카테고리화하는 것은 무슨 관련이 있을까? 생각들을 카테고리화하는 이유는 뇌의 인지적 한계 때문이라고 했다. 보고서란 논리적으로 설명하거나 설득하기 위해 작성한 문서다. 우리가 작성하는 보고서는 누구에게 설명하고 누구를 설득하기 위한 것인가? 바로 시간이 항상 부족한 결재권자이다. 그래서 보고서 작성은 결재권자의 인지 비용을 절약하는 데 주안점을 두어야 한다. 정보들을 어떻게 배치하고 그룹핑하며 적절한 위치에 인포그래픽을 추가하여 이해하기 쉽게 보고서를 작성하는 것이 필요하다. 보고서의 가독성, 논리성이 얼마만큼 실현되었는지에 따라 결재권자의 인지 비용은 천차만별이다.

다음 표는 세종특별자치시의 〈2017년 안전문화운동 활성화 추진계획〉의 일부다.

표의 왼쪽은 지방자치단체에서 추진하는 안전문화운동 활성화를 위한 추진계획을 열거하였다. 카테고리화하기 전의 내용을 기안자의 동료 입장에서 보면 아마도 이런 생각이 들지 않을까?

'안전문화운동 활성화를 위해 14개의 세부계획을 추진하는군. 한번 살펴볼까? 시민안전교실을 운영하는 데 직접 찾아간다고? 좋네. 어린이 놀이시설 안전관리도 한다고? 그래. 좋다. 다음은 뭐지? 캠페인을 한다고? 안전비상벨도 설치하고? 좋구먼. 근데 에이~ 다 읽기 귀찮다. 뭐 추진계획이 많아서 뭔가 많이 하는 것 같긴 한데 한눈에 들어오진 않네. 기안자에게는 그냥 꼼꼼히 아주 잘 만들었다고 말해 줘야겠다.'

카테고리화 前	카테고리화 後
안전문화운동 활성화 추진계획	안전문화운동 활성화 추진계획
1. 찾아가는 시민안전교실 운영 2. 어린이 놀이시설 안전관리 3. 안전문화운동 홍보 및 캠페인 전개 4. 공중 및 공공화장실 안심비상벨 설치 5. 생활안전지도사 양성 6. 어린이 안전체험 한마당 개최 7. 어린이 교통안전체험장 조성 8. 안전점검의 날 운영 9. 학교폭력예방 우수프로그램 공모사업 추진 10. 학교폭력 원스톱 지원센터 운영 11. 개학기 학교주변 안전관리 12. 안전대진단 추진 13. 학교폭력대책 지역위원회 운영 14. 안전신고 활성화	**Ⅰ. 안전문화 교육·홍보 강화** 1. 찾아가는 시민안전교실 운영 2. 생활안전지도사 양성 3. 안전문화운동 홍보 및 캠페인 전개 **Ⅱ. 안전취약계층 안전인프라 확대** 1. 공중 및 공공화장실 안심비상벨 설치 2. 어린이 놀이시설 안전관리 3. 어린이 안전체험 한마당 개최 4. 어린이 교통안전체험장 조성 **Ⅲ. 학교폭력 예방** 1. 학교폭력대책 지역위원회 운영 2. 학교폭력예방 우수프로그램 공모사업 추진 3. 학교폭력 원스톱 지원센터 운영 4. 개학기 학교주변 안전관리 **Ⅳ. 안전점검 및 신고 활성화** 1. 안전대진단 추진 2. 안전점검의 날 운영 3. 안전신고 활성화

그런데, 결재권자의 입장에서 카테고리화 전의 문서를 본다면 어떨까? 이런 가정을 해 보자. 6개월 전 관내 체육시설이 무너져 학생과 성인이 각각 2명 사망했다. 당시 언론에서는 지자체의 평소 부실한 시설 안전 관리 행태가 사태를 키웠다고 보도하였다. 이러한 전제에서 결재권자가 카테고리화 전의 문서를 본다고 상상해 보자.

'어쩌자는 거지? 안전문화운동 활성화를 위해 14개 사업을 하는데 대상이나 목적별로 분류가 안 되어 있으니 어느 부분이 누락되어 있는지 검토를 할 수가 없네? 나 보고 알아서 보라는 뜻인가? 도대체 중간 결재권자들은 분류도 제대로 안 된 문서가 내게 올라올 때까지 아무도 지적하지 않은 건가?'

이제 카테고리화 후의 문서를 보자. 안전문화운동 활성화 추진을 위해 교육·홍보 측면, 인프라·시설 측면으로 구분하고, 사회적약자인 학생들만을 위한 특화된 대책도 구분하여 추진계획을 분류하였다. 마지막으로는 지자체 차원의 안전점검 방법과 시민의 신고 활성화로 끝을 맺었다. 카테고리화가 되면서 안전문화운동 활성화를 위해 기안자가 추진하고자 하는 방향, 대상, 취지 등을 명확히 이해할 수 있게 되었다. 뭔가 기-승-전-결 형식의 안정감도 느껴진다. 결재권자 입장에서는 기안자의 문제해결을 위한 접근방법이 맞는지, 빠진 부분은 없는지, 보완할 것은 무엇인지에 대해 지적하기가 수월해졌다. 이처럼 생각들을 범주화하면 좀 더 완벽한 보고서를 만드는 토대가 된다.

생각들을 카테고리화할 때는 미시적 접근이 필요하다. 미시적 (微視的) 접근이 아니다. 미시(MECE)적 접근을 말한다. 미시(MECE)는 Mutually Exclusive and Collectively Exhaustive의 약자다. 우리말로 옮기면, '중복되지 않고 전체적으로 모자라지도 않은 상태'를 의미한다. 좀 더 비즈니스적인 표현을 빌리자면, '상호 간에 배타적인 항목으로 이루어진 완전한 전체 집합'이라고 할 수 있다. MECE적 사고란 중복과 누락이 없는 부분 집합을 통해 개념 전체를 파악하는 것으로,

범주화하여 정리하는 사고를 말한다. MECE를 통해 나열형 정보나 개념들을 범주로 묶어 정리함으로써 체계적으로 전체를 조망할 수 있다.

좀 더 쉽게 설명을 위해 정책홍보 계획 수립을 예로 들어 보자. (예산이 충분하다는 전제로) 정책홍보 계획을 수립한다면 홍보가 가능한 수단을 모두 검토해야 한다. 따라서, 홍보 수단을 인쇄광고, 라디오광고, TV광고, 인터넷 포털 사이트 광고로 구분하여 계획을 수립해야 한다. 그런데, 만약 라디오광고에 대한 계획이 빠진다면 계획에 누락된 부분이 생겼다고 할 수 있다. 또 다른 예로 행정청의 행정행위가 행정법상 법의 일반원칙[23]에 어긋나는지에 대해 검토하는 보고서를 만든다고 가정해 보자. '평등의 원칙' 관점에서의 검토를 누락했다면 MECE하지 않은 보고서라고 할 수 있다.

No!   Yes!

| 인쇄물 | TV |
| 인터넷 포털 | "누락" |

| 인쇄물 | TV |
| 인터넷 포털 | 라디오 |

〈그림32〉 MECE하지 않은 홍보 보고서와 MECE한 홍보 보고서

---

23. 신의성실의 원칙, 권리·권한남용금지의 원칙, 신뢰보호의 원칙, 평등의 원칙, 비례의 원칙, 부당결부금지의 원칙 등.

나는 생각들을 카테고리화하는 것이 '문제해결 능력'과도 관계가 깊다고 본다. 카테고리화는 문제해결을 체계적으로 접근할 수 있도록 도와주기 때문이다. 각각의 카테고리 기준을 중심으로 더 세부적인 질문을 함으로써 본질을 빠르게 파악하고 해결책을 도출하는 데 도움이 된다. 게다가 복잡한 정보나 문제를 구조화하여 정리할 수 있어 카테고리별로 전략을 구체적으로 세우기도 쉽다.

최종 결재권자에게 보고하는 중 흔히 벌어지는 일이 있다. 보고 도중 예상치 못한 결재권자의 질문에 대답을 못하고, 이어서 결재권자의 질책이 이어지면 머릿속이 캄캄해지는 경우를 겪어본 적이 있을 것이다. 생각들을 카테고리화하여 보고서에 담는 목적은 결재권자의 인지 비용을 줄이는 데 있다고 말했다. 그러나 반대로 생각들을 카테고리화하면 보고자의 기억력을 높여주는 효과도 있다. 카테고리화는 일정한 기준으로 정보들을 그룹핑하고 그룹핑의 주제는 바로 핵심 메시지가 되며, 핵심 메시지만 머릿속에 잘 넣어두면 어떠한 상황에서도 고구마 캐듯이 줄줄이 하위 메시지를 떠올릴 수 있기 때문이다.

생각들을 카테고리화하는 것은 결재권자뿐만 아니라 보고하는 나 자신을 위해서도 꼭 필요한 기술이다. 규칙 없이 나열된 정보는 유용하지 않다. 구슬이 서 말이라도 보배가 되려면 꿰어야 하듯이……

보고서 작성 시 생각들을
카테고리화(그룹핑) 해야 하는 두 가지 이유

1. (결재권자 입장) 보고서의 인지 비용을 줄여준다.

1) 정보를 그룹별로 분류하면, 각 그룹에 속한 정보들이 서로 관련이 있다는 것을 쉽게 인식할 수 있다. 이렇게 제공된 정보는 결재권자가 보고서를 읽으면서 필요한 정보를 더 빠르게 찾아내고 이해할 수 있게 돕는다.

2) 보고서 내용 중 중요한 부분과 그렇지 않은 부분을 명확하게 구분할 수 있어, 결재권자가 핵심 내용을 이해하는 데 필요한 에너지, 즉 인지적 부담을 줄일 수 있다. 그러면 결재권자는 중요한 사항에 집중하며 효율적으로 판단을 내릴 수 있다.

3) 생각들을 카테고리화함으로써 보고서 전체의 논리적 구조와 흐름을 명확히 할 수 있다. 이것은 결재권자가 보다 쉽게 보고서 전체의 맥락과 주요 포인트를 파악하는 데 도움이 된다.

2. (보고자 입장) 보고서 내용의 암기를 쉽게 할 수 있다.

1) 인간의 단기 기억은 한 번에 처리할 수 있는 정보의 양에 제한이 있다. 정보를 관련된 그룹으로 나누어 청크(덩어리, chunk)로 만들면, 더 많은 정보를 효율적으로 기억하고 재생한다. 이러한 원리를 활용하여 보고서 내용을 카테고리화하면, 보다 많은 정보를 쉽게 암기할 수 있다.

2) 카테고리화된 생각들은 정보의 연관성을 파악하는 데 도움을 준다. 보고서 작성자는 다양한 주제와 정보를 다루는 경우가 많다. 생각들을 그룹핑하면 서로 관련된 정보들을 정리할 수 있으며, 이는 보고서 작성자가 정보들을 더욱 쉽게 이해하고 기억하는 데 도움을 준다. 암기할 때는 정보들 간의 상호작용과 연관성을 이해하는 것이 중요하기 때문이다.

3) 카테고리화된 생각들은 보고서 작성자가 발표나 설명을 할 때 효과적으로 활용할 수 있다. 보고서 작성자는 자신이 쓴 보고서 내용을 다른 사람들에게 효과적으로 전달해야 한다. 생각들을 그룹핑하면 보고서의 구조와 내용을 더욱 명확하게 보여

줄 수 있으며, 이는 보고서 작성자가 자신의 주장을 자신감 있고 효과적으로 전달
할 수 있게 해준다.

키워드와 화살표를 활용한
그림으로 생각을 표현하기

머릿속에 분산되어 있는 생각, 아이디어, 지식, 상상, 의견, 느낌 등을 어떻게 밖으로 끄집어낼 수 있을까? 그리고 끄집어낸 생각의 단위들을 상호 연결하여 어떻게 상대방을 설득할 수 있는 문서로 표현할 수 있을까?

구슬이 서 말이라도 꿰어야 보배라는 말처럼, 머릿속에 있는 생각의 단위들을 잘 엮어서 상대방을 설득할 수 있는 문서 만들어야 진정한 나의 지식이라고 할 수 있다. 이 부분이 해결이 안 되면 매우 답답함을 느낀다. 어떤 이는 이러한 상태를 다음과 같이 말한다.

"아~ 나는 표현을 못 할 뿐이지 아이디어는 진짜 많아."

"내가 문서 작성은 약해도 아는 게 많지."

"내 머릿속에 있는 내용을 잘만 풀면 되는데……. 문서 작성만 아직 안 돼서 그렇지 마음만 먹으면 금방 할 수 있다구."

자기 생각을 논리적으로 풀어내 상대방을 설득할 수 있을 정도의 문서를 만들지 못한다면 그게 정말 자기 생각일까? 생각들이 정리되지 않은, 즉 카오스 상태에서는 아무런 힘을 발휘할 수 없다. 정리되지 않은 생각은 그냥 가비지(garbage, 쓰레기)일 뿐이다.

그렇다면 어떻게 해야 복잡한 머릿속 생각의 단위들을 정리하여 설득력 있는 문서를 만들 수 있을까? 『생각의 탄생』(로버트 루트번스타인, 미셸 루트번스타인 지음, 박종성 옮김, 에코의서재)에 따르면, 상상력을 학습하는 생각 도구로 '형상화'와 '추상화'를 제시한다. 세상에 관한 모든 지식은 처음에는 관찰을 통해 습득된다. 보고, 듣고, 만지고, 냄새 맡고, 맛을 보고, 몸으로 느끼는 것들 말이다. 이런 느낌과 감각을 다시 불러내거나 어떤 심산(心算)으로 만들어 머릿속에 떠올리는 능력이 형상화다. 실제로 과학자나, 화가, 음악가들은 그들이 실제로 보지 못하는 것들을 마음의 눈으로 보고, 아직 세상에 나온 적이 없는 노래나 음악을 들을 수 있으며, 한 번도 만진 적 없는 어떤 것들의 질감을 느낄 수 있다고 한다.

그런데 이 감각적 경험과 형상은 너무 많고 복잡하므로 창조적인 사람들은 필수적인 생각 도구로 '추상화'를 활용한다. 피카소 같은 화가든 아인슈타인 같은 과학자든 헤밍웨이 같은 작가든, 그들은 복잡한 사물들을 몇 가지 원칙들로 줄여나갔는데, 이것이 바로 '추상화'다.

'형상화'와 '추상화'의 방법은 개인마다 다르다. 문제해결을 위한 방식이 사람마다 다른 것과 같은 맥락이다. 어찌 보면 '형상화'와 '추상화'라는 것도 결국 문제해결을 위해 밖으로 드러나지 않고 우리의 뇌 속에서 처리하는 방식이다. 이러한 견지에서, '형상화'하고 '추상화'하는 것은 무의미한 체계를 친근하고 익숙한 생각들로 변경시키는 과정이라고 할 수 있다. 숨겨진 패턴을 찾기 위해 이미지를 찾고 상상을 하고 범용적인 지식을 만들기 위한 과정이 죽어있던 생각에 의미를 부여하는 과정이다.

보고서는 글자만으로 이뤄지거나 도식화를 포함하게 된다. 따라서 머릿속 생각의 단위들을 정리하기 위해서는 '왜(Why) 사고'를 통해 문제점과 원인 및 해결방안에 대하여 계속하여 고민하여야 한다. 이러한 고민을 생각에서만 그치지 말고 적극적으로 기록해 나가야 한다. 내가 추진하고 있는 사항에 대한 키워드를 중심에 두고 현황, 문제점, 원인, 개선방안, 향후계획 등에 대해 화살표를 그려가며 인과관계와 상관관계도 도출해내야 한다. 어려울 것 같은가? 만약 그렇게 느꼈다면 머릿속으로만 생각해서다. 사람에겐 빈칸이 있으면 메꾸고 싶은 욕구가 자연스럽게 생겨난다. 마치 남자들이 무의식적으로 화장실 소변기 과녁에 앉아 있는 파리를 맞추는 것처럼. 일단 머릿속 생각의 단위들을 기록하고 원인이 무엇인지 계속하여 생각나는 대로 적다 보면 어느 순간 해결방안이 하나씩 나오게 된다. 물론 이것만으로 보고서를 작성할 수는 없다. 너무나 날 것이기 때문에. 도출한 생각들을 어떻게 문서화시킬 것인지는 별도로 다루도록 한다.

다음은 한국마사회의 〈도심공원 체험승마 시범사업 추진계획〉의 일부다.

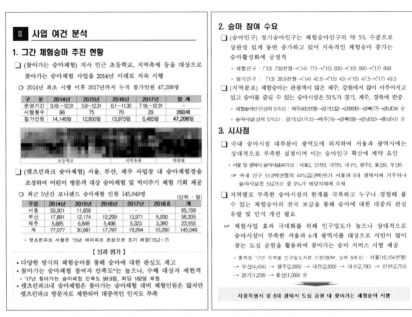

〈그림33〉 한국마사회 〈도심공원 체험승마 시범사업 추진계획〉 일부 발췌
(출처: 정보공개포털, 한국마사회, 2018)

이 문서의 기안자는 문제점과 해결방안 도출을 위해 자신의 생각을 이렇게 정리하지 않았을까?

'2014년부터 2017년까지 찾아가는 승마체험을 꾸준히 진행하여 승마에 대한 관심도를 제고해 왔어. 그런데 왜 여전히 승마체험에 대한 대중적인 인지도가 낮을까? 주변 사람들에게 물어봐도 승마체험을 한국마사회에서 하는지 전혀 모르는 사람이 많단 말이야. 어떻게 해야 대중적인 인지도를 높일 수 있을까? 그동안의 사업추진에서 뭐가 문제였을까? 가만 생각해 보니. 사업을 추진했던 곳은 모두 한국마사회 지사가 위치한 광역도 부근에서만 했었네! 지사 입장에서는 사업을 추진하는 것에만 목적을 두었지, 효과성 측면까지는 고려하지 않았던 것 같아. 대중적인 인지도를 높이려면 인구밀도가 높은 곳에서 사업을 추진하는 게 홍보 측면에서 효과가 더 좋겠지. 그렇다면 어떻게 해야 인구밀도가 높은 서울이나 광역시에서 사업을 추진할 수 있을까? TV광고 등을 해서 신청자를 모집하고 버스까지 제공하면 될까? 그렇게 하면 돈이 많이 들겠지? 돈을 적게 들이면서 할 수 있는 방법은 없을까? 서울이나 광역시에서 직접 승마체험을 하게 하면 어떨까? 장소가 문제다. 행사를 위해서는 넓은 면적의 부지가 필요한데 마사회 단독으로 행사를 하긴 어려워. 도움을 받을 곳은 없을까? 해당 지자체의 협조만 있으면 문제가 없을 텐데 말이야……'

이러한 생각의 과정을 실제 노트에 적으면 다음과 같다.

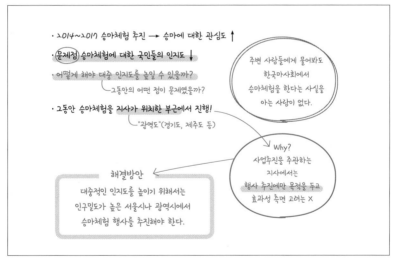

〈그림34〉 생각의 과정을 노트에 풀어가는 모습

『글자로만 생각하는 사람 이미지로 창조하는 사람』(토머스 웨스트 지음, 김성훈 옮김, 지식갤러리)에 따르면, 일반적으로 논리, 언어, 정돈성, 순차적 시간 인식, 산수 등의 능력은 보통 좌뇌에 특화돼 있고 시각적 이미지, 공간적 관계, 얼굴이나 패턴 인식, 몸짓, 비율 등을 처리하는 과정은 우뇌에 특화된 것으로 본다고 한다. 인간의 두뇌가 좌뇌와 우뇌로 이뤄져 있고 역할이 각각 다르다는 것을 알고 있지만 자신도 모르는 사이에 한쪽 뇌를 더 많이 사용하고 있는 이가 대부분이다. 문제점에 대한 대안 마련을 위해서는 뇌를 활성화해야 하는데 이를 위해서는 의도적으로라도 좌뇌와 우뇌를 함께 사용할 수 있어야 한다. 펜을 들고 머릿속에서 이끄는 흐름대로 키워드, 화살표를 사용해 그림으로 그려 보자. 흐름이 막히면 왜(Why) 사고를 하면 된다. '문제해결 역량'을 개발하는 것은 질문을 어떻게 하느냐에 달려 있다. 사고의 자연스러운 흐름을 논리적으로 체계화하여 문서로 만들면 그것만큼 훌륭한 보고서가 어디 있을까?

문제의 해결방안을 도출하기 위해서는 뇌를 활성화해야 하는데 이를 위해서는 좌뇌와 우뇌를 함께 사용할 수 있어야 한다.

이를 위한 가장 좋은 방법은 펜을 들고 사고의 흐름을 따라 그림으로 그려보는 것이다.

1. 문제해결을 위해서는 창의적인 사고와 논리적인 사고가 모두 필요하다.

좌뇌는 논리적이고 분석적인 사고를 담당하고, 우뇌는 창의적이고 시각적인 사고를 담당한다. 이 두 가지 사고방식을 함께 사용하면 문제를 다각도로 접근하고 상황을 다양하게 분석할 수 있다. 따라서, 뇌를 활성화하여 문제해결에 도움을 주기 위해서는 좌뇌와 우뇌를 함께 사용하는 것이 중요하다.

2. 그림 그리기는 우리의 시각적인 능력을 사용하고 창의력을 자극한다.

펜을 들고 사고의 흐름을 따라 그림을 그리는 것은 우리의 두뇌를 좌우 동시에 활성화하는 효과가 있다. 게다가 그림을 그리면서 문제의 구조와 관련된 요소들을 시각적으로 표현하고 상상력을 발휘해 볼 수도 있다. 이는 문제해결을 더욱 효과적으로 할 수 있도록 도와준다.

3. 그림 그리기는 비선형적인 사고를 유도하는 데 도움을 준다.

문제해결은 종종 일련의 단계를 따르는 선형적인 접근법으로 해결되기 어려운 경우가 있는데, 그림 그리기를 통해 사고의 흐름을 표현하면서 비선형적이고 유연한 사고를 발전시킬 수 있다. 이는 문제의 다양한 측면을 고려하여 입체적인 해결책을 도출하는 데 도움을 준다.

마인드맵,
생각의 지도를 활용한 생각 정리법

일반적인 보고서는 목적, 현황 및 문제점, 개선방안, 향후계획 등의 내용이 포함된다. 앞서 살펴보았듯이 보고서를 쓸 때는 ''왜(Why) 사고'가 중요하다. 현황에 대한 문제점을 파악하기 위해서는 계속하여 '왜(Why)?'라는 의문을 가져야 한다. 그리고 그 의문은 궁극적인 해결 방안을 도출할 때까지 계속되어야 한다. 대부분의 보고서(정책보고서, 검토보고서, 상황·동향보고서, 행사·회의보고서, 결과보고서 등)는 이러한 과정을 거치면 해결이 된다. 그런데 해결되지 않는 보고서도 있다. 다수 기관의 업무협조가 필요하거나, 업무의 난도가 높아 복잡한 입체적 검토가 필요한 경우 등이 그러하다. 이러한 분야의 보고서들은 단순히 '왜(Why) 사고'라는 무기만으로는 대응하기 어렵다. 좀 더 다양하게 변신이 가능한 무기가 필요하다. 아직도 많은 비밀이 풀리지 않은 신비의 기관인 뇌의 능력이 충분히 발휘될 수 있는 무기 말이다.

남아공의 생물학자인 라이얼 왓슨은 "우리가 이해할 수 있을 만큼 두뇌가 단순했다면, 우리는 너무 단순해서 두뇌를 이해할 수 없었을 것이다."라는 말을 했다. 인간의 뇌는 1,000억 개의 신경세포로 이루어져 있고 뉴런 간 신경 연결망인 시냅스는 1,000조 개로 구성되어 있다. 이러한 뇌의 기능을 활용하기 위한 효율적인 방법에는 뭐가 있을까?

사람은 무언가를 기억할 할 때 피라미드 구조와 같이 큰 분류에서 작은 분류로 내려가는 하향식(Top - Down) 방식을 사용한다. 사자(lion, 獅子)를 식육목 고양이과의 포유류로 개념화하는 것이 대표적인 예다. 이런 방법을 문서화시킬 수 있는 가장 직관적인 도구가 '마인드맵'이다.

'마인드맵'은 '생각의 지도'란 뜻으로 영국의 토니 부잔(Tony Buzan)이 1960년대 두뇌의 특성을 고려해 개발한 사고 훈련법이다. 쉽게 설명하면, 마음속에 지도를 그리듯이 줄거리를 이해하며 생각을 정리하는 기법이다. 인간의 뇌는 주로 핵심 개념들을 상호 관련시키거나 통합하면서 창의적 문제해결을 한다. 우리가 어떤 문제에 대한 창의적인 사고를 하려고 할 때, 시간의 흐름에 따라 영감이 떠오르는 경향이 있다. 이때 떠오른 영감을 나중에 복기하려면 재생하기 어려워지는 경험을 누구나 했을 것이다. '마인드맵'은 유기적·시간적으로 연결되는 일련의 영감들을 상기시켜 준다. '단어', '언어', '논리'를 다루는 좌뇌와 '색상', '상상', '이미지', '지도'를 다루는 우뇌를 동시에 사용해 창의력과 기억력을 높인다. 그림을 그리면서 생각을 적는 행위는 다양한 측면에서 뇌를 자극한다. '마인드맵'을 통한 생각 정리는 전체 구도를 조망할 수 있다는 점에서 MECE적 접근도 가능케 한다. 즉, 중복과 누락을 방지할 수 있다.

아래의 마인드맵은 경찰청에서 2017년 5월 생산한 〈장애인 안전 종합 치안대책〉을 기안자의 입장에서 구현한 것이다. 이 보고서는 종합 치안대책 수준에 걸맞게 유관기관 및 행정청 내 다양한 보조기관[24]이 협업하여 장애인 안전에 대한 치안대책을 추진하도록 계획하고 있다. 행정청은 대부분 보조기관 단위의 행정을 하지만, 다수 기관의 협조가 수반되는 업무들은 다양한 측면에서 다른 기관들의 협조가 검토되어야 한다. 이 보고서는 장애인의 유형을 면밀히 구분하여 현황을 파악하고 장애 유형과 특성에 따른 맞춤형 대책을 만들었다. 게다가 장애인의 안전을 '범죄', '사고', '편익' 측면에서 고려하여 해당 측면에서 추진할 과제를 선정하였으며 구체적인 실행과제도 도출하였다.

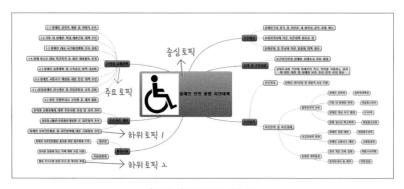

〈그림35〉 마인드맵 사용 예

24. 국가나 지방자치단체(지방교육행정기관을 포함한다)의 행정청에 소속되어 행정청의 권한행사를 보조하는 것을 임무로 하는 기관을 말한다. 행정 각부의 차관, 차장, 실장, 국장, 과장 및 지방자치단체의 부지사, 부시장, 국장, 과장을 비롯해 지방교육행정기관의 부교육감, 국장, 과장 등이 이에 해당한다.

이후 소관 보조기관을 정하여 향후 관리까지 책임지도록 하였다.

'마인드맵'의 효용가치는 이처럼 복잡한 생각들을 일목요연하게 정리할 수 있다는 데 있다. 인간의 사고방식을 그대로 문서화시킬 수 있도록 했다는 점이 '마인드맵'의 가장 큰 장점이다. 보통 '마인드맵'은 중심 토픽, 주요 토픽, 하위 토픽으로 구성된다. '마인드맵'을 그릴 때는 중심 토픽에서 시작하여 하위 레벨로 가지를 쳐 내려가면서 생각의 나래를 펼쳐 나가는 것이 효과적이다.

'마인드맵'은 '로직 트리(logic tree)'와 구분하여야 한다. 얼핏 유사한 듯하지만, 로직 트리는 문제를 해결하기 위해서 원인과 해결책을 정리해 나가면서 정답을 찾는 사고기술이다. '마인드맵'은 텍스트와

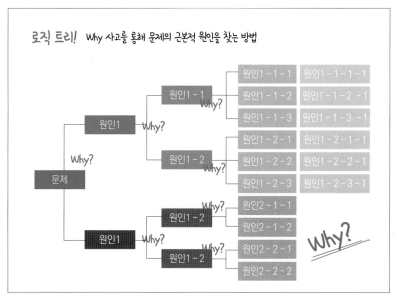

〈그림36〉 마인드맵 사용 예

이미지를 활용하여 방사형 사고(의식의 자연스런 흐름)를 표현한 것이다. 특히 '마인드맵'을 그리면서 이미지를 그리는 것은 정보의 중요한 실마리 역할을 해서 우뇌를 활성화하는 데 큰 역할을 한다.

그러나 이러한 '마인드맵'도 단점이 있다. 일단 시간 비용이 많이 든다. 어느 정도 생각이 정리되지 않은 상태에서 '마인드맵'을 만드는 경우 하위 토픽이 계속하여 늘어나 정리하는 시간이 오래 걸린다. 또한 '마인드맵'을 종이에 만드는 경우 종이의 크기에 제약받게 된다. 종이 크기의 제한을 극복하기 위해 글씨를 작게 하면 나중에는 글씨를 알아보기 힘들다. 큰 종이에 만들어도 생각이 어느 정도 정리되지 않은 상태에서는 하위 토픽의 개수가 증가할 수밖에 없으므로 생각의 자연스러운 흐름을 담는 데 걸림돌이 발생한다.

이런 단점을 극복할 대안으로 '디지털 마인드맵'이 있다. '디지털 마인드맵'은 하위 토픽을 제한 없이 손쉽게 만들 수 있다는 점에서 생각의 흐름을 그대로 표현하는 데 어려움이 없다. 게다가 주요 토픽과 하위 토픽의 모양, 배치, 두께, 크기를 손쉽게 수정할 수 있다는 점에서 시간 비용의 절약도 가능하다. 다만, '마인드맵'이 좌뇌와 우뇌를 활성화할 수 있는 것은 손으로 그림을 그리고 글을 적는 것에서 발현되는 것인데 이런 장점이 다소 퇴색된다는 점은 있다. 따라서 초벌구이할 때는 '디지털 마인드맵'을, 어느 정도 생각이 정리된 후에는 '마인드맵'을 활용하면 서로의 장단점을 보완할 수 있다.

마인드맵은 앞서 말했다시피 텍스트와 이미지를 활용하여 사고의 자연스러운 흐름을 표현한 것이다. 생각을 정리하는 이유는 자명하다. 생각이 정리되지 않고서는 이를 풀어내는 보고서도 정리가 되지 않기 때문이다. 간혹 품질이 담보됐다고 보는 기관장 결재문서를 보다가도 기안자의 생각이 과연 정리된 상태에서 보고서를 작성했는지 의심스러울 때가 있다. 생각을 정리하는 것은 '문제해결 능력'을 기르는 첫 번째 단계다. 생각을 잘 정리하면 문제를 명확하게 이해하고, 해결방안을 더욱 구체적으로 생각해 볼 수 있다. 또한 창의적인 문제해결에도 도움을 준다. 기안자의 생각이 명확히 정리되면 그에 따라 작성된 보고서에는 힘이 있다. 소위 '힘 있는 보고서'다. 힘 있는 보고서는 전달하고자 하는 내용이 명확하다. 명확하지 않은 보고서는 집행 도중에 자꾸 걸림돌이 생기게 된다. 내용이 불명확하면 이를 집행하는 제3자는 계속하여 '왜 그렇지?', '이렇게 해도 되는 건가?'라는 의문에 휩싸이고 만다.

우리나라에는 2023. 9. 1. 기준 1개의 헌법과 5,270개의 법령, 139,295개의 자치법규가 존재(출처: 법제처 법령통계)한다. 법령은 엄격한 절차와 심사 단계를 거쳐 공포된다. 그럼에도 불구하고 동일한 법령 아래에서 행정청에 따라 다르게 집행이 이뤄지는 경우가 간혹 있다. 그것뿐인가? 법령 소관기관 중앙부처와 지방자치단체 간 법령해석에 이견이 있어, 때에 따라서는 법제처의 법령해석 심사를 거쳐 확정을 짓는 일도 있다. 엄격한 절차와 심사 단계를 거쳐 공포되는 법령이 이런 상황이라면, 국민을 대상으로 영향을 미치는 보고서는 작성 전 생각 정리 단계부터 더 면밀한 검토가 필요하다. 자신이 만든 보고서가 결재 즉시 자체종결되는 보고서에 불과하다면 문제가 없을 수도

있다. 그러나 작게는 보조기관과 행정청, 넓게는 전 국민에게 영향을
미치는 보고서라면 전혀 다른 차원의 문제가 발생한다. 생각 정리가
중요한 이유가 바로 여기에 있다.

'마인드맵'을 통한 생각 정리는 전체 구도를 조망할 수 있고, MECE적 접근도 가능하다.

1. 마인드맵은 대주제를 중심으로 여러 가지 주제를 뻗어나가는 형태로 정보를 정리하는 방법이다.

그래서 마인드맵을 통해 생각을 정리하면 전체적인 구도를 파악할 수 있다. 이는 생각의 전체적인 틀을 보여줌으로써, 문제해결에 필요한 정보와 요소를 파악할 수 있는 기반이 된다.

2. MECE적 접근법은 서로 중복되지 않고 빠짐없이 모든 경우를 고려하는 방식이다.

마인드맵을 통해 생각을 정리하면 각각의 주제가 서로 중복되지 않고 빠짐없이 모든 경우를 고려할 수 있도록 구성하기 용이하다. 이를 통해 문제해결에 필요한 모든 요소를 파악할 수 있고 중복과 누락을 방지할 수 있다.

3. 위의 두 가지 접근법을 결합하면, 마인드맵은 생각 정리 과정에서 정보나 아이디어의 중복 및 누락을 최소화하는 도구로 작용한다.

또한 모든 정보가 명확히 분류되고 위치가 지정되므로, 필요한 내용을 찾거나 추가하는 것도 용이하다.

생각을 초벌구이로 정리할 때는 '디지털 마인드맵'을, 좀 더 정교하게 창의적 해결책을 모색할 때는 '마인드맵'을 활용하자.

1. 디지털 도구를 사용하여 마인드맵을 만들면, 초기 아이디어를 빠르게 기록하고 조직화하는 데 유용하다.

특히, 정보를 쉽게 추가·삭제·재배치할 수 있으며 공유 및 협업도 용이하기 때문에 생각을 '초벌구이'로 정리하는 단계에서 효율적이다.

2. 반면에 손으로 그리는 마인드맵은 더욱 창조적이고 직관적이다.

그림으로 생각을 표현함으로써 우뇌가 더욱 활성화되며, 이는 문제해결 과정에서 보다 복잡하고 창의적인 접근 방식을 요구할 때 유익하다.

3. 따라서 각 상황에 맞는 적절한 도구 선택은 생각 정리 과정에서 중요하다.

초기 단계에서는 디지털 도구를 사용하여 크고 넓은 범위의 아이디어를 기록하고 구조화하는 것이 좋다. 반면에 문제해결 등 보다 깊고 복잡한 사고가 필요한 경우에는 손으로 그리는 마인드맵 사용이 바람직하다.

4장

공무원 보고서 작성을 위한 12가지 핵심 원칙

보고의 목적을 분명히 하라

다음 글은 『빅터 프랭클의 죽음의 수용소에서』(빅터 프랭클 지음, 이시형 옮김, 청아출판사)의 일부다.

1942년, 빅터 프랭클은 고향 오스트리아의 비엔나에서 동북부로 가는 기차 안에 있었다. 같은 기차를 탄 1,500명의 승객들은 아무도 자신들이 어디로 가고 있는지 알지 못했다. 프랭클이 탄 기차칸에는 80여 명이 있었다. 기차 안은 몹시 붐볐고, 사람들은 짐꾸러미며 손에 들고 있던 소지품 위에서 잠을 청해야만 했다.

답답한 며칠이 지났다. 기차는 밤낮으로 달려 여러 개의 도시를 지났고, 광활한 들길이며 야트막한 산 옆을 스쳐 갔다. 그렇게 멈추는 법 없이 마냥 어디론가 달려갈 것 같았던 기차는 어느 날 이른 아침 어떤 역에 닿았다. 잠에서 덜 깬 사람들은 눈을 비비며 일어나 창문 밖 풍경을 보았고, 그 순간 아무도 입을 열 수가 없었다. 그곳은 바로 죽음의 수용소 아우슈비츠였다.

날이 밝자 점차 수용소의 가시철망과 감시탑이 눈에 띄기 시작했다. 그 모습 자체부터 이곳에 도착한 사람들을 두려움에 떨게 했다. 죽음만이 유일한 도피처인 것 같은 고문과 핍박, 굶주림과 잔혹함이 넘치는 이곳에서 그는 무려 3년을 살아야 했다. 37세 때 아우슈비츠에 끌려갔던 프랭클은 당시를 회상하며 이렇게 말했다.

"나는 공포감에 사로잡혔지만 그것은 차라리 나았다. 우리는 차차 무시무시하고 끔찍한 공포에 익숙해져야 했기 때문이다."

제2차 세계대전 당시 아우슈비츠 수용소에서 살아남은 빅터 프랭클은 목적이나 신념을 가진 수감자들이 단순히 생명 연장만을 추구했던 수감자에 비해 더 많이 살아남았다고 증언했다. 삶의 의미를 미래의 목표를 발견하는 것이라고 믿었기에 지옥 같은 죽음의 수용소 아우슈비츠에서 3년이라는 세월을 꿋꿋이 견뎌낼 수 있었다고 한다. 삶의 의미이자 삶의 목적은 극악한 상황에서 생명을 유지하는 데 없어서는 안 되는 중요한 가치였던 것이다.

영국 스코틀랜드의 철학자이자 사학자인 토머스 칼라일(Thomas Carlyle, 1795~1881)은 "목적이 없는 사람은 방향타 없는 배와 같다."라고 말했다. 목적 있는 삶을 살기 위해서는 어떻게 해야 할까? 나는 '왜(Why) 사고'를 해야 한다고 생각한다. 개인적 측면에서는 "나는 누구인가?", "왜 사는가?", "나는 무엇을 위해 사는가?"라는 질문을 종종 던져야 한다.

조직 구성원 측면에서도 그러하다. "조직이 존재하는 이유는 무엇인가?", "나는 왜 이 일을 해야 하는가?", "내가 하는 일이 조직의 목적 또는 목표와 어떤 관계가 있는가?"라는 질문이 필요하다. 더 나아가 개인과 조직을 별개가 아닌 하나의 목표를 가진 유기체적 관계로 만드는 것이 필요하다. 요리, 독서, 게임, 영화, 음악 등 무엇이든 상관없다. 좋아하거나 잘하는 게 있다면 조직에 가져가 조직의 업무와 연계하면 일이 재미있어질 뿐만 아니라 창의적 아이디어로 제도 개선까지도 가능하다.

조직뿐만 아니라 개인의 삶에도 의미 있는 변화를 만들 수 있다. 그러자면 일의 왜(Why)가 무엇인지를 항상 생각해야 한다. 강한 조직이 되기 위해서는 개인들의 활동이 하나의 목적을 향해 벡터(Vector, 속도와 힘)를 맞추는 것이 필요하다. 조직에서는 사소한 일이라도 저마다목적이 있다. 상사가 부탁하는 문서 복사도 그 행위가 어떤 일을 위해 필요한 것이고, 그 일을 왜 해야 하는지 아는 사람은 목적의식이 없는 사람과 일의 결과물이 다르다. 결과물뿐만이 아니다. 순조롭지 않은업무 진행 상황에서도 일의 완수를 위해 해결 방법을 찾기 위한 자세도 다르다.

삶의 목적에 대한 진지한 나의 생각이 보고서 작성법에 대한 생각과 유사함을 눈치챘는가? 우리가 지금 다루고 있는 보고서 작성도 이와 다를 바 없다. 보고서도 그에 걸맞은 목적이 필요하다. 보고서는 사람이 작성한다. 인공지능의 발달로 미래에는 컴퓨터가 모든 보고서를 작성하는 시기가 올 수 있을지 모르겠으나 적어도 당분간은 사람만이 완결되고 정확한 보고서를 작성할 수 있다. ChatGPT로 보고서를 작성하더라도 사람의 손길을 거치지 않고서는 글의 정확성·신뢰성·타당성을 확보할 수 없다는 뜻이다.

목적 없는 사람은 방향타 없는 배와 같아서 파도나 바람에 이리저리 휘청거릴 수밖에 없다. 목적 없는 보고서는 결재권자에게 전달하고자 하는 것이나 설득하고자 하는 바를 명확히 전달할 수 없다. 정책기획보고서, 상황보고서, 정보보고서, 회의자료보고서, 회의결과보고서, 행사기획보고서 등 각 보고서는 결재권자(검토자, 협조자 포함)에게 정보전달, 설득, 의사결정을 바라고 작성되는 것이다.

앞서 말했듯이 보고서는 내용을 압축하여 정확하고 알기 쉽게 작성해야 한다. 보고의 목적이 불분명하면 형식뿐만 아니라 내용의 전달에도 문제가 생긴다. 보고서를 작성한 이유, 의사결정을 해야 하는 내용 등이 결재권자에게 명확하게 드러나야 한다. 그래야 가치 있는 보고서가 되는 것이다. 보고서는 시나 소설이 아니다. 은유적 모호한 표현, 비현실성, 우연성이 드러난 내용은 보고서라 하기에 부적절하다. 목적이 불분명한 보고서는 보는 사람으로 하여금 계속하여 의문을 생기게 한다. 결국 다 읽고 나서는 "뭐 어쩌자는 거야?", "기안자가 나에게 원하는 게 뭐지?" 등 허탈한 마음만 만들어 낼 뿐이다.

다음 보고서를 보자. 이 문서는 국정감사 서면·구두 질의에 대한 답변서[안]을 보고한 것이다. 표지 부분에서, 답변서[안]에서 보완이 필요한 사항을 지적해 달라고 명시적으로 드러냈다. 이렇게 해 두면

`16년도 국정감사 서면·구두 질의에 대한 답변서(안) 보고

<'16. 10. 9.(일), 대외협력담당>

보고일시
'16.10.9.(일)
23:30

구분	국과명	성명	사무실 (031-249-)	핸드폰
과장	대외협력담당관	이금재	0840	010-1234-5678
주무관	대외협력담당	신영민	0853	010-4321-8765

* 국정감사 서면·구두 질의에 대한 답변서는 '16. 10. 11.(화)까지 책자로 인쇄하여 직접 국회에 제출하도록 되어 있어, 교육감님·부교육감님의 출장 일정(10.10. 제97회 전국체전, 아산)과 결재시간을 고려해 사전보고(부교육감 포함) 드림

교육감님 의사결정요청 사항

❖ 국정감사 서면·구두 질의에 대한 **답변서는 소관 실·국장의 검토가 완료된 것으로, 보완이 필요한 답변서를 미리** 말씀해 주시면 **대면보고**(10.10 교육감님 귀청 후) 시 **관련 부서장 동석 하에 수정 조치 예정**

경기교육주민참여협의회 구성 관련 업무협의 방안

<'16. 7. 8.(금), 대외협력담당>

경기교육주민참여협의회 구성·운영 관련 경기도(교육정책과) 관계자 의견 청취 및 발전방향 모색을 위한 업무협의('16. 7. 8.(금) 15:00, 경기도청 교육정책과 사무실) 방안을 보고드림

❑ 현황 및 문제점

○ **(현황)** 경기교육주민참여협의회 구성을 위해 '15년부터 수차례 경기도에 협조를 요청하였으나 **무대응*으로 일관**하고 있어 현재까지 답보 상태

* 경기도는 경기교육주민참여협의회 자문·심의결과를 정책에 반영하는 것에 부담을 가지고 있어 협의회 구성 단계부터 비협조 입장을 견지

- 교육감 취임 2주년 기자간담회('16. 6. 29.(수))에서 임기 후반기 과제 중 '경기교육주민참여협의회 활성화'가 대두됨에 따라 조속한 협의회 구성 필요

○ **(문제점)** 경기도가 비협조 입장을 계속 견지하여 교육청 단독으로 경기교육주민참여협의회를 구성·운영하게 될 경우, 당초 **조례의 취지***를 **무색**하게 하는 행정을 초래할 가능성

〈그림37〉 목적이 명확한 보고서 예
(출처: 경기도교육청, 앞의 문서)

결재권자는 보고서의 목적을 읽으면서 자신의 역할을 명확히 인식하게 된다. 예를 들면 결재권자는 다음과 같이 어느 부분에 주안점을 둘지 미리 생각하며 읽을 수 있다는 말이다.

'이번 국정감사 때 누리과정 예산지원과 관련된 구두 답변이 국회의원들에게 전달이 잘 안되었어. 서면 답변서에서 좀 더 디테일한 설명을 할 필요가 있지. 그 부분을 유심히 봐야겠군.'

'서면답변서는 행정청의 입장에서 작성되어야 하는데, 이 문서는 보조기관의 입장에서만 작성되었군. 좀 더 거시적인 측면에서 작성하도록 지시를 해야겠어.'

앞 페이지의 문서는 경기도와의 업무협의 전략 보고를 목적으로 명시했다. 기관 간 업무협의를 위해서 사전에 전략을 만들고 프레임을 결정해야 주도권을 가지고 협상할 수 있다. 그런데 이러한 전략은 실무자, 중간 결재권자, 결재권자(협상자) 각각 바라보는 시각이 다를 수밖에 없다. 따라서, 이러한 종류의 보고서는 기관의 의견을 정립하기 위해 매우 중요하고 필수적이라 할 수 있다. 실무자는 자신의 전문성을 담아 디테일하고 설득력 있게 보고서를 만들되, 협상 전략의 장단점을 명확히 정의해야 한다. 마찬가지로 중간 검토자는 실무자의 보고서를 검토하여 결재권자의 입장에서 미진하거나 보완할 것은 없는지를 검토하여 지시하여야 한다. 그리고 협상을 통해 내어 줄 것과 반드시 획득해야 할 것이 무엇인지를 협상권자(결재권자)에게 보고하여야 한다. 그 보고서를 바탕으로 협상권자(결재권자)는 정점에서 협의를 위한 전략을 최종 검토하여 전략을 마무리하되, 새로운 접근법이 필요한 경우 다시 해당 관점의 검토를 지시할 수 있다.

자연의 모든 생명체는 태어난 이유가 있고 그 쓰임에 맞는 역할을 줬을 때 드디어 빛을 발한다. 목적 있는 삶이 중요한 이유다. 보고서 작성도 마찬가지다. 보고서가 빛을 내기 위해서는 보고의 목적이 명확해야 한다. 그래야 결재권자의 눈도 반짝거리게 만들 수 있다. 보고서의 목적이 분명하면 그 목적에 맞는 문제해결방안도 찾을 수 있다. 그러면서 '문제해결 능력'도 길러진다. 목적이 분명하지 않으면 보고의 내용이 불분명해진다. 내용이 불분명하고 모호하면 관리자로부터 암묵적으로 책임 회피적 사람이라고까지 비칠 수 있다. 보고의 목적이 중요함은 이제 두말할 나위가 없다. 목적이 내용과 형식을 결정함을 기억하자.

목적 없는 보고서는 결재권자에게
전달하고자 하는 것이나 설득하고자 하는 바를
명확히 전달할 수 없다.

1. 보고서는 본질적으로 정보를 정리하고, 이를 통해 결재권자에게 중요한 사실, 분석 결과, 제안 등을 명확히 전달하는 도구다. 이러한 과정에서 보고서의 목적은 중요한 역할을 한다.

2. 보고서에 목적이 없다면 그 내용은 방향성을 잃어버릴 가능성이 높다. 이로 인해 결재 권자는 어떤 정보가 중요한지, 어떤 결론을 도출해야 하는지 판단하기 어려워진다.

3. 불분명한 목표 아래 작성된 보고서는 필요한 정보를 정확하게 제공하지 못하며, 이에 따라 결재권자가 올바른 판단을 내리기 위해 필요한 통찰을 제공하지 못하게 된다.

목차 구성과 논점 설정의 중요성

책의 내용을 대강 알려면 목차만 봐도 충분하다는 말이 있다. 이 말의 뜻을 제대로 이해하려면 먼저 목차의 정의를 알아야 한다. 목차란, '목록이나 제목, 조항 따위의 차례'를 말한다. 그렇다면 목차의 정의 속 제목의 정의는 무엇인가? 제목이란, '작품이나 강연, 보고 따위에서, 그것을 대표하거나 내용을 보이기 위하여 붙이는 이름'을 말한다. 따라서 목차와 제목의 정의를 보고서 작성의 관점에서 보자면 '보고서의 내용을 대강 알려면 목차만 봐도 충분하다.'라는 결론을 얻는다. 그런데 조금만 더 다르게 생각해 보면 보고서를 작성하는 사람의 입장에서 목차를 만들 때 '보고서의 내용을 대강 알게 하려면 목차를 어떻게 구성해야 할까를 고민해야 한다'는 것을 알 수 있다. 목차만 보고 결재권자가 그 보고서의 내용을 파악하게 하는 것, 그것이 보고서 작성에서 목차 구성이 중요한 이유다.

목차가 중요한 이유는 또 있다. 목차가 보고서 작성의 나침반 역할을 한다는 점이다. 일반적으로 어떤 사람에게 "나침반 역할을 했다."
내지는 "나침반이 되었다."라는 말을 하는 경우 이는 곧 한 분야에서
중요한 성과를 이뤄서 다른 사람들에게 기준이나 모범이 되었다는 것
을 의미한다. 즉, 방향을 가리키는 성질을 가진 나침반의 특성을 드러
내 은유적으로 표현한 것이다. 보고서에서 목차도 나침반 역할 또는
기능을 한다. 목차를 잘 구성하고 보고서를 작성하면 내가 현재 작성
하는 보고서의 위치가 어디쯤인지 알 수 있다. 이뿐만이 아니다. 훨씬
체계적인 보고서 작성이 가능하다. 중언부언하거나 일관성이 없는 내
용을 주장하는 문제도 미리 방지할 수 있다.

목차 구성과 함께 빼놓을 수 없는 것이 있다. 논점을 정하는 것이
다. 모든 보고서 작성은 기 - 승 - 전 - 결, 서론 - 본론 - 결론, 도입 - 전
개 - 결말과 같은 구조를 갖는다. 이러한 구성이 뼈대를 만드는 작업이
라면 이 뼈대에 살을 붙이는 작업인 문서의 원형을 만드는 것은 논점
을 정하는 과정이다. 뼈대에 붙이는 살에 해당하는 논점은 전달하고자
하는 메시지를 말한다. 뼈대와 뼈대에 붙이는 살은 따로 떼어서 생각
할 수 없듯이 목차와 논점도 그러하다. 논점이 명확한 목차가 있어야
훌륭한 보고서라 할 수 있다.

보고서의 목차와 논점을 개략적으로 구성하면 이를 세부적으로 구
현할 스토리라인(storyline)과 스토리보드(storyboard)가 필요하다. 스토
리라인이란 작성된 목차에서 말하고자 하는 내용은 요약해서 기술한
것을 말한다. 즉, 해당 목차에서 말하고자 하는 내용이 무엇인지를 분
명히 밝혀 답을 적는 것이다. 핵심은 절대 추상적이어서는 안 된다. 명

Ⅰ 추진 배경 → 목차

① **총액인건비 기준 마련에 대한 중앙-지방 간 갈등** → 목차 내용

시도교육청 인력 및 조직 관리 규정이 행정 수요에 제대로 대응할 수 있는 기준을 마련하는지에 대해 중앙·지방 간 갈등 ⟹ 스토리라인

② **행정수요의 양적 · 질적 변화에 유연한 부응 요구** → 목차 내용

시·도별 교육 여건 및 지역적 특성 등 행정수요의 양적·질적 변화에 유연한 부응 요구 ⟹ 스토리라인

〈그림38〉 목차와 스토리라인

확한 메시지를 전달해야 한다. 메시지는 의견 또는 주장, 사실 요약, 결론이 될 수 있다.

스토리라인이 전달하고자 하는 메시지라면, 스토리보드란 스토리라인에 대한 전개 방법을 어떻게 나타낼 것인지 결정하고 전체 모습을 스케치한 것이다. 즉, 전달하고자 하는 메시지는 주 메시지이므로 이를 뒷받침해 주는 하위 레벨 단계에서 어떤 논거를 어떻게 풀어서 설득력 있게 작성할지를 결정하는 것을 말한다. 다음 예제는 도식화하지 않고 논리 전개를 어떻게 할지 스토리보드로 고민한 후 작성한 결과다. 만약 인포그래픽 등의 도식화가 필요하다면 스토리보드를 작성하는 것이 보고서 작성에 훨씬 더 큰 힘을 발휘할 수 있다.

이처럼 목차 구성을 결정하고 논점을 정하여 보고서를 작성하는 것을 습관화하면 '커뮤니케이션 능력'에도 많은 도움이 된다. 목차 구성

I 추진 배경 → 목차

→ 목차 내용 + 스토리라인

1 시·도교육청 인력 및 조직 관리 규정이 행정 수요에 제대로 대응할 수 있는 기준을 마련하는지에 대해 중앙-지방 간 갈등

○ 지방교육행정기관은 자율성을 전제로 합리적 조직으로 발전해야 한다는 규범적 정당성*에 중앙정부나 지방교육행정기관 모두 동의

* **(규범적 정당성)** 조직관리 책임성 확보, 조직 효율화, 현장중심의 조직개편, 재정건전성 등

○ 그러나 이를 실현하기 위한 내용적 타당성, 즉 **행정수요에 대응하기 위한 인력 산정 방법에 대해서는 중앙-지방 간 고민과 갈등이 반복**

- **(중앙)** 인력재배치 등 효율성 지향의 지방교육자치를 실현하면서, 중앙정부에 의한 통제의 타당성을 높이는 방안을 고심

- **(지방)** 기하급수적으로 증가하는 지역현안수요에 대한 이해가 낮아 중앙부처가 인력증가에 불필요한 통제를 한다는 입장

스토리보드

2 시·도별 교육여건 및 지역적 특성 등 행정수요의 양적·질적 변화에 유연한 부응 요구 → 목차 내용 + 스토리라인

○ **(행정수요의 양적 팽창)** 택지개발지역 인구증가, 지역경제 수준 발전, 복지서비스 확대 요구 등으로 인해 행정수요가 양적으로 팽창

○ **(행정수요의 질적 다양성)** 인구·산업 구조의 변화, 보편적 복지에서 차별적 복지로의 세분화 등으로 행정수요의 질적 다양성 증가

○ **(공공서비스 기대수준 상승)** 과거에 비해 주민의 인지수준이 높아지고 시민성이 발달함에 따라 공공서비스에 대한 기대수준도 상승

스토리보드

〈그림39〉 목차와 스토리라인 및 스토리보드

은 보고서의 전체적인 흐름과 구조를 결정하므로 논증을 펼칠 수 있게 되는데 이러한 과정은 커뮤니케이션 능력을 향상시키는 데 중요한 역할을 한다. 왜냐하면 명확한 구조를 가진 보고서는 커뮤니케이션을 원활하게 하고 이해를 돕기 때문이다. 또한, 목차 구성을 통해 논점을 정하는 것은 생각을 체계적으로 정리할 수 있어서 문제를 명확하게 인식하고 적절한 해결책을 찾아내는 데 도움이 된다.

목차 구성을 결정하고 논점을 정하는 것은 보고서의 구성 방법, 문단 작성, 문장 작성으로 완성되기 때문에 마지막으로 이 부분을 말하고자 한다. 보고서의 구성은 결국 논리적으로 보고서의 목차를 작성하는 것을 의미한다. 보고서는 두괄식으로 구성하므로 '민토 피라미드'를 이용할 줄 알아야 한다. '민토 피라미드'는 바바라 민토가 개발한 문서 작성 프레임워크인데, 핵심 주제를 중심으로 세부 주제들이 피라미드 형태로 MECE하게 분류한 형태를 말한다. MECE에 대해서는 앞의 장[25]에서 자세히 다뤘으므로 여기서는 설명을 생략한다. 피라미드 형태로 보고서를 구성하기 위한 세 가지 원칙은 다음과 같다. 첫째, 어떤 계층에 있는 메시지이든 하위 레벨에 있는 메시지를 요약해야 한다. 둘째, 같은 레벨 내의 메시지는 항상 동일한 종류여야 한다. 셋째, 같은 레벨 내의 메시지는 항상 논리적 순서(일정한 규칙)로 배열해야 한다.

문단은 하나의 주제를 설명하기 위해 관련된 문장을 결합한 것이다. 글을 내용이나 형식을 중심으로 크게 끊어 나눈 단위라고도 한다. 문단을 잘 나눈 보고서는 결재권자에게 새로운 주제가 시작된다는 것을 명확하게 알 수 있게 하며, 잠시 쉬어가는 템포라는 힌트도 줄 수 있다. 따라서 문단을 잘 나눌수록 결재권자를 배려한다고 할 수 있다. 이러한 문단을 작성하는 기본 원칙은 하나의 단락에서는 하나의 주제만을 다뤄야 한다는 것이다. 만약 하나의 문단에 2개 이상의 주제를 다루거나, 하나의 주제를 2개 이상의 단락에서 다루게 되면 결재권자

---

25. 3장 한 장으로 생각 정리하는 법 – 브레인스토밍으로 생각을 효과적으로 연결하기

의 생각을 혼란스럽게 할 가능성이 높다. 결재권자의 머릿속에서 정리가 안 되면 결재 시간 비용이 증가하고 무능한 기안자라는 이미지마저 각인시킬 수 있다.

문단을 구성하는 기본단위인 문장은 하나의 논리를 전달하기 위한 최소한의 기술 단위로 불리곤 한다. 보고서 작성에서 적절한 문장의 길이는 글자 15포인트, 좌우 여백 20밀리미터 기준으로 2줄이다. 부득이한 경우라도 절대 3줄을 넘겨서는 안 된다. 문장을 작성할 때는 다음 사항을 고려해야 한다.

첫째, 한 문장에는 하나의 논리만을 포함하되 반드시 단문을 사용한다.

"연애편지를 쓸 때는 각종 미사여구를 포함해 따뜻한 마음을 전달하기 위해 중문, 복문을 사용하는 것이 필요하겠지만, 보고서에서는 단문을 사용하는 것이 보고서를 작성하는 사람이나 보고서를 읽는 사람 모두에게 유익하다."

따옴표에 쌓인 위의 문장은 보고서에서 지양해야 할 형태다. 복문이 쓰였기 때문이다. 읽는 사람이 끝까지 긴장을 놓을 수 없도록 하기 때문에 이해하는 데 에너지 소모가 크다. 차라리 다음과 같이 쓰는 게 더 낫다.

"연애편지는 중문이나 복문을 사용하는 게 좋다. 상대방에게 나의 감정을 기 - 승 - 전 - 결 형태의 긴장감을 주면서 전달할 수 있기 때문이다. 그러나 보고서는 다르다. 보고서는 사실과 주장 전달이 목적이므로 결론을 명확히 파악할 수 있는 단문이 좋다."

둘째, 능동태로 작성하되 긍정적으로 전달한다. 능동태의 문장은 더 긍정적이고 문장을 힘 있게 만들어 주는 효과가 있다. 다음의 예를 보면 어떤 문장이 민원인에게 호감으로 다가오겠는가?

〈1안〉 "행정서비스는 토요일과 일요일에는 제공되지 않습니다."
〈2안〉 "우리 기관은 월요일부터 금요일까지 쉼 없이 행정서비스를 제공합니다."

셋째, 직접적인 표현을 사용해 작성자의 의견을 명확하게 드러낸다. 상당수의 보고서는 '~할 수도 있음', '문제가 많이 발생', '대응책이 필요할 수 있음' 등의 모호한 표현을 사용하고 있다. 어떤 문제가 발생할 수 있는지, 대응책이 필요한지를 명확히 한 후 필요하다면 어떤 대응방안이 있는지 열거해야 한다.

업무 수행 과정에서 기안자는 알고 있는 지식이나 정보를 공유하거나 설득함으로써 기안자 자신은 물론 보조기관이나 기관장의 의사결정을 돕는다. 이처럼 보고서는 공식적 의사소통을 위한 필수 매개체로서 정책에 영향을 미치고 보고서 자체가 성과물이 된다. 보고서는 그 자체로 완결성을 지녀야 한다. 문제를 제기하기는 쉽다. 문제를 어떻게 해결할 것이고 어떠한 전략으로 접근할 것인지가 담겨야 한다. 그것이 담당자의 역량이고 의사결정권자의 짐을 덜어줄 수 있는 길이다.

목차 구성이 뼈대 만드는 작업이라면 이 뼈대에
살을 붙이는 작업은 논점을 정하는 과정이다.

**논점은 전달하고자 하는 메시지를 말한다. 논점이 명확한 목차가 있어야 훌륭한 보고
서다.**

1. 명확한 목차는 보고서의 구조화된 정보를 제공한다.
목차를 통해 보고서의 내용과 구성 요소가 명확히 표시되어, 결재권자는 보고서의 전
반적인 내용과 각 단락의 중요한 논점을 파악할 수 있다.

2. 명확한 목차는 보고서 내의 특정 정보를 찾거나 참조하는 데 도움이 된다.
목차를 통해 관심 있는 내용이 어디에 위치하는지 알 수 있으며, 필요한 정보에 빠르게
접근할 수 있다. 이는 보고서의 활용성과 효율성을 높여준다.

3. 명확한 목차는 보고서의 논리적인 구성과 일관성을 유지하는 데 도움을 준다.
목차를 통해 보고서의 주요 논점과 하위 항목이 명확하게 정리되어 있으면, 결재권자는 보
고서의 흐름을 이해하기 쉽고, 정보의 누락이나 중복이 없는지도 쉽게 검토할 수 있다.

피라미드 형태 보고서 구성 원칙을 이해하자.

1. 어떤 계층에 있는 메시지이든 하위 레벨에 있는 메시지를 요약해야 한다.
이는 보고서의 구조적인 특징으로, 상위 계층의 메시지는 하위 계층의 핵심 내용을 요약
하고 전달하는 역할을 한다. 이를 통해 보고서의 전체 메시지가 명확하게 전달되며, 결
재권자는 중요한 내용을 쉽게 파악할 수 있다.

2. 같은 레벨 내의 메시지는 항상 동일한 종류여야 한다.
이는 보고서의 일관성과 가시성을 높여준다. 동일한 종류의 메시지는 동일한 유형의 정
보를 담고 있으므로, 결재권자는 보고서를 읽는 동안 일관된 방식으로 정보를 처리하고

이해할 수 있다.

3. 같은 레벨 내의 메시지는 항상 논리적 순서(일정한 규칙)로 배열해야 한다.

이는 보고서의 구조적인 흐름을 유지하고 결재권자의 이해를 돕는 역할을 한다. 논리적 순서는 일정 규칙에 따라 정렬되어야 하며, 이러한 규칙은 보고서의 내용을 차례대로 따라가며 정보를 파악하는 데 도움을 준다.

다이어그램을 활용한 정보 정리법

나는 '보고서를 더 잘 작성하기 위해서는 어떻게 해야 할까?'를 고민할 때가 있다. 그러면 항상 결론은 하나다. '더 다양한 분야를 공부해야 한다는 것'이다. 그리고 그 다양한 분야 중에 심리학에 대해서까지 생각의 파장이 미치게 된다. 결국 내가 만든 보고서는 상사, 부서장, 기관장의 결재를 받아야 하고, 결재를 받기 위해서는 그들의 마음을 훔쳐야 하며, 마음을 훔치려면 인간 깊숙이 내재한 심중의 기재를 흔들어야 하기 때문이다.

2017년 4월경의 일이다. 당시 조직 정원(定員)과 관련된 보고서를 작성하고 있었다. 어느 정도 초안이 완성된 후 TF팀장(고용환 사무관)은 보고서의 첫인상이 중요하니 추진배경을 도식화했으면 좋겠다는 의견을 제시했다. 팀장의 의견을 듣고 파워포인트를 이용해 추진배경을 눈에 선명하게 들어오도록 바꿨다. 보고서의 필요성을 설득할 수 있도록, 수치화할 수 있는 환경변화 자료를 차트(chart)로 표시하여 팀장과 내가 모두 만족했던 기억이 있다.

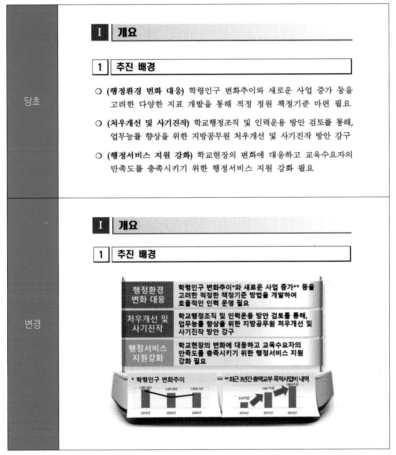

〈그림40〉 다이어그램을 추가한 보고서 예

앞서 말했던 심리학에 대해 다시 돌아가 보자. 직장에서 보고서는 개인의 얼굴이라 할 수 있다. 결재가 완료된 보고서는 해당 부서의 얼굴이며, 대외적으로는 그 기관의 얼굴이 된다. 이미지 메이킹의 중요성과 첫인상의 심리학을 보고서와 비교해서 살펴보자. 이미지란 행동,

표정, 말투 따위를 보고 상대방이 나를 평가하는 모습을 말한다. 상대방의 인식이 어떻게 형성되는지에 대한 조사결과를 보면, 첫인상의 의사전달 매체 중 가장 중요도가 높은 것이 시각적 요소(55%)이며, 다음이 청각적 언어(38%), 언어적 요소(7%) 순[26]이라고 한다. 인터넷 시대에 익숙할수록 장문의 글에 약하기 때문에 정보의 시각화가 중요하다. 솔직하게 말하면 긴 글은 안 보기 때문이다. 보고서도 이러한 시대의 흐름을 따라 시각화를 하여야 한다. 다만, 보고서는 핵심 메시지 전달이 중요하므로 이를 목적으로 사용하는 게 필요하다. 정말 필요한 도식화는 한 번에 보고서를 이해할 수 있는 힌트를 준다.

그렇다면 다이어그램을 만들 때는 어떻게 하는 게 효과적일까? 결론부터 말하자면 필요한 다이어그램은 각자 나름대로 미리 만들어 두어야 한다. 아니면 이미 만들어진 다이어그램을 활용해서 사용해야 한다. 그 이유는 세 가지다. 첫째, 정형화된 다이어그램은 이미 오랜 기간 사용되면서 그 형태가 다양한 분야에 적용할 수 있도록 검증이 되었기 때문이다. 검증되었다는 것은 보고서 결재권자들이 이해하기 쉬운 형태라는 것을 의미한다. 둘째, 보고서 작성 시간을 단축해야 하기 때문이다. 보고서 작성자는 한정된 시간에 핵심 메시지와 논리를 담아야 한다. 그게 제일 중요하므로 온 역량을 거기에 쏟아야 한다. 만약 자신의 핵심 메시지와 논리를 다이어그램으로 만드는 데 부족함이 있다면 오히려 다이어그램의 형식에 맞출 수 있도록 핵심 메시지와 논리를 수정하는 게 나을 수도 있다. 셋째, 이미 만들어진 다이어그램에는

26. http://www.hkrecruit.co.kr/news/articleView.html?idxno=14245

보고서를 보는 사람을 설득하기 위한 다양한 법칙이 내재되어 있다. '3의 원칙',[27] 'Z 법칙',[28] 'KISS'[29] 등이 그러하다.

　시각화가 설득력을 가지려면 어떻게 해야 할까? 나는 꼭 필요한 시기에만 써야 한다고 생각한다. 글의 흐름과 비교해서 굳이 필요 없는 다이어그램 사용은 한눈에 티가 난다. 대련을 할 때 필살기는 필요한 순간에 해야 그 위력을 발휘한다. 자주 사용하는 필살기는 이미 필살기가 아니다. 이처럼 보고서의 디자인에만 역량을 쏟다 보면 내용이 빈약하여 변죽만 울리는 경우가 있다. 그런 보고서들은 대번에 눈에 띈다. 보고서 작성을 잘하고 싶어서 노력을 하다보면 단계를 밟게 된다. 아무것도 모른 채 보고서를 작성하다 디자인의 필요성을 알게 되는 시기가 오면 어느 순간 자신이 가진 에너지의 50% 이상을 보고서 디자인에 쏟게 된다. 그런데 그러다가는 더 중요한 보고서의 논리와 핵심 메시지를 놓칠 수도 있다. 보고서의 내용이 탄탄해야 시각화, 도식화, 내지는 다이어그램이 설득력을 갖게 된다. 보고서를 시각화할 때 이 부분을 가장 먼저 염두에 두자.

　마지막으로, 정보의 시각화에 대해 첨언하고 싶다. 다이어그램을 사용해 정보를 정리할 때는 살아 움직이는 보고서가 되어야 한다. 다

---

27. 사람들은 세 가지 정보를 줬을 때 가장 쉽게 받아들이고 가장 쉽게 기억한다는 것.

28. 사람이 무언가를 눈으로 보았을 때, 그 전체를 파악하고자 사람의 시선이 Z 모양으로 움직인다는 법칙.

29. Keep It Simple & Short.

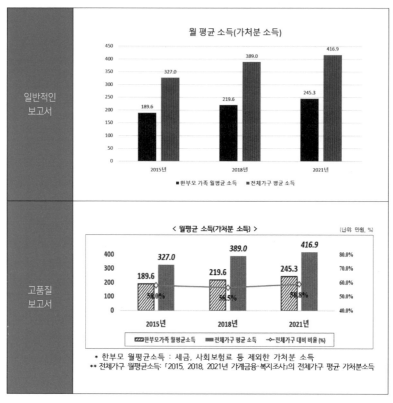

〈그림41〉 다이어그램 작성 관련 일반적인 보고서와 고품질 보고서 예
(출처: 정보공개포털, 〈제1차 한부모가족정책 기본계획(2023~2027)〉,
여성가족부 가족지원과 – 1761호, 2023. 4. 10.)

이어그램을 사용해 정보를 전달하는 것에도 작성자의 배려 정도에 따라 크게 달라질 수 있다. 보통의 평범한 사람들은 수치데이터를 차트로 표시하거나 디자인적 요소를 가미해서 보는 사람에게 '신경 써서 만든 보고서네!'라는 느낌을 전달한다. 그러나 나는 조금만 더 나아가, 복잡하거나 생각하기 싫어하는 인간의 심리를 고려해 다이어그램을 만들기를 권유한다. 즉, 내가 전달하고자 하는 도식화 이면의 숨겨진 의미를 표현하겠다는 구상을 두고 만들어야 한다는 것이다. 뭔가 만드는 사람은 머릿속에 항상 구상을 한다. 그리고 그것이 표현될 때는 (전달 기술이 충분히 있다는 전제하에) 작성자가 구상한 것이 자신도 모르는 사이에 그대로 읽는 사람의 머릿속으로 전달이 된다. 이면의 숨겨진 의미를 표현하겠다는 생각이 있어야 살아 움직이는 보고서가 된다. 이러한 수준이 되기 위해서는 눈에는 보이지 않는 '커뮤니케이션 능력'이 필요하다. 그것이 곧 일반적인 보고서가 아니라 고품질의 보고서 작성을 완성하는 방법이다.

이미 만들어진 다이어그램을 활용해야 하는 이유

1. 정형화된 다이어그램은 이미 오랜 기간 사용되면서 그 형태가 다양한 분야에 적용할 수 있도록 검증되어 있기 때문이다.

다이어그램은 정보를 시각적으로 전달하는 도구로서, 프로세스, 시스템, 조직 구조 등 다양한 분야에서 사용된다. 이미 검증된 다이어그램은 해당 분야의 전문 지식과 경험을 반영하고 있어, 보다 정확하고 효과적인 정보 전달을 가능하게 한다.

2. 정형화된 다이어그램은 보고서 작성 시간을 단축할 수 있기 때문이다.

다이어그램은 이미 구조화되어 있으며 필요한 정보를 시각적으로 나타내므로 보고서 작성에 소요되는 시간을 줄일 수 있다. 이미 만들어진 다이어그램을 활용하면 보고서의 구성과 내용을 빠르게 정리하고 전달할 수 있어, 효율적인 업무 처리를 가능하게 한다.

3. 정형화된 다이어그램은 사람을 설득하기 위한 다양한 법칙을 내재하고 있기 때문이다.

정형화된 다이어그램은 시각적인 표현을 통해 복잡한 정보를 간결하게 전달할 수 있으며 직관적으로 이해하기 쉽다. 이러한 특성을 활용하여 다이어그램을 보고서에 포함하면, 결재권자가 보다 명확하게 정보를 이해할 수 있을 뿐만 아니라 보고서의 목적을 달성하는 데 도움이 된다.

목적에 맞는 자료 형식 선택 가이드

사람은 정말 소중한 존재다. 저마다 분명히 이 세상에 태어난 이유가 있다. 자동차의 구성품 중에 그 어느 것 하나 중요하지 않은 것이 없는 것처럼, 우리 사회에서 필요한 그곳에 있어 묵묵히 일하는 사람들은 모두가 소중하다. 공직에서 인사의 요체는 흔히 적재적소(適材適所)라고 한다. 개인의 특기와 경험을 살려 가장 적합한 일을 맡긴다는 뜻이다. 필요한 곳에 적절한 사람을 배치해야 조직이 잘 돌아간다.

보고서도 마찬가지다. 보고서의 종류와 목적에 따라 이를 표현하는 자료의 형식이 적절해야 기관장의 결재를 통과할 수 있는 보고서를 작성할 수 있다. 보고서는 종류에 따라 각자의 목적이 있다. 보고서는 내용에 따라서 정책보고서, 검토보고서, 상황(동향)보고서, 행사(회의)보고서, 결과보고서 등으로 나뉜다. 각 보고서의 종류별로 주안점이 달라서 전개 형태에서 차이가 나며 이는 곧 보고서에 포함되는 자료의 형식도 달라짐을 의미한다. 그러면 목적에 맞는 자료 형식이란 간단히 말해서 무슨 뜻일까? 한 문장으로 말하자면, 결재권자가 이해하고자 하는 것이나 원하는 것을 가장 설명하기 쉬운 자료 형태로 구성한 것을 말한다.

정보를 전달하기 위해서는 다양한 매개체가 사용된다. 텍스트, 인포그래픽, 표(수치, 인터뷰 결과, 설문조사 결과), 사운드, 동영상, 오디오, 사진(그림) 등이 그 예가 될 수 있다. 이러한 매개체는 어느 하나만을 사용해서는 안 된다. 직관적으로 이해하기 쉬운 것들은 텍스트로 표현하되, 이해하기 어렵거나 텍스트만의 단조로운 문서에 새로움이 필요할 때는 적절히 그림, 표, 인포그래픽 등을 사용해야 한다. 만약 파워포인트 발표 보고라면 사운드나 동영상, 사진(그림)도 적절히 활용하는 것이 좋다. 보고서가 텍스트만으로 이뤄진다면 잘 읽히지도 않고 지루한 느낌을 주기 때문이다.

보고서를 만드는 사람은 읽는 사람을 섬세하게 배려해야 한다. 그렇게 만들어진 보고서는 읽는 사람에게 감동을 준다. 다음은 해양수산부의 〈제4차 내수면어업 진흥 기본계획〉('17. 4월)의 일부다.

우리나라 17개 시도의 어종별 양식장 수를 인포그래픽으로 표현하지 않고 텍스트로 표현했다면 어떠했을까? 다양한 정보가 한눈에 들어올 수 있었을까? 보고서에 나타낼 숫자가 많다거나 복잡한 경우에는 인포그래픽을 활용하는 것이 좋다. 인포그래픽은 숲도 보고 나무도 볼 수 있는 장점이 있다. 때에 따라서는 많은 정보를 함축하여 나타낼

<시·도별 주요양식 어종 현황>

어종	특화지역	특화요인
뱀장어	전북, 전남	수온 및 지하수량
송어류	강원도	수온 및 수질
미꾸라지	전북	수온 및 전통성
메기류	전북	풍부한 수량
향어	전북	수온, 토양, 지형
자라	전북, 전남	수온, 수량, 지형
다슬기	전국	소비 (지자체 방류용 수매)

〈그림42〉 인포그래픽 사용 예

(출처: 정보공개포털, 〈제4차 내수면어업 진흥 기본계획〉, 해양수산부 양식산업과-2266호, 2017. 4. 30.)

수도 있다. 적절한 인포그래픽 하나가 창의적인 대안을 마련하는 데
많은 도움이 된다.

다음은 한국방송통신전파진흥원의 〈지상파 재난경보서비스 도입
추진 TFT 운영〉('18. 8월)의 일부다.

이 문서는 지상파 방송을 활용한 재난경보서비스 도입의 효율성을
이해하기 쉽게 이미지로 표현하고 있다. 긴급한 상황에서는 평시와 달
리 112나 119 번호도 기억나지 않음을 우리는 경험으로 안다. 재난경
보와 대처 방법을 문자가 아닌 이미지로 상황을 전달한다면 국민이 이
해하기 쉽고 빠르게 내용을 숙지할 수 있다는 점을 단순히 문자로만
표현한다면 결재권자가 한눈에 알아볼 수 있을까?

〈그림43〉 인포그래픽 사용 예
(출처: 정보공개포털, 〈지상파 재난경보서비스 도입 추진 TFT 운영〉,
한국방송통신전파진흥원 전파자원보상팀 – 835호, 2018. 8. 30.)

보고서 내 의미 있는 인포그래픽(또는 그림, 사진 등)은 수백 페이지의 글보다 가치 있는 경우가 종종 있다. 나는 세 가지 이점이 있다고 생각한다. 첫째, 압축된 핵심 내용을 전달할 수 있다. 전달할 내용을 인포그래픽 등에 함축함으로써, 설명해야 하는 많은 글자 수를 줄일 수 있다. 둘째, 가독성이 향상된다. 글자만으로 이루어진 보고서는 지루하다. 재미도 없다. 이미지는 우뇌를 자극해 다양한 해석을 가능케 하며 그 과정에서 재미를 가져온다. 셋째, 결재권자의 집중력을 끌어낼 수 있다. 결재권자도 사람이다. 글자는 내포된 의미를 이해해야 하는 매개체이므로 높은 집중력을 요구한다. 보고서 내 이미지, 인포그래픽 등은 직관적 의미 전달을 쉽게 하므로 뇌의 피로도를 낮추고 결과적으로 보고서의 본질적 내용에 집중할 수 있는 이점이 있다.

○ 총액인건비제 최초 시행('13년) 당시 마련한 기준인원과 인건비 단가
('11년 인건비 세출 결산예)가 다음연도에 되풀이하여 영향을 미치는 구조*를
갖고 있어 지방교육행정기관의 탄력적인 조직·인력 창설에 한계
• (총액인건비 산정방식) 총액인건비 = 기준인원 × 인건비 단가
- (기준인원) 전년도 기준인원을 기준으로 기타 수요(국가정책수요 등) 반영
- (인건비 단가) 전년도 인건비 단가를 기준으로 처우개선율 반영

- 전년도 기준인원과 인건비 단가에 결원보충·국가정책수요 등을
반영하였기 때문에, 현 시점의 인력 구성과의 정합성이 낮음*
* 지방정부의 인력·조직 관련 연구 자료(정명은·이종수, '16.12., 한국지방자치학회보) 발췌
"인구증가 및 신규 지역현안수요·국가정책수요 등은 폭발적으로 증가하고 있으나, 매년
기준인건비는 소폭 상승(물가상승률 반영)하고, 지역현안수요에 대한 기준인력에
대하여는 소극적으로 반영함에 따라 적시적인 행정대처가 어렵다."
- 2016. 6. 22. M 기초자치단체 조직관리담당 질의서 응답

〈그림44〉 FGI(Focus Group Interview) 인용 예
(출처: 경기교육행정포럼, 〈지방교육자치 내실화를 위한 총액인건비제 및 행정기구 개선방안〉,
경기교육행정포럼 자료집, 2019)

위는 경기교육행정포럼에서 필자가 발표한 〈지방교육자치 내실화를 위한 총액인건비제 및 행정기구 개선방안〉('19. 2월)의 일부다.

주장만 있고 근거가 없다면 허풍에 불과하다. 보고서는, 총액인건비 산정은 전년도 기준인원과 인건비 단가에 결원보충·국가정책수요 등을 반영하였기 때문에 현시점의 인력 구성과의 정합성이 낮다고 주장한다. 그리고 이를 뒷받침하기 위해 연구자료의 FGI(Focus Group Interview)[30]를 일부 발췌하여 주장에 대한 객관적 타당성을 제고하고 있다. 총액인건비는 지방교육행정기관에만 도입된 제도가 아니라, 중

---

30. 특정 주제나 문제에 대해 집단 인터뷰를 통해 의견과 경험을 수집하는 방법. 일반적으로 작은 그룹(5~10명)의 참여자들로 구성된다. FGI는 조사자나 연구자가 특정 주제에 대한 인사이트를 얻기 위해 사용되는 효과적인 방법이다.

앙부처에 여전히 적용되는 제도이며, 지방자치단체는 2013년까지 해당 제도의 틀 안에 있었다. 지방자치단체는 2014년부터 기준인건비제를 도입하고 있으나 총액인건비제와 크게 다르지 않다. 따라서, 동일한 제도를 도입하여 운용 중인 기관을 대상으로 한 연구용역 자료를 빌려 객관적인 타당성을 높이고자 한 것이다. 이처럼 연구용역 자료도 보고서 목적에 맞는 자료 형식이 될 수 있다.

잘 쓴 보고서와 못 쓴 보고서의 차이는 여러 가지를 지적할 수 있다. 다만, 보고서는 결재권자의 마음을 훔쳐야 한다는 본질적 측면에서, 보이지 않는 '커뮤니케이션 능력'이 중요하다고 할 수 있다. 아무리 복잡하고 어렵고 까다로운 보고서라 하더라도 재미가 있으면 몇 번이고 읽을 맛이 난다. 그러나 지루한 보고서는 아무리 획기적인 내용을 담아도 보고서를 읽는 사람의 눈에 들어오기 힘들다. 보고서는 각각의 자료 형식을 적절하게 배합해야지 이미지를 빈번히 사용한다든가, 간단히 두 줄이면 정보 전달이 됨에도 불구하고 굳이 인포그래픽을 사용해 공간을 채운다는 느낌이 들게 해서는 안 된다.

보고서는 전달하고자 하는 목적을 위해 최대한 간단히 알기 쉽게 설명하는 것이 최고다. 상대방과 대련하는 데 불필요한 움직임은 공격의 빌미가 될 뿐이다. 자질구레한 움직임보다 필요할 때 적절한 한 방이 필요하듯이, 보고서도 필요한 내용만 들어가는 게 최고다.

목적에 맞는 자료 형식이란?

1. 목적에 맞는 자료 형식이란 결재권자가 이해하고자 하는 것이나 원하는 것을 가장 설명하기 쉬운 자료 형태로 구성한 것이다.

따라서 자료의 목적과 내용을 파악하여 최대한 쉽게 이해할 수 있는 형태로 구성하는 것이 중요하다. 결재권자는 보통 다양한 업무와 자료를 처리하므로, 간결하고 명확한 자료 구성은 업무 처리의 효율성을 높일 수 있다.

2. 자료 형식을 결정할 때는 자료의 목적을 먼저 파악해야 한다.

목적에 따라 자료의 형식이 달라질 수 있으며 결재권자가 이해하기 쉬운 형태로 구성해야 한다. 예를 들어, 숫자와 팩트 기반의 주장을 하고 싶다면 표나 그래프가 유용할 수 있으며, 프로세스나 시스템을 설명하려면 흐름도 또는 다이어그램이 좋다.

3. 자료 형식을 결정할 때는 자료의 내용도 중요한 요소다.

자료의 내용이 복잡하거나 기술적인 내용인 경우에는 그림, 표, 차트 등을 활용하여 이해하기 쉽도록 구성하는 것이 좋다. 또한 자료의 내용이 목적과 일치하지 않는 경우에는, 결재권자가 원하는 정보를 포함시켜 자료를 구성해야 한다.

결론을 먼저 서술하는 이유와 방법

　'보고(報告)'는 조직 내에서 상하 계층 간이나 상호 간 또는 기관 상호 간에 법령의 규정과 지시나 명령에 따라 구두, 전화, 전신, 서면 등으로 일정한 의사와 자료를 전달하는 과정을 말한다. 즉, 보고(報告)는 일방적인 통보가 아니라 쌍방이 존재함을 전제하여야 하는 것이고, 쌍방이 있다는 것은 각자의 입장이 고려되어야 한다는 것을 의미한다. 상대방의 수준, 이해력, 위치, 상황, 마음 상태 등을 세심히 고려하여 작성한 문서여야 결정적 한 방을 가진 무게감 있는 보고서를 만들 수 있다.

　그렇다면 보고의 쌍방인 보고자(기안자)와 결재권자 간 입장은 얼마나 다를까? 보고자가 정책보고서를 작성 중이라고 가정해 보자. 잘 알다시피 정책보고서는 대안 마련, 즉 문제해결에 방점이 있다. 보고자는 문제해결을 위해 추진배경, 현황, 문제점, 대안 실행을 위한 구체적과제, 향후계획 등을 밑바닥부터 고민한다. 대안 하나를 마련하기 위해 문제의 본질을 찾고자 끊임없이 고민하는 것이다. 특히 근본적인 해결방안인지 상투적인 책임 회피성 해결방안인지를 끊임없이 숙고한다. 그러다 보니 어느 순간 자신이 만든 보고서에 매몰되어 결재권자에게 핵심 메시지를 전달하는 데 어려움을 겪는 일도 있다. 너무 많이 알아 독이 되는 경우다. 영화 어벤져스에서 타노스가 말했던 '지식의 저주'라고나 할까?

결재권자가 보고서의 핵심내용 설명을 요청하면, 보고자는 자신이 고민한 것들이 어느 순간 모두 중요한 것으로 인식된다. 결재권자에게 구구절절 '배경 – 현황 – 문제점 – 문제로 인식한 이유 – 대안 마련'에 어려웠던 점을 설명하는 실수를 하는 이유도 이것 때문이다. 거기다 설명 도중 결재권자의 굳어진 표정을 보곤 순간 당황해 핵심을 놓치기 일쑤다.

결재권자 입장은 어떠할까? 결재권자는 매년, 매월, 매주 해야 할 정례화 된 일정들이 이미 정해져 있다. 매일 출근하면 결재해야 할 서류들이 올라온다. 간혹 1~2페이지짜리 보고서도 있지만, 붙임물을 포함해 50페이지가 넘는 보고서도 있다. 보고서 내용이 생소하거나 내용을 알아도 꼼꼼히 봐야 할 보고서의 결론이 한눈에 들어오지 않을 때 결재권자의 속마음은 어떨까?

'오늘은 날씨 탓인지 기분도 별로 좋지 않다. 갑자기 사무관과 주무관 한 명이 보고서를 들고 온다. 마음을 다잡고 보고서를 펼쳤다. 읽다 보니 궁금한 내용이 생겨 다시 앞 페이지를 열어보고 뒤 페이지를 넘겨

봤다. 얼핏 보니 보고서 분량이 상당하다. 내용은 많은 데 정작 궁금한 내용은 어디에 있는지 모르겠다. MAS는 무슨 약자이지? 단어에 대한 상세한 설명이 없어 무슨 말인지 모르겠다. 짜증이라는 감정이 밀려오기 시작한다. 표정을 보니 매우 중요한 내용인 것 같기는 하다. 제목을 보고 차례를 봤는데 한눈에 와 닿지 않는다. 시계를 본다. 이런! 30분 후의 회의에 참석해야 한다. 회의 때 인사말씀을 해야 하는데 아직 머릿속 정리가 안 됐다. 지금 올라온 보고서 검토를 빨리 마쳐야 한다. 그런데 전달하고자 하는 핵심 메시지가 뭔지 모르겠다. 안 되겠다 싶어서 보고내용을 요약해서 설명하라고 말했다. 이런 제기랄. 사무관이 보고서를 그대로 읽고 있다. 뭐지? 내가 글자를 몰라서 말한 게 아니란 걸 모르나?'

보고서를 본 결재권자의 생각이 이렇다면 보고자와 결재권자 중 누구에게 문제가 있는 것일까? 결재권자의 눈높이에서 핵심 메시지를 제대로 보고하지 못한 사람에게 잘못이 있을까? 아니면 보고자의 마음을 배려해 찬찬히 보고 내용을 음미하지 않은 결재권자에게 더 큰 잘못이 있을까? "어제는 맞고 오늘은 틀리다."라는 말처럼 정답은 상황에 따라 다르다. 다만 나의 의견을 말하자면, 회사라는 환경을 고려할 때 잘잘못을 가리는 건 큰 의미가 없다고 본다. 설사 시시비비를 정확히 가린다고 한들 그게 또 무슨 의미가 있을까?

회사에서는 의사결정권자의 신념, 주관에 따라 정책이 결정된다. 그것이 계층조직의 특성이다. 말하자면 정부나 지방자치단체(지방교육행정기관 포함)는 보조기관 단위의 행정을 하므로 실무자의 위치는 보조기관을 보조 또는 보좌하는 것에 불과하다. 결재권자가 순간의 잘못된 의사결정을 하였다 하더라도 결국 그것을 바로잡는 것은 실무자의 몫이 아니라 결재권자의 몫이다. 이러한 관점에서 보면 특별한 상황이 아니라면 보고서는 무조건 결재권자의 입장에서 만들어져야 한다. 보고서를 요약해서 설명할 때도 마찬가지의 논리로 접근해야 한다.

그렇다면 결재권자의 입장에서 만든 문서는 어떤 것일까? 답은 명확하다. 결재권자가 항상 하는 말을 생각해 보면 된다.

"그래서! 결론이 뭔데?"

결재권자는 이유나 핑계보다는 결론이 궁금하다. 이유는 그다음이다.

서로 다른 관점에서 작성된 두 종류의 다음 문서를 살펴보자. 이 문서는 행정청 내 설치된 자문기관 근거 조례의 문제점과 건의사항을 보고한 문서다. A 문서와 B 문서의 차이점이 한눈에 안 보일 수도 있다. 가장 큰 차이는 기안자와 결재권자의 의식의 흐름이 다르다는 점이다. A 문서는 기안자 관점에서 의식의 흐름대로 작성한 문서다. 조례의 문제점을 세 가지 지적하는 데, 작성자의 배경지식, 이유, 결론 순으로 제시되어 있다.

먼저 첫 번째 문제점을 살펴보자. 문제점 첫 번째로, 경기도교육행정협의회 설치·운영 조례 제정의 원칙, 즉 헌법과 법령의 범위 안에서 해당 사무에 한하여 제정이 가능하다는 일반론을 먼저 제시하고 있다.

이어서, 경기도교육행정협의회 설치·운영 조례는 교육자치법 제41조에 따라 교육·학예에 관한 사무를 효율적으로 처리하기 위한 목적에 한해 제정되어야 함을 언급했다. 그런데 경기도교육행정협의회 조례는 거버넌스(민-관 협치기구)를 통한 다양한 의견 수렴을 목적으로 하고 있으므로 해당 조문은 법률의 취지와 목적을 벗어난 규정이라는 결론을 도출했다. 나머지 두 개의 문제점 주장 방식도 이와 유사한 구성방식을 하고 있다.

B 문서는 결재권자 의식의 흐름을 반영하여 작성한 문서다. 조례의 문제점을 지적하는 데, 결론부터 알려준다. 그리고 왜 문제로 지적했는지를 풀어서 설명한다. 결재권자 입장에서 가장 궁금한 결론을 먼저 제시하고 그 근거를 차례대로 설명하고 있다. 이러한 설명 기법은 결론을 뒷받침할 수 있도록 논리적으로 문장을 구성하는 것이 중요하다.

첫 번째 문제점을 살펴보면, 경기도교육행정협의회 설치·운영 조례 내 경기교육주민참여협의회의 조문이 법률의 위임 목적·내용·취지를 벗어난 규정이라는 결론을 먼저 제시하고 있다. 이후 법령 체계의 일반론을 언급한 후 조례가 법령 체계의 일반론을 벗어났음을 증명하고, 이하 나머지 두 개의 문제점 주장 방식도 이와 유사한 구성 방식을 하고 있다.

물론 A 문서나 B 문서 모두 장단점이 있다. A 문서는 읽는 이로 하여금 적절한 긴장감을 유발할 수 있다. 결론이 아직 제시되지 않았기 때문에 읽는 이로 하여금 궁금증을 유발할 수 있고, 어떻게 결론이 나는지 흥미를 갖게 할 수 있기 때문이다. 반면에 가장 중요한 결론 부분

구분	내용

〈그림45〉 기안자 의식의 흐름대로 작성한 문서(A)와 결론을 먼저 작성한 문서(B) 비교

249

의 전달이 되지 않기도 한다. 보고서를 읽는 이가 결론을 찾아가는 과정에 주안점을 두다 보니 정작 집중해야 할 결론에서는 힘이 빠질 수 있기 때문이다.

보고서에 정답은 없다. 오늘은 맞고 내일은 틀릴 수 있다. 다만, 적어도 분명한 점은 모든 결재권자는 결론을 가장 궁금해 하며, 알기 쉽고 간결한 문장을 좋아하고, 전달하고자 하는 바가 분명한 보고서를 선호한다는 것이다. 따라서 보이지 않는 '커뮤니케이션 능력'은 매우 중요하다. 보고서를 작성하기가 어려운 이유가 바로 여기에 있다. 결재권자의 선호라는 것이 주관성을 내포한다는 점, 그리고 결재권자는 수시로 바뀐다는 점은 우리가 끊임없이 글을 쓰는 데 정진할 수밖에 없다는 결론에 이르게 한다.

보고서는 결론을 먼저 서술해야 하는 이유는?

1. 결재권자가 가장 궁금해 하는 내용이기 때문이다.

결재권자는 보고서 내용을 파악하기 전에 주로 결론부터 확인하고, 그 후에 이유와 내용을 살펴보는 경향이 있다. 따라서, 결론을 먼저 제시함으로써 결재권자의 궁금증을 해소할 수 있다.

2. 보고서의 이해도를 높일 수 있기 때문이다.

결론을 먼저 읽고 이후에 이유와 내용을 확인하면, 읽는 순서에 따라 정보가 조직화되고, 논리적인 흐름을 파악할 수 있다. 이는 결재권자가 보고서를 빠르게 이해하고 공감할 수 있도록 도와준다.

3. 결재권자에게 강력한 인상을 줄 수 있기 때문이다.

결론이 앞에 있으면 전달하고자 하는 바를 가장 주의를 기울여 읽을 수 있다. 이로써 결재권자가 보고서의 주요 내용을 놓치거나 중요한 포인트를 간과하는 일을 예방한다. 또한, 결론을 먼저 제시하는 것은 보고서 작성자의 전문성과 확신을 나타내어 결재권자에게 강력한 인상을 줄 수 있다.

논리의 일관성, 왜 중요한가?

우리는 논리력이 요구되는 시대에 살고 있다. 이를 뼈저리게 느끼는 사람도 있고 그렇지 않은 사람도 있다. 사람마다 차이가 있겠지만, 대학을 졸업하고 직장인의 삶을 시작한 후 어느 정도 연차가 쌓이다 보면 자신의 직급에 걸맞은 역할을 해 내야 할 때가 온다. 처음 입사했을 때는 직장 상사나 선배가 지시한 대로 움직이면 되지만, 어느 순간 후배도 생기고 일도 조금씩 맡게 되면서 책임감이 크게 다가오게 된다. 이러면서 보고서를 쓸 기회도 많아지고, 회의할 때도 주도적으로 프레젠테이션하는 경우가 생긴다. 사회인이 된다는 것은 이러한 논리력의 필요성을 절감하게 되는 시기를 맞이하였음을 의미한다. 사람마다 환경·시기·장소가 각자 다를 뿐 논리력의 필요성을 절감하는 시기는 반드시 온다.

오늘날의 사회는 우리에게 생각하는 힘, 즉 '논리력'을 요구하고 있다. 자신이 생각하는 것을 상대방에게 제대로 알리고 싶을 때, 나름의 표현이 필요하다. 그때 중요한 것이 '논리력'이다. 과거의 데이터나 지식으로부터 무엇인가 새로운 것을 만들어 낼 때 생각하는 힘인 논리력이 작동한다. 특히 어떤 일의 이치를 이해하거나, 서로 다른 지식을 화학적으로 결합할 때 논리력이 중요하다.

그렇다면 우리나라 사람들이 논리적 사고에 서툰 이유는 무엇일까? 나는 고사성어인 '지음(知音)'으로 답을 하고 싶다. '지음(知音)'이란, 서로 말하지 않아도 속마음을 알아주는 친구라는 뜻이다. 우리나라는 한민족, 단일민족임을 강조하는 민족적 특성이 있다 보니, 확실하게 말하지 않아도 대충 알아들어야 하는 상황이 종종 발생한다. 또한 중구난방의 일방적 의사 표현을 듣는 사람이 알아서(의미를 추정하여) 진의를 파악해야 하는 경우도 많다. 콩떡같이 말하는 것을 찰떡같이 알아들어야 한다. 이러한 문화는 내가 이렇게 말해도 그냥 서로 이해할 수 있을 것이라는 믿음에 기인한다. 좀 나쁘게 말하자면 듣는 사람을 의식하지 않은(또는 배려하지 않는) 데에 그 원인이 있다.

앞에서 나는, 자신이 생각하는 것을 상대방에게 제대로 알리고 싶을 때 나름의 표현이 필요한데 그때 중요한 것이 '논리력'이라고 말하였다. 만약 내 생각을 상대방에게 전달하고자 할 때 '지음(知音)'이 아니라 타인이 근본적인 부분은 서로 알 수 없다는 생각을 전제로 대화한다면, 자기 생각이나 의견을 이해시키기 위해 다양한 방법을 생각하게 되지 않을까? 그래서 보고서는 항상 결재권자의 입장·시각·위치를 고려하여 작성해야 한다.

논리적으로 보고서를 작성하려면 다음의 세 가지를 기억해야 한다.

첫째, 대등 관계다. 보고서는 두괄식이어야 하므로, 자신의 주장이 먼저 나온다. 그때 필요한 것이 자기 생각이나 주장이 옳은 것임을 증명 또는 보강하기 위해 타인의 말을 인용하거나(타인의 비슷한 보고 사례를 예로 들거나) 구체적인 예를 열거해야 하는 경우가 있다. 이러한 것들을 모두 대등 관계라고 하며, 대등 관계로 성립된 것을 논리적인 글이라고 하는 것이다.

둘째, 대립 관계다. 자신이 작성한 보고서가 지금까지 같은 주제의 보고서보다 우수하다는 이미지를 주기 위해 과거 사례와의 차이를 지적하는 차별화 방식을 말한다. 이렇게 대립하거나 대비되는 것으로 자신의 사고방식을 더욱 강조하면 자기 생각을 보다 명확하고 논리적으로 표현할 수 있다.

셋째, 원인규명·인과관계다. 주장에 대한 예를 열거하는 경우 왜 그러한지, 그러한 구체적인 예시가 왜 주장을 뒷받침할 수 있는지에 대한 원인을 규명하는 것이므로 주장에는 설득력이 있다. 또한 구체적인 현상들을 열거한 후 따라서 결론이 이러하다는 식의 주장을 인과관계라고 하는데, 마찬가지로 그런 주장이 설득력을 갖는다.

지금까지, 논리적인 보고서는 왜 필요한지와 논리적인 보고서의 세 가지 원칙에 관하여 이야기했다. 이러한 원칙들을 바탕으로 보고서를 작성할 때 유의해야 하는 것이 '논리의 일관성'이다. '논리의 일관성'

이란 글에서 사고나 추리 따위를 이치에 맞게 이끌어 가는 과정에서 문맥상 앞과 뒤가 잘 연결이 되거나, 의미상 오해의 소지가 없이 처음부터 끝까지 한결같은 성질을 말한다. 정책보고서를 예로 들 경우, 추진배경 – 현황 및 문제점 – 추진계획(개선방안, 대책) – 향후계획이라는 목차를 기본으로, 적절한 접속사를 사용했는지, 논리에 맞게 문장들을 연결했는지를 정확히 살펴야 한다. 사소해 보이는 '쉼표'(콤마, comma)의 사용, '단락 구분'도 보고서의 의미를 제대로 전달하는 데 매우 중요한 역할을 한다. 이뿐만이 아니다. '주장(결론)' – '이유' – '예시' – '강조(주장·결론 반복)'라는 하나의 단락의 형태가 병렬적으로 일관성 있게 펼쳐져야 보고를 받는 사람에게 핵심 메시지가 명확하고 빠르게 전달될 수 있다.

다음은 경찰청의 〈2020년 교통안전 종합대책〉(경찰청 교통안전과-858호, '20년 2. 14.)의 일부다. '1. 추진배경'에서 '20년 교통안전 종합대책을 추진하게 된 배경과 이유를 논리적으로 잘 기술하여 보고서의 개괄적인 내용이 무엇인지를 가늠할 수 있다. 또한, '2. '19년 교통사고 분석'에서 '19년 교통사고 결과를 분석하되 이유와 구체적인 판단 근거를 제시함으로써 전달하고자 하는 내용을 설득력 있게 제시한다.

반면에, 경찰청의 〈경찰관서 민원실 지문인식 시스템 구축계획〉(경찰청 교통기획과-4831호, '18. 8. 16.)과 장애인 권리 보장 및 종합적 보호·지원을 위한 〈장애인 안전 종합 치안대책〉(경찰청 여성청소년과-1569호, '17. 5. 23.)의 일부를 살펴보자.

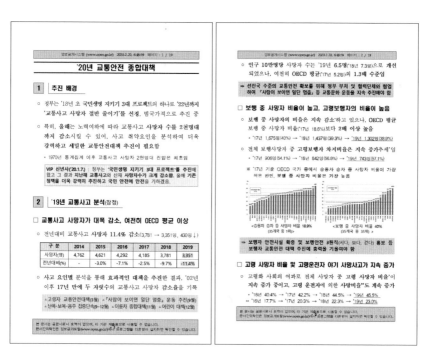

〈그림46〉 논리의 일관성이 있는 문서 예

(출처: 정보공개포털, 〈2020년 교통안전 종합대책〉, 경찰청 교통안전과-858호, 2020. 2. 14.)

〈경찰관서 민원실 지문인식 시스템 구축계획〉 보고서는 크게 세 부분으로 구성되어 있다. '1. 현황 및 문제점' - '2. 세부 추진계획' - '3. 향후계획' 순이다. 이 중에서 '2. 세부 추진계획' 내 하위 단계에서 법령 개정과 지문인식 시스템 구축계획을 언급하였다. 그런데 세부 추진계획 내에서 갑자기 기대효과를 언급한다. 기대효과는 세부 추진계획 내 하나의 꼭지로 비중 있게 목차에 들어갈 사항이 아니다. 문맥의 흐름상 기대효과가 들어가야 한다면 별도 목차에 표시할 필요 없이 본문에 그냥 풀어 쓰면 족하다. 해당 항목과 다른 내용을 작성하는 경우 오히려 궁금증을 유발하고 질문을 하게 만든다. 결재권자가 궁금증이 생

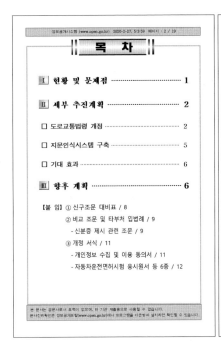
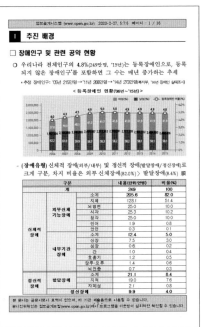

〈그림47〉 논리의 일관성이 다소 모호한 문서 예

(출처: 정보공개포털, 장애인 권리 보장 및 종합적 보호·지원을 위한 〈장애인 안전 종합 치안대책〉,
경찰청 여성청소년과-1569호, 2017. 5. 23.)

기고 자꾸만 질문을 한다면 그 보고서는 잘못 작성한 보고서다.

다음은 〈장애인 안전 종합 치안대책〉 보고서다. 이 보고서에서는
'추진배경'에 담긴 사항의 문제점을 말하고 싶다. '추진배경'의 의의
는 어떤 쟁점 또는 문제인식에서 출발하여 보고서를 작성하려고 하는
지 그 사유 또는 필요성을 분명히 기술하는 데 있다. 그런데 이 문서
는 '추진배경'에 갑자기 '장애인구 관련 공약 현황'을 기술한다. 결재
권자 입장에서는 이런 문서를 읽게 되면 당황스럽다. '추진배경'이라

는 큰 제목을 읽고 나면, 왜 보고서를 작성했는지 사유가 나올 것이라 기대하고 마음의 준비를 하게 되는데, 뜬금없이 공약 현황이 나온다면 보고자의 원래 의도를 파악해 가며 읽어야 하므로 그만큼 독해하는 데 에너지 소모가 더 들게 된다.

보고서에 논리의 일관성이 없으면 결재권자가 보고자의 원래 의도를 파악하는 데 어려움을 겪게 된다. 그뿐만 아니라 문서 내에서 보고자의 숨겨진 의도가 잘 찾아지지 않으면 문서의 신뢰성까지 의심받는 경우가 생길 수 있다. 이는 보고서 작성자의 '커뮤니케이션 능력' 부족으로 인한 결과다. 보고서를 읽는 게 미로찾기 작업이 되어서는 안 된다. 보고서는 올바른 의사결정을 위한 길잡이가 되어야 한다는 점을 명심하자.

논리적으로 보고서를 작성하기 위한 세 가지 방법

1. 대등 관계

이 방법은 결론을 증명하기 위해 인용, 예시 등을 열거하는 방식이다. 즉, 결론을 논리적으로 뒷받침하기 위해서는 그 결론과 관련된 정보나 사례를 인용하거나 예시를 들어서 이를 증명해야 한다. 이 방법은 결론을 명확하게 하여 이해도를 높이는 효과가 있다.

2. 대립 관계

이 방법은 결론을 증명하기 위해 대립·대비되는 것으로 결론을 강조하는 방식이다. 좀 더 쉽게 말하자면 대비되는 아이디어나 정보를 제시함으로써 주장의 힘을 강조하는 데 사용하는 것을 말한다. 반대되는 견해나 정보를 제시하고 그것이 왜 잘못되었는지 설명함으로써 결론이 더욱 타당함을 보여준다. 예를 들어, "A가 아니라 B가 올바른 결론이다."라는 결론을 증명할 때, A와 B의 차이점을 대비하거나 대립시켜서 B의 올바름을 강조하는 방식이다.

3. 원인규명·인과관계

이 방법은 결론을 증명하기 위해 원인을 규명하거나 인과관계로 설명하는 방식이다. 특정 현상의 원인과 결과 사이의 인과관계를 설명하여 결론을 지지하는 데 사용한다. '왜'와 '그래서'라는 질문에 답을 함으로써 복잡한 문제나 현상을 분석하고 해석한다. 예를 들어, "A가 B를 원인으로 하는 C의 발생을 유발한다."라는 결론을 증명할 때, A, B, C의 관계를 인과관계로 설명하거나 원인관계를 규명하여 결론을 논리적으로 뒷받침한다.

적절한 접속사, 쉼표, 단락 구분도 보고서의 의미를 논리 있게 전달하는 데 중요한 역할을 한다.

1. 접속사는 문장과 문장, 단락과 단락을 서로 연결하여 논리적인 흐름을 형성한다.

달리 말하자면 접속사는 문장이나 생각 사이의 관계를 명확하게 만들어 준다. 예를 들어, '그러므로', '따라서'와 같은 접속사는 인과관계를 나타내며, '그러나', '하지만' 등은 대조나 반대 관계를 나타낸다. 이런 방식으로 접속사는 보고서 내에서 정보들이 어떻게 연결되고 상호작용하는지 명확하게 표현해준다. 이는 보고서의 내용을 구조화하고 조직화하는 데 도움을 준다.

2. 쉼표는 문장 내에서 정보가 분리되거나 강조되어야 할 때 사용된다.

쉼표는 문장을 읽을 때 필요한 휴식을 제공하며, 동시에 정보의 흐름을 조직화하고 구조화하는 역할을 한다. 올바른 쉼표 사용은 문장의 의미를 명확하게 해줄 수 있으며 이해도를 향상시킨다. 또한, 적절한 쉼표 사용은 긴 문장을 분리하여 읽기 쉽게 만들어 준다.

3. 단락 구분은 보고서의 내용을 주제별로 체계적으로 정리하는 데 도움을 준다.

적절한 단락 구분은 보고서의 내용을 적절히 조각내어 읽는 이에게 명확한 구조를 제공한다. 각 단락은 특정 주제를 다루며 이를 적절히 구분함으로써 보고서의 의미를 논리적으로 전달할 수 있다.

군더더기 없는 말로
알기 쉽게 작성하는 팁

2020년 12월경의 일이다.

이상민 영민이 형, 진짜 오랜만에 얼굴 본다. 잘 지내고 있었던 거야?
통화만 했지 얼굴은 진짜 오랜만에 본다.

신영민 맞아. 진짜 오랜만이다. 그런데 자꾸 신경이 쓰여서 그러는데.
지난번 나랑 통화했을 때 목소리가 안 좋았잖아? 그때 무슨
일 있었어?

이상민 아, 그때요? 기억나요. 제가 지난달 우리 기관 내 안전보건경영
시스템(ISO45001) 매뉴얼을 제정하는 계획을 수립하고 있었거
든요. 과장님, 국장님 결재까지 다 마치고 마지막으로 시장님
대면 결재를 하러 갔어요. 근데 시장님이 보고서를 쭉 보더니
SOP라는 단어에서 눈길을 멈추더라고요. 그리곤 그게 무슨 약
자인지를 물으셨어요. 그런데 갑자기 머릿속이 새하얘지면서

생각이 안 나는 거예요. 곧바로 답을 못하자 시장님이 벼락같이 소리를 내시면서 담당자가 자신이 쓴 보고서의 단어 약자도 모르냐고 엄청나게 혼내시는 거 있죠.

신영민 SOP? SOP가 뭐지? 아, 혹시 표준작업절차를 말하는 거야?

이상민 네, 맞아요. 표준작업절차. 그런데 SOP는 표준작업절차라는 것만 생각하고 일했지, 그게 무슨 약자인지는 대수롭지 않게 생각하고 보고서에 적었거든요. 그걸 지적하셔서 얼마나 땀이 나던지…….

신영민 엄청나게 당황했겠다.

SOP는 Standard Operating Procedures의 약어로 표준작업절차를 의미한다. 표준작업절차란, 작업의 일관성과 효율성을 높이기 위해 정해진 절차와 방법을 문서화한 것을 말한다. 즉, 조직 내 모든 구성원이 동일한 절차를 따르게 함으로써 안전과 품질을 보장하는 제도다.

나는 안전보건 업무를 직접 담당자로서 해보진 못했지만, 그쪽 계통의 업무를 하는 사람에게는 SOP가 아주 익숙한 단어라고 한다. 상민이는 아마도 으레 SOP란 약어를 실무적으로 써왔기 때문에 보고서에 담았을 것이고, 원래 단어(Standard Operating Procedures)로 풀어서 쓸 일이 없어서 이번과 같은 사건이 생겼을 것이다. 상민이는 인간적이며 좋은 사람이라는 평가를 받는 동생이다. 그러다 보니 다소 충격도 있었을 것이다. 꼭 필요한 내용이거나 보고서를 읽는 사람의 관점에서 궁금할 만한 내용은 없는지 한 번 더 고민하고 보고서를 마무리했으면 좋았을 거라는 생각이 든다.

다음 내용은 내가 공직 생활을 시작한 지 6개월도 안 지난 시보임용[31] 기간 중 작성한 민원 답변서다.

학교에 설치된 전광판에 특정 학원의 광고를 하는 것이 불법인지 여부를 판단함에 있어 적용할 법령은 반드시 하나밖에 없다고 할 수 없고 오히려 법령의 규제목적·입법취지 등에 따라 복수로 존재하는 경우가 많습니다. 따라서 이 경우에 어떤 법령이 적용되어야 할 것인가, 즉 법령 상호 간에 적용 우선순위를 결정할 필요가 있습니다. 이러한 경우 법령 소관사항의 원칙(법령의 종류마다 각각의 법령에 따른 담당분야, 즉 소관사항이라는 것을 정하고 서로 그 분야를 지키게 하여 다른 법령의 분야에 관여하지 않도록 함으로써 처음부터 충돌이 일어나지 않도록 하는 원칙), 법령의 형식적 효력의 원칙(모든 법령은 헌법을 정점으로 하나의 단계적 구조를 이루고 있으므로 둘 이상 종류의 법령이 그 내용에 있어서 상호 모순·저촉하는 경우에는 상위 법령이 하위 법령에 우선한다는 것), 신법 우선의 원칙, 특별법 우선의 원칙에 의거하여 관련된 행정법령을 적용하게 됩니다.

〈이하 생략〉

---

31. 국가공무원법 제29조와 지방공무원법 제28조에 따라 5급 공무원을 신규임용하는 경우에는 1년, 6급 이하 공무원을 신규임용하는 경우에는 6개월간 시보로 임용하고, 그 기간의 근무성적·교육훈련성적과 공무원으로서의 자질을 고려하여 정규 공무원으로 임용한다. 시보임용 기간 중의 공무원이 근무성적·교육훈련성적이 나쁘거나 국가공무원법 또는 지방공무원법에 따른 명령을 위반하여 공무원으로서 자질이 부족하다고 판단되는 경우에는 면직할 수 있다.

글을 보는 순간 손발이 오글거리고, 이불속에 온몸을 숨기고 싶은 마음이 든다. 해당 보고서가 전자문서시스템 서버에 있을 거란 생각을 하니 이 흑역사를 어떻게든 지우고 싶은 생각도 든다. 내가 작성한 민원 답변서는 결국 민원인이 보는 글임에도 불구하고, 불필요한 내용들이 많고 법률용어들이 무분별하게 사용되고 있으며, 민원인 입장에서는 굳이 궁금하지 않은 내용까지 담겨 있다. 게다가 공무원조차도 어려운 용어와 중언부언하는 내용으로 인해 읽다가 숨이 막힌다. 이런 실수들은 처음 공직 생활을 하는 새내기들에게서 공통적으로 발견된다. 그럼에도 불구하고 위 답변서는 내가 만든 초안 그대로 결재가 났다. 당시 팀장은 결재를 하면서 "무슨 말인지 도통 모르겠다. 너무 어려워."라고 말했던 기억이 난다.

보고서 작성에서 중요한 한 가지만 꼽으라면 나는 단연 간결함을 말하겠다. 보고서는 핵심 메시지를 포함해 최대한 간결해야 한다. 문장에 군더더기가 많으면 읽는 사람의 주의력을 떨어뜨린다. 명언이 위대한 까닭은 정제되고 압축된 표현으로 많은 뜻을 내포하기 때문이다. 기억해 보라. 사람들 앞에서 말을 할 때 말하고자 하는 정보가 명확하지 않으면 어떤 말을 하게 되는지. '그러니까, 그러므로, 따라서, 다시 말하자면, 음, 그런 이유로' 등을 남발하고 만다. 보고서도 마찬가지다. 생각이 정리되지 않았기 때문에 분량을 채우느라 불필요한 군더더기 접속사나 관형어가 추가되는 것이다. 보고서 작성 초안에는 군더더기가 있어도 상관없다. 생각의 자유로운 발현이라는 측면에서 끊기지 않는 문서 작성이 중요하기 때문이다. 그러나 수정하는 단계에서는 반드시 정제된 표현으로 바꿔야 한다. 그래야 결재권자의 주의를 끌어

당초

누리과정 현안보고 관련 국회 교문위 전체회의 주요내용 보고
<'16. 1. 26(화), 대외협력담당>

□ 개요
 ○ (일시/장소) '16. 1. 26(화) 10:00~18:30 / 국회 교문위 전체회의실(506호)

□ 주요 내용
 ○ 여당과 야당 모두 종합대책 마련의 필요성에 공감
  - 새누리당은 누리과정이 지방교육재정교부금법 시행령에 따라 교육청의 책임이라는 입장이며 지방교육청이 억지를 부리고 있다고 주장
   • 따라서 지방교육재정교부금법 개정을 추진하여 논란을 해소하고 교육예산 편성권 개혁 추진과 유보통합 등 종합적인 대책 마련 필요함
   • 교육청 예산에 허수나 오류가 없는지 등에 대한 전반적인 점토를 위해 시도교육청과 교육부 사이에 협의기구를 가동해서 정검이 필요함
  - 더불어민주당은 무상보육은 박근혜 대통령 대선 후보 시절 공약이기 때문에 중앙정부에서 국가책임으로 보육·유아예산을 확보하여야 한다는 입장임
   • 지방교육재정교부금 예산편성 권한과 책임은 교육청의 것임
   • 누리과정 예산 4조원이 교육청에 교부된 것처럼 정부와 여당이 주장하고 있으나 이는 사실과 다름
   • 교부금 교부를 상향이나 정부예산 편성 등의 특단의 대책을 마련해야 함
  - 교육부는 교육감이 의지만 있으면 충분히 누리과정 예산 편성이 가능하다는 입장임
   • 지방교육재정의 논란에 대한 법리를 전반적으로 검토하여 지방교육재정교부금법의 개정을 조속히 추진할 필요가 있음
   • 아울러 국무조정실의 정책연구 결과를 검토하여 유보통합을 신속히 추진하여야 함
 ○ 교문위 회의의 교육감 출석 여부에 여야 간 이견이 있는 상황임
  - 향후 교육부를 비롯, 누리과정 예산을 편성한 교육감과 미편성한 교육감을 각각 출석시켜 예산 문제를 재논의하는 자리가 마련되어야 한다는 의원들 의견이 있음

개선

누리과정 현안보고 관련 국회 교문위 전체회의 주요내용 보고
<'16. 1. 26(화), 대외협력담당>

□ 개요
 ○ (일시/장소) '16. 1. 26(화) 10:00~18:30 / 국회 교문위 전체회의실(506호)

□ 주요 내용
 ○ (누리과정 예산편성 책임) 與·野 공히 종합대책 마련 필요성에 공감
  - (새누리) 누리과정 예산편성은 관련 법령에 따라 교육청의 책임

연번	내용
1	지방교육재정교부금법 개정, 교육예산 편성권 개혁, 유보통합(유아교육·보육 통합) 등 종합적인 대책 마련 필요
2	교육청 예산에 허수 및 오류가 없는지 등에 대한 검토를 위해 시도교육청과 교육부 사이에 협의기구 필요

  - (더민주) 무상보육은 박근혜 대통령 대선 후보 시절 공약이며, 중앙정부에서 국가책임으로 보육·유아예산 확보 필요

연번	내용
1	지방교육재정교부금은 교육(행정기관 설치·경영)에 필요한 지원 전부를 국가가 교부하는 것으로 예산편성 권한과 책임은 교육감
2	누리과정 예산 4조원이 교육청에 교부된 것처럼 정부와 여당이 주장하고 있으나 이는 사실과 다르므로 전혀 교부된 바 없음
3	지방교육재정교부금 교부를 상향· 또는 섬부예산 편성 등 대책 필요 / 유아교육 및 보육무상화 사무를 지방에 이양하면서 2006년 11월 (참무회의) 지방교육재정교부금 내국세 비율을 상향조정한 사례 언급(심윤종, 김택년 의원 등)

  - (교육부) 교육감 의지만 있으면 충분히 누리과정 예산 편성 가능

연번	내용
1	안정적인 지방교육재정 확보와 관련해 논란이 되는 부분에 대한 법리 검토 후 지방교육재정교부금법 개정 필요
2	국무조정실의 정책연구 결과를 검토하여 유보통합 추진

 ○ (시도교육감 교문위 출석) 교문위 회의의 교육감 출석 여부에 여야 이견
  - 향후 교육부를 비롯, 누리과정 예산을 편성한 교육감과 미편성한 교육감을 각각 출석시켜 예산 문제 재논의

〈그림48〉 간결하지 않은 보고서를 개선한 예

핵심 메시지를 전달할 수 있다.

보고서는 논리적으로 설명하거나 설득하기 위해 작성한 문서다. 즉, 우리가 작성하는 문서들은 결재권자에게 설명하거나 결재권자를 설득해야 한다는 뜻이다. 이 과정에서 중요한 역할을 하는 것이 바로 '커뮤니케이션 능력'이다. 내가 결재권자라고 생각해 보자. 문서를 읽는데 중언부언 또는 횡설수설하는 보고서를 만나면 어떤 생각이 들까? 더구나 보고서에 담겨 있는 단어, 내용, 도표 등이 무슨 말인지도 모르겠다면 어떨까? 나는 보고서를 작성한 사람이 미울 것 같다. 나의 소중한 시간을 그 보고서로 인해 낭비해 버렸다는 생각에 화가 날 것

같기도 하다. 또 문서 작성자가 배려심이 부족한 사람(성의 없는 사람)이라는 편견도 생길 것 같다. 군더더기라는 기름기를 쫙 빼고 담백하게 이해하기 쉽게 필요한 정보를 제공하는 문서가 결재권자의 마음을 움직일 수 있다. 기억하자. 문서 1페이지를 만드는 데 들인 노력의 양을 결재권자는 1분 만에 간파할 수 있다는 사실을.

보고서는 핵심 메시지를 포함해 최대한
간결해야 한다. 문장에 군더더기가 많으면
읽는 사람의 주의력을 떨어뜨린다.

1. 정보가 너무 많거나 복잡하면, 결재권자가 보고서를 이해하는 데 어려움을 겪을 수 있다.

이로 인해 글에서 중요한 정보를 놓칠 수 있으며, 결국 결재권자의 주의력이 분산되어 전체 메시지에 대한 이해도가 낮아질 수 있다.

2. 간결하게 작성된 보고서는 필요한 정보만을 제공하므로 결재권자가 쉽게 메시지를 파악할 수 있다.

복잡하고 장황한 문장보다 단순하고 명확한 문장이 훨씬 더 효과적으로 정보를 전달할 수 있다.

3. 간결함은 보고서가 접근 가능하고 쉽게 읽히도록 만든다.

길고 복잡한 문장은 해석하는 데 시간과 에너지를 요구하기 때문에, 짧고 명료한 문장으로 작성된 보고서가 대체로 선호된다.

강조할 포인트를
굵기와 색상으로 표현하기

직장생활을 하다 보면 첫 만남에도 왠지 끌리는 사람이 있다. 물론 그는 나보다 나이도 많고 직급도 높았다. 현재는 어느덧 승진해 사무관이라는 직급에 있다. 끌리다 보니 왠지 더 친절하게 되고 말도 더 나누게 되고 종국에는 개인적인 상담을 하는 일도 생겼다. 그는 주로 의회나 비서관 업무를 도맡아 했다. 그러다 보니 보고서를 실무적으로 작성하는 일보다는 남이 작성한 문서를 중간에서 보고 받는 일이 더 많았다. 한번은 이런 일이 있었다.

신영민　안녕하세요? 최성호 주사님.

최성호　어쩐 일이야? 지난번 저녁 모임 때 왜 안 나왔어?

신영민　아! 그때 갑자기 급한 일이 생겼었거든요. 다음 모임 때는 꼭 나갈게요. 그런데 오늘 부교육감님 심기는 좀 어떠셔요? 오늘 서면보고 드릴 게 있는데……

최성호 그래? 어디 한번 줘봐!

그는 내가 보여준 보고서를 쭉 보고 난 후, 갑자기 노란색 형광펜을 잡더니 몇 군데 줄을 긋기 시작했다. 그러고 나서 말없이 씩 웃더니 지금 보고 가능하다며 들어가라고 했다. 나는 영문도 모른 채 보고를 들어갔고, 결재권자(제1부교육감)는 씩 웃으며 3초 만에 보고서대로 추진하라는 지시를 했다.

3초 만에 보고서가 통과된 이유는 무엇이고, 비서관이 형광펜으로 보고서를 덧칠한 이유는 무엇일까? 정확하지는 않으나 드러난 현상만을 보고 추측을 한다면, 3가지 정도 가정할 수 있을 것 같다.

첫째, 그는 결재권자만의 속성을 잘 파악하고 있음이 분명하다. 비서관은 결재권자의 성격, 태도, 장단점, 선호하는 스타일, 매일의 기분 등을 가장 잘 파악할 수 있는 위치에 있다. 비서관의 업무는 상사의 역할, 성격, 담당 업무 및 조직 형태에 따라 매우 다양하지만, 주 업무는 자신이 모시는 상사가 일을 능률적으로 성과를 올릴 수 있도록 보좌하는 것이다. 그는 평소 보직 특성상 비서관 업무를 주로 하였기 때문에 상사와 많은 얘기를 나누면서 원하는 스타일도 파악하는 노하우를 습득했을 것이다. 따라서 결재권자가 어떤 스타일의 보고서를 원하는지 알았을 테고 이번에 내가 작성한 보고서에서 미진한 부분은 없는지, 보완할 점은 무엇인지도 결재권자의 입장에서 한눈에 파악했을 것이다.

둘째, 그는 보고서의 핵심 메시지가 한눈에 드러나지 않는다고 생각했을 수도 있다. 대다수 관공서는 보고서 작성 도구로 아래아 한글 프로그램[32]을 사용한다. 아래아 한글 프로그램은 텍스트 기반에서 문서를 작성하는 것이므로 핵심 메시지를 강조하기 위한 기법이 파워포인트나 전문적인 DTP[33] 프로그램들에 비해 단조로운 편이다. 아래아 한글 프로그램 내 핵심 메시지를 강조하는 기법에는 글자의 크기·굵기·밑줄·색상(음영) 등을 이용하는 방법이 있다. 그(비서관)는 핵심 메시지를 강조하는 방법들 중 색상을 이용해 핵심 메시지를 강조하는 방법이 가장 효과적이라고 판단하였고, 이미 인쇄된 보고서에 형광펜을 덧칠하여 3초 만에 결재받는 보고서를 완성하였던 것이다.

셋째, 결재권자는 본인의 원하는 스타일의 보고서가 오자 흡족했음이 틀림없다. 계속하여 반복하여 말하였지만, 결재권자는 '先결론 - 이유 - 예시 - 後결론(강조)'의 문단 구조를 좋아한다. 본인이 알고 싶은 핵심 메시지에 색상 처리가 되어 있었고, 오랜 공직 경력에 따른 이면의 내용도 간파했음이 틀림없다. 보고서의 큰 줄기는 이미 파악했고 잔가지들이야 실무 부서에서 꼼꼼히 파악했으리라 생각했을 것이다. 따라서, 구체적인 질문은 생략한 채 내용이 파악된 즉시 결재를 하였을 것이다. 피라미드 조직에서는 상위 결재권자일수록 보고받는 문서의 양이 많다. 따라서, 빠른 시간 내에 문서를 파악할 수 있는 여건이 마련되어야 한다. 그러기 위해서는 기안자가 보고서를 작성할 때 항상 결

---

32. 한글과컴퓨터 '한컴오피스' 내 워드프로세서.

33. DeskTop Publishing, 탁상 출판. 컴퓨터로 단행본이나 사전 등의 출판물을 디자인하는 작업.

재권자를 배려하면서 작성하여야 한다. 다시 말하자면, 결재권자의 입장에서 보고서를 작성해야 한다.

  빠른 의사결정이 요구되는 현대 산업사회에서 자주 얘기되는 것이 실리콘 밸리의 냅킨 투자[34]다. 실리콘 밸리에서는 에인절(angel) 투자[35]를 진행할 때 에인절 투자자와 스타트업이 카페나 레스토랑에서 만나 사업계획서 없이 냅킨 투자를 유치하는 게 유행이라는 기사를 본 기억이 있다. 아마 번문욕례[36]보다는 실질적인 내용이 더 중요하기 때문에 이러한 투자 문화도 있을 듯하다. 그러나 유명한 법칙이 언제나 내 인생의 급소를 그대로 찌르지는 못하듯이 우리나라의 보고서 작성 문화에는 냅킨 투자의 철학이 그대로 적용되지 않는다고 본다.

  보고서는 어떤 측면에서 형식이 내용에 우선한다. 형식은 내용을 전달하기 위한 수단이고 내용만 제대로 전달된다면 형식이 무슨 상관이냐고 반문할 수 있다. 그러나 형식은 내용을 담는 그릇이다. 보편화된 형식(보고서 양식)은 그냥 만들어진 것이 아니다. 보고서를 읽는 사람의 입장에서 가장 효과적으로 내용을 파악할 수 있는 구성이 무엇인지를 오랜 기간 경험칙을 토대로 구현한 것이다. 어떠한 내용도 형식 없

---

34. 자신의 사업 구상을 스타벅스의 냅킨에 적어 상대방에게 설명하여 투자를 유치하는 방법.

35. 기술력은 있으나 창업을 위한 자금이 부족한 초기 단계의 벤처기업에 투자해 첨단산업 육성에 밑거름 역할을 하는 투자.

36. 繁文縟禮, 규칙이 너무 세세하고 번잡하여 비능률적인 현상을 말한다. 서양에서는 레드 테이프(Red Tape)라고 하는데, 방대한 양의 공문을 묶어 저장할 때 붉은 띠를 썼기 때문이다. 미국의 사회학자 로버트 K. 머튼이 관료제의 부작용 중 하나로 지적한 바 있다.

이는 존재할 수 없다. 형식이라는 그릇의 용도를 먼저 결정하고, 그릇의 넓이, 모양, 색상 등에 따라 내용을 제대로 담을 때 우리는 그릇 안에 담긴 음식을 제대로 맛있게 먹을 수 있는 것이다.

이 시점에서 '보고(報告)'의 정의를 다시 상기해야 한다. '보고(報告)'는 앞서 말했다시피, 조직 내에서 상하 계층 간이나 개인 상호 간 또는 기관 상호 간에 법령의 규정과 지시나 명령에 따라 구두, 전화, 전신, 서면 등으로 일정한 의사와 자료를 전달하는 과정을 말한다. 보고(報告)는 일방적인 통보가 아니라 쌍방이 존재함을 전제하는 것이다. 피라미드 조직에서는 상위 결재권자일수록 보고받는 문서의 양이 많고 빨리 문서를 파악할 수 있는 여건이 되어야 한다. 그러기 위해서는 기안자가 보고서를 작성할 때 결재권자를 배려하면서 작성하여야 한다. 즉, 결재권자의 입장에서 보고서를 작성해야 한다. 이러한 측면에서 다시 한번 강조하자면, 형식은 내용에 우선한다.

다음 두 종류의 문서를 살펴보자. 다음 문서는 교육공무직(무기계약직종) 정원의 지방공무원 대체 가능 여부를 검토한 보고서다. '문서 A'와 '문서 B'는 동일한 내용으로 글자 한 자도 다르지 않다. 다만, '문서 A'는 문장의 강약을 굵기로, 결재권자가 중점을 두고 읽어야 할 항목을 형광색으로 표시한 것이다. 문서의 내용을 보지 않고 첫인상만 두고 봤을 때 어떤 문서가 호감형일까? 그리고, 내용을 파악하기 위해 처음부터 끝까지 읽을 때 어떤 문서가 더 기억에 잘 남을까?

이전에도 언급하였지만 나는 보고서를 작성하면 항상 검토를 부탁

〈그림49〉 강조할 포인트를 굵기와 색상으로 표시한 예
(출처: 경기도교육청, 앞의 문서)

하는 사람이 있다. 나의 아내와 큰딸! 아내는 지자체 공무원이기 때문에 보고서의 내용을 중심으로 간결성·논리적 일관성·균형성·참신성·객관성·정확성·현장적합성 등에 대해 검토하지만, 큰딸은 학생이라 보고서의 외적 가독성·심미성 등을 중심으로 검토해 주고 있다. 이 책을 읽는 여러분들도 주변에서 가볍게 보고서 검토를 부탁할 수 있는 사람을 찾길 바란다. 모름지기 '글을 어떻게 하면 잘 쓸까?'라는 고민을 한다면 은유 작가의 말을 곱씹어 볼 필요가 있다.

"글도 사람처럼 혼자서만, 사적인 공간에서만 쓰면 성장할 수 없다. 글도 사람이랑 똑같다. 세상에 나와 부딪히고 넘어져야 글도 성

장한다. 블로그에 일기를 한 장 쓰고 비밀글로 처리하면 글이 안는
다."

    - 〈채널 예스〉, 은유, '비밀 글만 쓰면 글은 늘지 않는다' 중에서

   보고서의 강조 기법을 사용할 때는 과유불급(過猶不及)을 기억해야
한다. 즉, 너무 적지도 너무 많지도 않은 딱 적당한 사용이 필요하다.
항상 말하였지만 보고서 작성에 정답은 없다. 자신의 보고서 강조 기
법이 결재권자의 성향에 따라 너무 적기도, 과하기도, 딱 적당하기도
하기 때문이다. 이러한 상황에서 필요한 것이 '커뮤니케이션 능력'이
다. '아날로그 라디오'로 '별이 빛나는 밤에'를 듣기 위해서는 날씨 상
황이나 라디오의 위치에 따라 미세한 조정이 필요하듯이, 보고서를 작
성할 때도 강조 기법 사용 시 미세한 조정 절차가 필요함을 기억하자!

권고1
주변에서 가볍게 보고서 검토를 부탁할 사람을 찾아보자.

1. 신선한 시각
자신이 작성한 글을 여러 번 읽다 보면, 오류나 불명확한 부분을 놓칠 수 있다. 이는 소위 '작가의 실명' 현상인데 우리 뇌가 이미 예상하는 내용을 볼 때 실제로 쓰여진 내용 대신 예상된 내용을 인식하게 되는 것을 말한다. 외부에서 검토해 주는 사람은 이런 실수를 잡아낼 수 있는 신선한 시각을 제공한다.

2. 오류 발견과 수정
타인이 당신의 보고서를 읽으면 그는 문법적 오류, 오타, 정보의 누락 등 당신이 간과할 수 있는 문제들을 발견할 가능성이 있다. 이렇게 함으로써 최종 결과물의 품질이 향상된다.

3. 가독성 확인
보고서를 작성하는 동안, 작성자는 자신만의 생각과 지식에 기반하여 글을 쓰기 때문에, 종종 정보가 명확하게 전달되지 않거나 이해하기 어려운 경우가 생긴다. 이럴 때 외부에서 검토해 주는 사람은 문장 구조나 아이디어 표현 등 가독성 관련 문제를 지적해 줄 수 있다.

권고2
보고서를 강조하기 위해 글자의 굵기와 색상(음영)을 활용해 보자.

1. 시각적 구분
글자의 굵기나 색상을 변화시키는 것은 텍스트 내에서 중요한 부분이나 핵심 아이디어를 시각적으로 구분하는 효과가 있다. 이로 인해 결재권자가 중요한 정보를 빠르게 파악하고 이해할 수 있다.

2. 주목 유도

변화된 글꼴이나 색상은 결재권자의 주목을 끌 수 있다. 이것은 정보가 많거나 본문이 장황한 경우에 특히 유용하며, 결재권자가 중요한 포인트를 놓치지 않도록 하는 데 도움이 된다.

3. 메시지 전달력 강화

제목, 부제, 핵심 단어 등을 강조함으로써 메시지 전달력을 강화할 수 있다. 그 결과, 보고서의 목적과 메시지가 명확하게 드러날 수 있으며, 읽는 사람들에게 보다 효과적인 정보 전달이 가능하다.

권고3

보고서 작성 기법(글자의 굵기·색상, 접속사·쉼표·단어 사용, 문장 구조 설정 등)을 사용할 때는 '과유불급'을 기억하자.

1. 효율적인 정보 전달

보고서 작성에서 사용되는 여러 기법들이 있지만, 이것들을 과도하게 사용하면 오히려 읽는 사람이 본문 내용을 이해하는 데 방해가 될 수 있다. 예를 들어, 강조를 위해 글자 굵기나 색상을 너무 많이 활용하면 결재권자가 어디에 집중해야 할지 혼란스러워 할 수 있다.

2. 가독성 유지

과도한 접속사 사용, 문장 내 쉼표의 남발 등은 문장의 흐름을 방해하며, 결재권자가 메시지를 받아들이는 것을 어렵게 만든다. 따라서 적절한 균형이 필요하다.

3. 메시지의 명확성

보고서에서 중요한 것은 본인의 생각이나 연구 결과를 명확하게 전달하는 것이다. 그러나 과도한 단어 사용이나 복잡한 문장 구조 등은 메시지를 흐리게 만들 수 있다.

생각을 명확하게 표현하는 방법

공무원 조직은 어느 곳이든 자리 배치가 비슷하다. 팀장이 입구에서 가장 먼 쪽에 창문을 등지고 자리를 잡으면 팀장을 중심으로 좌·우측에 팀원들의 책상이 배치되는 T자 구조다. 통상 연차가 높은 순서대로 자리 잡기 때문에 신규 직원일수록 입구 가까이에 자리하는 구조다. 나도 처음 공직 생활을 시작할 때는 입구와 가장 가까운 곳이 나의 자리였다. 그러다 공직 생활을 18년 넘게 하다 보니 어느덧 팀장 바로 앞자리까지 와 있다.

팀장 근처에 있다 보면 다양한 상황을 옆에서 직접 보고 듣는다. 자연스럽게 조직의 현안은 무엇인지, 팀원이 겪는 어려움은 무엇인지 등 현재 돌아가는 상황을 잘 알 수 있는 환경에 놓인 셈이다. 그러다 보니 후배 공무원들이 보고서를 작성해서 팀장에게 검토받는 상황을 자주 목격한다. 이때 보고서가 마음에 들지 않는 경우 팀장이 하는 말들은 대체로 다음과 같다.

> "그래서 결론이 뭐야?"
> "핵심이 뭐지?"
> "보고서에서 말하고자 하는 내용이 뭐지?"
> "결론을 맨 앞에 써야지. 마지막에 쓰면 결재권자가 설명을 듣다가 갑자기 예상치 못한 질문을 하는 경우가 많아. 그러다 보면 대면보고 전체가 꼬이는 경우가 있으니 보고서를 다시 작성해 봐!"

나는 공직사회의 책상 자리 배치가 T자 구조인 것은 오랜 시간 경험의 축적에 따른 부산물이라고 생각한다. 앞서 말했지만, 팀장 바로 앞자리에 앉아 있으면 팀 내지는 부서 전체가 돌아가는 상황이 눈과 귀를 통해 들어온다. 보통 1개의 팀은 4~5개의 단위 업무를 하는데 공조직 특성상 업무가 늘어도 인력 증원이 쉽사리 안 되기 때문에 업무량이 과중한 경우가 많다. 그래서 옆 직원의 상황을 대략적으로만 이해하게 되지 세세하게는 알지 못한다. 그런데 팀장 바로 앞에서 일을 하다 보면 원하지 않아도 팀 내 상황을 알게 되고 팀장-직원 간 대화를 원치 않아도 모두 듣게 된다. 선배라면 경력이 쌓일수록 팀 내에서 해야 하는 일이 하나 있다. 바로 직급이 낮은 후배들에게 적절한 시기에 보이지 않게 도움을 주는 일이다.

팀이 제대로 돌아가기 위해서는 각자 자기 일을 잘하는 것도 중요하지만, 행정의 특성상 선배 공무원의 암묵지가 후배 공무원에게 전달되는 것이 매우 중요하다. 행정은 교과서나 업무 매뉴얼에서는 익힐

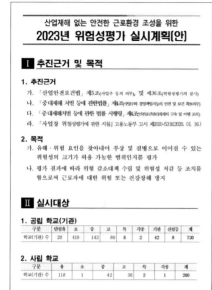

〈그림50〉 제목과 내용이 일치하지 않는 보고서 예 1

수 없는 암묵적(묵시적) 지식(tacit knowledge)[37]이 필요한 경우가 많은데, 이는 연차가 쌓인 선배들의 내공이 필요한 영역이다. 공무원은 행정을 직접 수행하는 집행기관이다. 집행기관의 업무는 문자나 책을 통해 알려줄 수도 있지만 그렇지 않은 암묵지도 많다. 문자나 언어로는 다른 사람에게 전달하기 어려운 지식이 있다는 뜻이다.

---

37. 헝가리 출신의 철학자 마이클 폴라니의 조어(造語)다. 지식의 한 종류로서, 언어 등의 형식을 갖추어 표현될 수 없는, 경험과 학습에 의해 몸에 쌓인 지식이다. 암묵 지식이 명시적으로 알 수 있는 형태로 형식을 갖추어 표현된 것을 명시적 지식(explicit knowledge) 또는 형식 지식이라고 한다. 암묵지는 "지식이라는 것이 있다면 그 배후에는 반드시 암시 차원의 '안다.'라는 차원이 있다."라는 것을 보여준 개념이다. 학습과 체험을 통해 개인에게 습득돼 있지만 겉으로 드러나지 않은 상태의 지식을 뜻하며, 내재적 지식으로 개인 및 조직의 행태에 대한 관찰 등 간접적인 방법을 통해 획득될 수 있는 지식을 말한다.(출처: 위키백과)

간혹 보고서를 읽다 보면 구체적으로 주장하는 게 무슨 말인지 모호할 때가 있다. 대표적인 경우가 제목과 내용이 서로 다르거나 정확히 일치하지 않는 경우다.

앞의 문서는 ○○○○교육청에서 2022년 11월에서 생산한 〈2023년 위험성평가 실시계획〉 중 일부다. 학교(기관) 내 유해·위험 요인을 찾아 부상 및 질병으로 이어질 수 있는 위험성의 크기가 허용할 수 있는 범위인지를 평가하기 위해 산업안전보건법에 따른 '위험성평가'를 실시하여야 하는 데 이러한 법령상 의무사항을 실시하기 위한 세부계획으로 보인다.

보고서 작성 방법론 측면에서 문제가 있어 보이는 부분은 오른쪽 세부계획에서 '4. 실시방법' 부분이다. 문맥 흐름상 제목을 보면 위험성평가를 어떻게 실시할 것인지 구체적인 방법을 적시한 것으로 이해된다. 그런데 하위 레벨에서 다루는 실제 내용은 위험성평가를 할 때 유의사항으로 근로자를 참여하여야 하는 경우가 언제인지와 위험성평가의 구체적인 절차를 언급하고 있다.

따라서 앞의 보고서는 기안자가 작성한 문서의 틀을 최대한 존중하는 선에서 다음과 같이 수정할 필요가 있다. 먼저 '4. 실시방법'을 '4. 실시절차'와 '5. 유의사항'으로 세분한다. '4. 실시절차'는 표를 이용해 단계별로 세부내용을 적시한다. '5. 유의사항'은 '근로자 참여'라는 단어 반복을 지양해 필요한 내용만으로 함축하고 근로자 참여 요건은 표를 이용해 이해하기 쉽게 나타낸다.

〈그림51〉 제목과 내용이 일치하지 않는 보고서 수정 예

　　다음 문서는 2020년 8월 생산된 ○○시의 ○○시민대상 선정방법 변경 검토[안]이다. 전체 문서는 '현황' – '문제점' – '개선방안' 순이다. 검토보고서에서 '현황' 부분은 검토하고자 하는 내용과 관련된 현황을 핵심내용 중심으로 기술하는 것이어야 한다. 그런데 뜬금없이 관련 조례를 적시했다. 문서를 작성한 사람의 의도를 추측해 본다면 시민대상 선정을 위한 위원회의 구성과 수상자 결정 요건과 관련된 현황을 표현하고 싶었던 것은 아닐까 생각한다. 그러나 정말 그런 의도였다면 해당 내용을 그대로 현황에 적어야 하는 것이지 '관련 조례'라는 글씨를 크게 적고 원래 나타내고자 하는 내용을 그보다 작게 나타

낼 필요는 없는 것이다. 문서를 읽는 자를 생각한다면 관련 조례보다는 실제 내용이 직접 와닿아야 하는 것이기 때문이다.

이뿐만이 아니다. '문제점'의 하위 레벨에서는 어떤 점이 문제인지를 명확하고 분명하게 표현해야 한다. 이 문서를 그대로 보자면 '문제점'을 두 가지로 나누면서 지역적 한계와 공동 수상을 들고 있다. 지역적 한계가 문제인가? 그리고 공동 수상의 어떤 점이 문제란 말인가? 보고서를 읽을수록 어떤 점이 문제인지 자꾸만 탐구하게 된다. 불친절한 문서다.

'개선방안'도 위와 마찬가지로 불친절하다. '개선방안' 두 가지를 주민의견 수렴과 채점표 활용을 들었다. 키워드만 보자면 과연 이렇게 단순한 방안이 개선책이 될 수 있을까 의문이 든다. 시민대상을 선정하려는 개선방안이 설득력이 있으려면 좀 더 입체적인 분석과 설명 과정이 뒤따라야 한다.

보고서는 작성자가 있으면 결재권자, 즉 독자가 있다. 모든 글이 의미가 있는 것은 독자가 있기 때문이다. 따라서 독자가 이해하지 못하는 글은 글의 궁극적인 목적을 달성할 수 없다. 이때 '커뮤니케이션 능력'이 중요한 역할을 한다. 조금만 더 친절해질 필요가 있다. 조금만 더 배려해야 한다. 너무 친절해서 글이 중언부언이 되는 것도 문제지만 그렇다고 필요한 요소마저 생략하거나 고민 없이 작성하거나 논리가 부족한 글은 엄밀히 말하자면 결재권자의 시간을 빼앗은 것과 같다. 애초에 이해할 수 없는 글을 이해하고자 불필요한 시간을 허비한 것이기 때문이다.

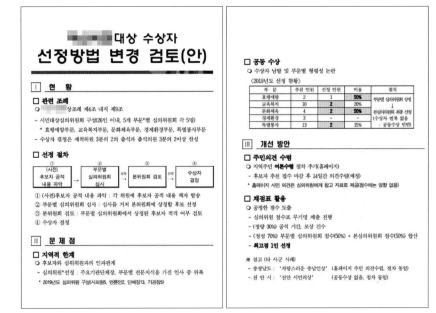

〈그림52〉 제목과 내용이 일치하지 않는 보고서 예 2

우리의 인생은 길지 않다. 당장 내일도 알 수 없는 인생이다. 시간이 부족한 결재권자의 상황을 고려해 보고서에 조금만 더 정성을 들였으면 좋겠다.

보고서 작성은 나의 생각을
정확하고 분명하게 표현할 수 있는
단어 사용과 문단 구조를 만드는 것이 기본이다.

1. 보고서 내 각각의 단어는 고유한 의미와 색채를 가지며, 이것들이 합쳐져서 전체적인 메시지를 형성한다.

본인의 생각을 정확하게 표현하기 위해서는 가장 적절한 단어를 선택하는 것이 중요하다. 잘못 선택한 단어는 전달하고자 하는 내용의 의미를 왜곡시키거나 모호하게 만들 수 있다.

2. 문단은 여러 개의 관련된 문장들로 구성되며, 하나의 주제나 논점에 집중한다.

각 문단 내에서 논점이 논리적으로 연결되고 일관성 있게 나아가야 한다. 그래야 결재권자가 글을 이해하는 데 도움을 줄 수 있다.

3. 보고서 내 문장의 분명함과 명료함은 필수적이다.

복잡하거나 애매모호한 표현 대신, 간결하고 명확한 언어를 사용하여 보고서 작성자의 의도와 메시지를 분명히 전달해야 한다.

분석을 통해
효과적으로 전달하는 법

잘 된 보고서는 결재권자의 의사결정 시간을 줄여준다. 모든 유형의 보고서(정책보고서, 검토보고서, 상황보고서, 행사 또는 회의 보고서, 결과보고서 등)를 자세히 들여다보면 사안의 핵심을 꿰뚫어야 제대로 된 보고서를 작성할 수 있다는 것을 알 수 있다. 그러기 위해선 작성자의 혜안(사물을 꿰뚫어 보는 안목과 식견)이 필요하다. 사물을 꿰뚫어 보려면 어떻게 해야 할까? 그렇다. 올바른 분석이다. 분석의 기본은 나누는 것이다. 복잡한 내용 또는 많은 내용의 본질을 이해하기 위해서는 단순한 요소로 나누고, 이후에는 숙고해야 한다. '왜 이런 결과가 나왔을까?', '왜 이런 상황에서 저 사람은 이렇게 판단했을까?', '문제는 무엇일까?'를 곰곰 잘 생각해야 한다.

머릿속 '시뮬레이션'도 필요하다. 특히 행사 또는 회의보고서의 경우에는 시뮬레이션의 중요성을 간과해서는 안 된다. 눈을 감고 식순을 그대로 따라가 보는 것이다. 그러다 외부의 변인을 대입해 본다. '갑자기 마이크가 작동되지 않는다면?'이라든가 '비가 온다면?'이라든가 '내빈 불참' 등처럼 말이다. 이러한 외부 변인을 대입하고 나서 시뮬레이션을 하고 나면 설사 그러한 상황이 직접 닥쳐도 느긋하게 대처할 수 있다. 왜냐고? 우리 모두는 경험하고 나면 자연스럽게 몸부터 이미 준비를 하기 때문이다.

보고서 작성자가 분석을 통해 현황과 문제점을 찾아내고 개선방안과 추진방안을 마련한 각종 보고서를 보면 작성자가 고민한 지점, 노력한 흔적을 볼 수 있다. 결재권자는 그 지점과 흔적을 보면서 작성자의 수준을 판단한다. 그러므로 심층분석을 잘한 보고서는 결재권자에게 신뢰감을 준다. 올바른 대책과 대안이라는 것을 본능적으로 느낄 수 있기 때문이다.

앞서 말했던 시뮬레이션을 잘한 보고서도 마찬가지다. 각종 행사나 회의 계획 수립 시 발생할지 모르는 외부 변인을 입체적으로 검토하고 해당하는 상황이 발생할 때 어떻게 대응할지를 미리 검토한 보고서는 예술 작품이라고까지 말하고 싶다.

다음은 경기도교육청(학교설립과)의 공간정보의 구축 및 관리 등에 관한 법률(이하 공간정보관리법) 해석 요청 문서다. 당시 경기도김포교육지원청(이하 김포교육지원청)과 김포시 간 법령해석에 대한 이견이 있었고 나는 김포교육지원청의 어려운 상황을 듣고 향후 유사사례가 재발하지 않도록 경기도교육청이 주관해 사안을 처리해야 한다고 생각했다.

김포교육지원청은 관내 초등학교 과대·과밀 해소와 중학교 배치시설 확보를 위하여 가칭 운양1초·중학교 신설 사업을 추진 중이었다. 이에 해당 공익사업의 준비 및 협의에 의한 취득을 위해 학교설립 예정부지 토지분할 측량을 실시하고, 김포시에 도시계획시설 편입 토지분할 대위(代位, 제삼자가 다른 사람의 법률적 지위를 대신하여 그가 가진 권리를 얻거나 행사하는 일)신청을 했다. 김포시는 김포교육지원청의 토지분할 대위신청을 반려하면서, 그 사유로 실시계획인가 완료 후 사업시행자가 토지분할을 신청할 수 있음을 언급했다.

내가 보기에 쟁점의 핵심은 공간정보관리법 제87조 2호에서 규정한, 행정기관의 장 또는 지방자치단체의 장의 범위에 교육감이 포함되는지 여부였다. 왜냐하면 행정기관의 장이나 지자체장은 토지의 대위신청[38] 권한이 있기 때문이다. 김포시 담당자는 교육감(교육장 포함)은 토지의 대위신청 권한이 없다고 판단했다.

나는 해당 법조문 해석을 갑설과 을설로 나눠 논리를 만들었고, 추가로 주장하는 해석의 논증을 구성해서 적시했다. 또한 객관적 타당성 확보를 위해 고문 변호사(3명) 자문을 받아 첨부했다. 결국 법제처의 중재로 국토교통부는 우리 기관의 의견이 맞다는 유권해석을 내렸다.

다음은 울산광역시(미래신산업과)의 〈2022 울산미래박람회 개최계

---

38. 공공사업의 시행자, 행정기관의 장 또는 지방자치단체의 장, 민법 제404조에 따른 채권자 등은 공간정보의 구축 및 관리 등에 관한 법률 제87조에 따라 토지소유자가 하여야 하는 신청 (토지의 신규등록, 등록전환, 분할, 합병, 지목변경, 축적변경 신청 등)을 대신할 수 있다.

「공간정보의 구축 및 관리 등에 관한 법률」 해석 요청

검토일시	부서명(담당)	직급	성명	사무실(88-88)	휴대폰
'22. 2. 22.(화) 11:00 (work실)	학교설립과 (교직초성)	5급 6급	이〇〇 신영면	0413 0414	

Ⅰ 질의 요지 및 배경

1 질의 요지

「공간정보의 구축 및 관리 등에 관한 법률」(공간정보관리법) 제87조 2호에서 규정한, 행정기관의 장 또는 지방자치단체 장의 범위에 교육감(하급교육행정기관인 교육청장 포함)이 포함되는지?

2 질의 배경

○ 경기도김포교육지원청(경기도교육청의 하급교육행정기관)은 김포시 운양동 999번지 일원에 초등학교 과대·과밀 해소와 중학교 배치 시설 확보를 위하여 （가칭)운양1초·중학교 신설 사업을 추진 중

○ 김포시는 학교 신설 사업을 위해 도시계획시설 결정 및 지형도면을 고시(김포시 고시 제2021-188호, 2021. 8. 6.)

구분	도면 표시 번호	시설명	시설의 세분	위치	면 적(㎡)			최초 결정일
					기정	변경	변경 후	
신설	55	초·중학교	초·중학교	경기도 김포시 운양동 999번지 일원		증)16,713	16,713	-

○ 경기도김포교육지원청은 해당 공익사업의 준비 및 협의에 의한 취득을 위해 학교설립 예정부지 토지분할 측량을 실시하고, 김포시에 도시계획시설 편입 토지 지적 분할 신청*
  • (1차 신청) 행정과-25025호('21. 11. 4.) / (2차 신청) 행정과-266/4호('21. 11. 16.)

○ 김포시(토지정보과)는 경기도김포교육지원청의 토지이동(분할) 대위 신청을 반려*하면서, 그 사유로 실시계획인가 완료 후 사업시행자가 토지분할을 신청할 수 있음을 언급
  • (1차 반려) 토지정보과-361/6호('21. 11. 11.) / (2차 반려) 토지정보과-380/46호('21. 11. 29.)

Ⅲ 대립되는 의견 및 그 이유

1 갑설

공간정보관리법 제87조 2호에서 규정한, 행정기관의 장 또는 지방자치단체 장의 범위에 교육감이 포함된다.

  • 조례에 따라 교육감의 권한을 교육장에 위임한 경우 교육장을 포함한다.

○ 지방자치법에 따라 지방자치단체의 장은 교육·학예를 제외한 모든 사무의 집행기관이자, 해당 사무에 대해 시·도를 대표하는 기관

○ 지방자치법 및 교육자치법에 따라 교육감은 지방자치단체의 사무 중 교육·학예에 관한 사무의 집행기관이자, 해당 시·도를 대표하는 기관

○ 공간정보관리법 제87조는 국가나 지방자치단체가 자신의 사무를 처리하기 위해 취득하는 토지인 경우 토지소유자가 하여야 하는 토지 분할 등의 신청을 대신할 수 있다는 근거 규정

○ 따라서, 지방자치단체의 사무 중 일반사무는 지방자치단체의 장이, 나머지 교육·학예 사무는 교육감이 집행하고 대표하는 기관이라는 점에서, 행정기관의 장 또는 지방자치단체 장의 범위에 교육감이 포함된다고 해석하는 것이 타당

2 을설

공간정보관리법 제87조 2호에서 규정한, 행정기관의 장 또는 지방자치단체 장의 범위에 교육감은 포함되지 않는다.

○ 지방자치법과 교육자치법에서 규정한 사항은 공간정보관리법에는 적용되지 않는 바, 공간정보관리법 제87조 2호에서 규정한 행정기관의 장 또는 지방자치단체 장의 범위에 교육감은 포함되지 않음

  - 지방자치법과 교육자치법에서 규정한 정의, 적용 및 준용 규정 등은 해당 법률 간의 관계이므로, 「공간정보의 구축 및 관리 등에 관한 법률」 에는 적용하지 않음

Ⅳ 우리 교육청의 의견 및 그 이유

갑설이 타당

○ 교육감은 광역지방자치단체의 교육·학예에 관한 사무의 집행기관으로, 소관사무에 관하여 광역지방자치단체를 대표하는 자(지자체 장)의 지위

  - 소관사무의 성질에 반하지 아니하는 범위 내에서 지방자치법 상 시·도지사에 준하는 지위를 가짐(교육자치법 제3조, 제18조)

  • 관할 시·도의 교육·학예에 관한 사항 전반의 사무를 관장하며, 소송이나 재산의 등기 등에 대하여 해당 시·도를 대표(교육자치법 제18조2항)

  • 학교 기타 교육기관의 설치·이전·폐지에 관한 사항, 재산의 취득·처분에 관한 사항 등 포함(교육자치법 제20조 5·12·17호)

○ 지방자치법 및 교육자치법은 지방자치단체의 종류·사무범위 등을 규정하고 각 집행기관의 조직과 권한을 규정한 일반법적 지위

  - 지방자치법에 따라, 지방자치단체의 장은 주민이 직접 선출하는 자로, 자치단체를 대표하고 사무를 통할하며 관리집행권·지휘감독권·규칙 제정권·기관시설의 설치권·임면권·선결처분권·재의요구권 등을 가짐

  - 교육자치법에 따라, 교육감 또한 주민이 직접 선출하는 자로, 자치단체를 대표하고 사무를 통할하며 관리집행권·지휘감독권·규칙 제정권·기관시설의 설치권·임면권·선결처분권·재의요구권 등을 가짐

○ 따라서 공간정보관리법 제87조 2호의 문언을 해석함에 있어서, 지방자치단체가 교육·학예에 관한 소관사무를 처리하기 위하여 취득하는 토지에 대한 신청대위권은, 집행기관(지자체장)의 지위에 있는 교육감에게 있다고 해석하는 것이 타당

  - 특히 공간정보관리법에서 규정한 지방자치단체 의미 및 지자체 장의 범위를 검토할 때에는 당연히 지방자치법과 교육자치법을 적용 또는 준용하여 해석하여야 하므로 갑설이 타당

참고자료 변호사 자문 결과 요약

지방자치단체가 교육·학예에 관한 소관사무를 처리하기 위해 취득하는 토지에 대한 신청대위권은, 해당 지방자치단체를 대표하는 집행기관의 지위에 있는 교육감에게 있다고 해석함이 타당

연번	변호사	자문 내용
1	김〇〇 (법무법인 다〇)	• 지방자치단체가 교육·학예에 관한 소관사무를 처리하기 위해 취득하는 토지에 대한 신청대위권은, 해당 지방자치단체를 대표하는 집행기관의 지위에 있는 교육감에 있음.
2	이〇〇 (법무법인 천지)	• 공간정보관리법 제87조 제2호에서 말하는 '지방자치단체가 취득하는 토지'가 지방자치단체의 교육·과학·기술·체육 그 밖의 학예에 관한 사무와 관련되는 것인 한, 당해 지방자치단체의 교육감(이 해당 토지를 관리하는 행정기관의 장 또는 지방자치단체의 장으로 될 것임.
3	이〇〇 (법무법인 김앤장)	• 교육·학예에 관한 재산에 대하여는 교육감이 대표 및 집행기관이므로 따라서 공간정보관리법 제87조 제2호의 경우에도 담건히 그 지방자치단체가 취득하는 교육학예에 관한 토지의 경우 교육감이 토지소유자가 하는 신청을 대신할 수 있다고 보는 것이 타당함.

<figcaption>〈그림53〉 분석해서 효과적으로 전달한 예 1</figcaption>

(출처: 경기도교육청, 〈공간정보의 구축 및 관리 등에 관한 법률 해석 요청〉, 2022)

문서	검토결과

2. 행사장 구성 및 운영
□ **행사장 구성** *울산정보산업진흥원 "2022 플레이 울산 AI 페스타" 운영부스 별도*
○ **운영 기간** : 2022. 11. 25.(금) ~ 27.(일),(3일간) 10:00 ~ 18:00
○ **행사장 구성** : 전시체험 부스 33개, 전문가 강연장(울산MBC TV방송 에듀콘서트장), 안내부스 등
○ **관객 운영** : 수용인원 1,000명 제한, 시간대별 이용으로 대기줄 최소화
○ **운영요원** : 안전요원 및 자원봉사자 배치(30명, 울산MBC 주관)
  - 입장·퇴장 인원 관리(11), 안전관리(15), 화재·응급·방역(4)
○ **안전 관리** : 안전·질서유지, 상해보험 가입, 코로나19 방역, 구급차 대기 등
□ **전시·체험부스 운영**
○ **운영내용** : 4개 주제 33개 부스(전시·시연 10, 체험 23)
  - 미래생활 : 미래로봇, UAM, 자동차, 미디어아트, VR, 메타버스 등
  - 미래교육 : AR 교육용 콘텐츠 체험, 코딩/드론 등 미래교육 체험
  - 미래스포츠 : 다양한 가상공간에 미래스포츠 체험
  - 미래문화 : 강연*, e스퍼 전시관, 범블비 포토존, AR/HMD 체험
  * 에듀콘서트 : 전문가 강연2(2회) '4차 산업혁명의 시대 자기를 혁신하는 방법' / '인공지능과 인간'
	·행사장 구성 부분을 보면 이번 행사의 전체를 조망할 수 있게 개괄적으로 설명하고 있다. 주목할 점은 관객운영과 운영요원 및 안전관리다.
	·관객운영은 수용인원을 1천 명으로 제한하고 있다. 대기시간이 길어질 것을 우려해 시간대별 이용까지 세심하게 신경 썼다.
	·운영요원도 안전요원과 자원봉사자로 분리하여 역할을 꼼꼼히 부여했다.
	·안전관리를 위한 대비책을 꼼꼼히 마련했다는 점이 인상적이다.

5. 홍보계획 ○ 지역 언론사 미디어홍보 - TV/라디오(울산MBC), 울산역 광고, 누리집, SNS, 게시판 등 	구 분	매체종류	노출빈도	비 고
---	---	---	---
TV/라디오 광고	울산MBC	약 160회 (TV 100, 라디오 60)	
울산역 광고	동영상 광고	약 50회	11. 7. ~ 11. 27. (3주간 집중홍보)
누리집/SNS	유튜브채널(MBC), 맘카페, 울산MBC 누리집, 관련기관 네트워킹 등		| ○ 전국지자체 홍보 : 중앙부처, 전국지자체, 교육청 등 공문 안내 ○ 시정매체 홍보 : 시·구·군 누리집 및 울산누리 블로그, 시정뉴스 ○ 시내버스 홍보 : 버스정보시스템(BIS), 시내버스내 단말기 등 ○ 전광판 홍보 : 도심 주요 전광판 및 공공기관 전광판(12개소) ○ 홍보물 홍보 : 가로등 배너, 육교배너, 포스터, 현수막 설치 홍보	·매체의 파급력을 고려해 순서를 정하고 TV와 라디오 매체는 노출 빈도까지 고려해 작성했다. 육아카페의 영향력을 고려해 이를 홍보의 대상으로 삼은 것도 인상적이다. ·지역행사로 그치지 않고 전국 단위 홍보를 추진한 것과 전시·체험 부스내 미래 교육을 고려해 교육청에도 행사를 안내한 점도 인상적이다.

〈그림54〉 분석해서 효과적으로 전달한 예 2
(출처: 울산광역시, 〈2022 울산미래박람회 개최계획〉, 2022)

획)이다. 제목만 봐도 행사계획임을 알 수 있다. 붙임물을 포함해 총 15페이지의 문서여서 모든 내용을 살펴볼 수는 없고 분석과 시뮬레이션 측면의 관점에서 일부만 발췌하여 살펴보면 위와 같다.

보고서의 품격은 내용에서 결정된다. 고민의 단계만큼 품격이 올라간다. 문단과 문장의 밀도도 올라간다. 밀도가 올라가면 글이 간결해지고 함축적인 의미를 갖게 되어 보고서의 질도 덩달아 올라간다.

나는 종종 우리 담당자들이 만든 보고서를 총알에 비유한다. 행정기관의 의사결정 최소단위는 보조기관(부서장, 과장 등)이다. 그래서 총은 보조기관이 갖게 된다. 그런데 보조기관이 가진 총이 위력을 발휘하려면 제대로 된 총알이 필요하다. 우리가 제대로 분석해서 보고서를 만들어 내지 못하면 불발탄이 되고 만다. 따라서 보조기관의 역량도 중요하지만, 실무자들의 '커뮤니케이션 능력(역량)' 또한 마찬가지로 중요하다. 실무자가 사안 해결을 위해 다양한 관점에서 비교·분석하는 과정은 자기 근육을 더욱 단단하게도 하지만 최종 보고서가 완료된 후에는 자신만의 생각이 담긴 든든한 무기가 된다.

말은 휘발성이 강해서 날아가면 그만이다. 반면에 문자로 기록된 보고서는 오래 남는다. 게다가 내가 분석한 결과를 굳이 일일이 사람들에게 설명하러 가지 않아도 알아서 나의 의견을 그들에게 전달한다. 어떻게 보면 내가 작성한 글이므로 나의 얼굴을 대변하는 역할까지 한다. 피부 관리를 하듯 나의 보고서에 '커뮤니케이션 능력'을 발휘해 효과적으로 전달할 수 있는 명품으로 만들어 보자.

실무자가 사안 해결을 위해 다양한 관점에서
비교·분석하는 과정은 자기 근육을 더욱
단단하게도 하지만 최종 보고서가 완료된 후에는
자신만의 생각이 담긴 든든한 무기가 된다.

1. 사안을 다양한 관점에서 비교하고 분석함으로써 실무자는 문제에 대해 깊이 있는 이해를 얻는다.

이 과정에서 새로운 통찰력을 얻거나 기존의 가설을 재검토할 수 있다. 이것이 바로 '자기 근육'을 단단하게 만드는 부분이다.

2. 다양한 관점에서 문제를 접근하고, 그중 가장 효과적인 해결 방법을 찾아내는 것은 실무자의 문제해결 능력과 판단력을 향상시킨다.

3. 여러 가지 가능성과 전략들 중에서 최적의 선택을 한 후 나온 보고서는 실무자의 독특한 시각과 생각이 반영된 '든든한 무기'가 된다.

이 보고서를 통해 실무자는 자신이 분석하고 판단한 결과를 명확하게 전달할 수 있다.

단순함이 미덕, 왜 그런가?

레오나르도 다 빈치는 화가, 조각가, 발명가, 건축가, 과학자, 음악가, 공학자, 문학가, 해부학자, 지질학자, 천문학자, 식물학자, 역사가, 지리학자, 도시계획가, 집필가, 기술자, 요리사, 수학자, 의사 등 다방면에서 활약한 다재다능한 천재였다. 그는 "단순함이란 궁극의 정교함이다(Simplicity is the ultimate sophistication)."라는 말을 남겼다. 얼핏 보면 단순함과 정교함은 의미를 보건대 다소 대척점에 있는 듯하다. 레오다르도 다 빈치가 한 말의 의미를 파악하기 위해 한 단계 더 들어가려면 단어 하나부터 그 정의를 찾을 필요가 있다. 먼저 '단순함'이란 복잡하지 않고 간단함을 말한다. '정교함'이란 내용이나 구성이 정확하고 치밀하다는 것을, '궁극'이란 어떤 과정의 마지막이나 끝을 의미한다. 결국 해석하자면, 복잡하지 않은 간단함은 결국 내용이나 구성이 정확하고 치밀할 때 가능하다는 것을 말한다.

이러한 관점은 보고서 작성 관점에서도 매우 중요한 의미가 있다. 보고서란 기본적으로 정보를 제공하고 결론을 도출하기 위한 문서다. 따라서 보고서 작성은 정확성과 명확성이 요구된다. 그러나, 보고서 작성자가 본인의 지식을 과도하게 담아내거나 너무 복잡하게 작성하면 독자들은 내용을 이해하기 어렵게 된다. 이 경우 보고서는 그 자체로 가치가 없어질 수 있다. 그래서 레오나르도 다 빈치의 말은 보고서 작성 관점에서도 큰 의미가 있다. 보고서를 작성할 때, 불필요한 정보를 제거하고, 복잡한 구성을 간소화하여 명확하게 작성하는 것이 매우 중요하다. 이렇게 작성된 보고서는 독자들이 쉽게 이해할 수 있으며, 의사결정을 내리는 데도 큰 도움이 된다.

보고서는 결재권자의 의사결정을 빠르게 돕기 위한 것이고 결재권자가 그 글을 쉽게 이해할 수 있어야 가능하다. 그러나 문제해결방안은 입체적인 분석으로 다양한 측면에서 검토가 필요함과 동시에 단순한 설명으로 결재권자를 이해시켜야 한다.

따라서 보고서를 작성할 때는 조직과 개인 차원의 수준을 모두 고려하여 검토한 결과를 핵심 메시지를 중심으로 치밀하게 구성하고 적확한 용어를 사용해야 한다. 특히 해당 문서가 조직 밖으로 시행이 되는 문서라면 중학교 3학년 학생이 이해할 수 있을 정도의 문장 구성과 단어 사용 등 '치밀한 단순함'이 필요하다.

'치밀한 단순함'이란 내가 전달하고자 하는 내용이 구조화되어 어려운 내용도 쉽게 이해할 수 있는 것을 의미한다. 치밀한 단순함을 가진 보고서는 결재권자가 이해하기 쉬우며 종국적으로는 내가 잘 차려놓은 각본대로 정책을 펼칠 수 있다.

다음 문서는 필자가 작성한 〈학교용지법 개정을 통한 적기·적정 학교설립 기반 마련 추진계획〉(2021년 10월)의 일부다. 이 계획은 정책보고서의 일종으로 차례는 '개요 – 학교용지법 현황과 실태 – 추진계획 – 향후계획'이다. 먼저 개요 부분을 살펴보겠다.

개요 부분에서는 보고서를 작성하게 된 근거, 목적, 필요성을 언급하였다. 근거에서는 '학교설립 체계 및 법령·제도 개선방안 마련 기본계획'을 2021. 8. 27. 수립하였고 이는 단순 집행계획이 아닌 법령과 제도를 개선하기 위한 기본계획임을 언급하였다. 또한 해당 기본계획에서 추진키로 한 5대 과제를 명시하고 그중 하나를 면밀히 추진하기 위한 문서임을 명시하였다. 이 추진계획을 작성하게 된 근거가 단순히 일상적인 집행계획이 아님을 결재권자에게 어필하고 싶었다.

목적에서는 개발사업 협의에서부터 개교까지 사업시행자와 시도교육청 간, 시도와 시도교육청 간 다양한 쟁점들로 인해 적기·적정 학교설립에 어려움이 있음을 언급하였고 보다 구체적으로 해당 쟁점이 무엇이고 왜 이 문서를 작성하게 되었는지를 밝혔다.

필요성 부분에서는 다양한 쟁점들이 발생하는 근본적인 이유는 국토계획법상 학교가 공공시설이 아닌 기반시설로 분류되어 있기 때문임을 말하면서, 이러한 쟁점을 일부라고 해소하기 위해서는 근거법령인 학교용지법 개정이 필요하기 때문임을 밝혔다. 또한 결재권자가 공공시설과 기반시설이 무엇인지 어떤 차이가 있는지 모를 수 있기에 각 시설의 정의와 종류를 표로 요약하였고 학교를 공공시설화하기 위한 그간 입법기관의 노력이 언제 얼마나 있었는지도 언급하였다.

결재권자에게 개요 한 페이지만 읽어도 학교설립에 어떤 쟁점이 누구와 발생하는지, 학교를 공공시설화하지 않음으로써 그 차선책으로

학교용지법 개정을 통한 적기·적정 학교설립 기반 마련 추진계획안

검토일시	부서명(담당)	직급	성명	사무실(031-249-)	핸드폰
'21. 10. 1.(금) 10:00 (Ver.3.0)	학교설립과 (교지조성)	5급	○○○	0413	-
		6급	신영민	0415	-

I 개요

※ 단순 집행계획이 아니라 법령·제도 개선을 위한 중요계획임을 어필!

○ (추진근거) 학교설립 체계 및 법령·제도 개선방안 마련 기본계획*
(학교설립과-7618호, '21. 8. 27. 교육감 결재) 명시

* (기본계획 내 5대 추진과제) ①학생배치기준 조정 및 개선, ②창의적이고 다양한 과밀학급 해소 방안 마련, ③학교용지법 개정을 통한 적기·적정 학교설립 기반 마련, ④신설학교 적기 개교 행정 절차 간소화 방안 마련, ⑤학교용지 확보 컨설팅 체계 마련 [포털 구축]

○ (추진목적) 개발사업 협의부터 개교까지 다양한 쟁점*이 여러 기관과의 협의로 얽혀 있으므로, 학교용지법 개정을 통해 적기·적정 학교설립 기반을 마련해 미래교육 대비 학교설립 체계를 강화 명시!

* (사업시행자-교육청) 녹지축소 비율, 기부채납 / (시·도-교육청) 학교 증축 비용 분담

구분	내용
사업시행자 - 교육청	• 학교시설 설치비 재원인 녹지축소 비율 결정 • 「학교용지법」상 기부채납(시설·현금) 근거 부재
시·도 - 교육청	• 학교시설 증축 비용 분담 여부

○ (필요성) 국토계획법상 학교는 공공시설이 아닌 기반시설로 분류*되어, 근본 이유 각종 개발사업에 따른 용지확보와 시설공사 절차 이행에 어려움이 많아, 이를 일부라도 해소할 학교용지법 개정이 필요

* 국토계획법 제65조에 따라 개발행위허가를 받은 자가 새로 설치한 '공공시설'은 관리청에 무상으로 귀속되나, 학교는 기반시설로만 분류되어 학교의 공공시설화가 두 차례 시도

- (공공시설과 기반시설의 종류) 기반시설과 공공시설의 차이 설명

구분	정의 및 주요 시설
기반시설	도로, 철도, 항만, 공항, 주차장, 광장, 공원, 녹지, 수도, 전기, 방송, 학교, 공공청사, 하천, 유수지, 방재시설, 장사시설, 하수도, 폐기물처리 및 재활용시설 등
공공시설	도로, 공원, 철도, 수도, 항만, 공항, 녹지, 하천, 방화·방풍·방수·사방·방조설비, 하수도 등 공공용 시설

그간 경과 정보 제공

- (학교의 공공시설화 입법 발의 연혁) 총 2회 추진 (제헌국회~현재까지)

의안 번호	의안명	제안일자	제안자	위원회			본회의	
				소관상임위	회부일	상정일	의결일	결과
176641	국토계획법	'07. 5. 21.	최재성의원등 15인	건설교통위	'07. 5. 22.	'07. 6. 21.	'08. 5. 29.	임기만료폐기
1803414	일부개정법률안	'09. 1. 6.	최재성의원등 16인	국토해양위	'09. 1. 7.	'09. 7. 8.	'12. 5. 29.	임기만료폐기

- 1 -

<그림55> 치밀하지만 단순하게 작성한 보고서 예

(출처: 경기도교육청, 〈학교용지법 개정을 통한 적기·적정 학교설립 기반 마련 추진계획〉, 2021)

학교용지법 개정이 필요할 수 있겠다는 정보를 주었다. 개요에 이어서 나오는 내용은 학교용지법의 현황과 실태이며, 다음은 구체적인 추진 계획이 담겨 있다. 대부분의 보고서 작성자는 개요 부분을 간과한다. 근거에 단순히 관련 근거 법령만을 적시하거나, 목적이나 필요성 부분에 포괄적이거나 모호해 치열함 없이 극히 단순하기만 한 경우가 많다.

개요 부분은 결재권자가 해당 문서를 처음 대면하는 부분이므로 해당 문서의 첫인상을 결정하는 얼굴이다. 해당 문서를 판단하는 중요한 첫인상에서 치밀하지 않은 단순함은 결재권자가 보고서 작성자의 수준을 가늠케 한다. 결재권자는 개요 부분 1페이지만으로 보고서에 흥미를 갖고 볼 것인지 아닌지를 결정하기 때문이다.

정리하자면, 단순함을 추구하는 것은 단순히 내용을 간략하게 작성하는 것만이 아니다. 단순함을 추구할 때는 치열한 고민으로 질문이 예상되는 상황을 모두 고려해 함축적으로 쉽게 보고서를 작성해야 한다. 이를 위해 '커뮤니케이션 능력'을 발휘해야 한다. 보고서의 내용을 어떻게 배치할지, 시각적인 자료를 활용해 내용을 이해하기 쉽게 전달하는 것도 중요한 요소로 고려될 수 있다. 특히 작성 언어와 문체도 결재권자가 이해하기 쉽도록 선택하는 것이 필요하다.

이처럼, "단순함이란 궁극의 정교함이다."라는 레오나르도 다 빈치의 말은 보고서 작성자들에게 큰 교훈을 준다. 명확하고 간결한 작성 방식을 추구하면서도, 내용에 치밀한 고민의 흔적이 있어야 하며, 결재권자가 내용을 이해하기 쉽도록 다양한 방법들을 활용하는 것이 중요하다.

'치밀한 단순함'이란 내가 전달하고자 하는 내용의
구조화가 잘 되어 있어 어려운 내용도
쉽게 이해할 수 있는 것을 의미한다.

치밀한 단순함을 가진 보고서는 결재권자가 이해하기 쉬우며 종국적으로는 내가 잘
차려놓은 각본대로 정책을 펼칠 수 있다.

1. 정보를 명확하게 구조화하면, 그 정보를 이해하는 데 필요한 인지 부담이 줄어든다.

이것이 '치밀한 단순함'이다. 복잡하거나 어려운 사안도 구조화가 잘 되면 쉽게 이해
할 수 있다.

2. 결재권자는 대개 많은 문서와 보고서를 다룬다.

따라서 복잡한 사항을 명확하게 전달하는 것이 중요하다. 치밀한 단순함을 가진 보고
서는 결재권자가 필요한 정보를 빠르고 정확하게 파악할 수 있도록 돕는다.

**3. 간결하지만 철저히 구조화된 보고서는 결재권자나 의사결정권자에게 큰 영향력을
발휘할 수 있다.**

그들이 제시된 정보를 명확하게 이해한다면, 제안된 방안대로 정책을 집행할 확률이
높아진다.

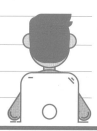

1페이지 보고서로
승부를 내는 방법

예나 지금이나 조직에서 커뮤니케이션은 무척이나 중요하다. 효과적인 커뮤니케이션이 중요한 이유는 무수히 많겠지만 내가 생각하는 이유는 다섯 가지다.

첫째, 더 나은 조직(부서, 팀)을 구축할 수 있다. 효과적인 커뮤니케이션은 긍정적이고 서로를 격려하는 분위기를 조성해 조직이 번창하고 협력할 수 있는 분위기를 만든다. 서로의 생각을 경청하고 제대로 전달하면 해야 할 일과 그 방법에 대한 상호 이해가 쌓이며 오해와 갈등도 줄여준다.

둘째, 시간을 절약한다. 효과적인 커뮤니케이션은 설명과 후속 조치의 필요성을 줄여주므로 시간을 절약한다. 조직 내 모든 구성원이 자신에게 기대하는 바를 알고 효율적으로 작업하여 주어진 업무를 완수할 수 있다. 명확성 부족으로 인해 발생하는 오해와 오류를 방지할 수 있어 궁극적으로(장기적으로)는 시간을 절약하는 것이다.

셋째, 명확성을 높인다. 의도한 메시지가 올바르게 전달되고 이해될 수 있도록 도와주기 때문이다. 상대의 관점에서 상황에 적합한 언어를 사용해 자기 생각을 명확하고 간결하게 전달할 수 있다. 즉, 오역, 혼동, 오해의 소지가 줄어든다.

넷째, 더 강력한 영향력을 발휘한다. 짧고 임팩트 있는 메시지를 사용하면 길고 복잡한 메시지보다 사람들에게 더 오래 기억된다. 다른 사람을 설득하고 영향력을 행사하기 쉬워진다는 말이다.

다섯째, 전문성을 향상한다. 간결한 커뮤니케이션은 말하는 사람이 자신감이 있고 듣는 사람의 시간을 존중한다는 것을 보여주며 이는 곧 전문적이다는 이미지를 구축한다.

그런데 모든 조직에는 공식적인 커뮤니케이션의 프로토콜이 있다. 바로 보고서로 커뮤니케이션을 한다는 것이다. 앞에서 효과적인 커뮤니케이션이 중요한 이유를 말했는데 이는 보고서에도 통용된다. 1페이지 보고서가 중요한 이유를 요약하면 이렇다.

첫째, 보고서는 이해하기 쉽고 관심을 끌 수 있다. 바쁜 세상에서 사람들은 긴 보고서를 읽을 여유가 없다. 핵심 정보를 간결하게 정리한 보고서는 이해관계자가 요점을 빨리 이해하는 데 도움이 된다.

둘째, 보고서는 복잡한 주제에 대한 명확하고 간결한 개요를 제공한다. 예를 들어, 1페이지 분량의 개선방안 보고서는 결재권자와 이해관계자가 목적, 현황 및 문제점, 개선방안의 핵심내용, 향후계획 등을 신속하게 파악하는 데 도움이 될 수 있다.

셋째, 핵심 정보를 간결하게 요약하여 기안자(보고자)가 구두 보고를 쉽게 할 수 있다. 보고서가 간결하고 요점이 명확하므로 결재권자가 빠르게 검토하고 이해할 수 있어 보고해야 하는 필수 정보를 더 쉽게 파악할 수 있다. 또한 1페이지 보고서를 작성하는 과정에서 자기 생각을 명확하게 정리할 수 있어 효과적인 구두 보고가 이뤄진다.

그렇다면 1페이지 보고서는 어떻게 만들어야 할까?

첫째, 목적을 결정한다. 보고서가 왜 필요한지, 결재권자를 어디까지 할 것인지, 어떤 정보를 포함해야 하는지 결정하는 것이 중요하다.

둘째, 핵심 메시지(요점)를 선택한다. 목적이 결정되면 결재권자를 대상으로 보고할 핵심 메시지를 어디까지 할지 선택한다. 특히 결재권자의 입장에서 선택을 해야 한다.

셋째, 정보를 정리한다. 결재권자가 이해할 수 있는 논리적 흐름으로 정보를 구성해야 한다. 제목과 부제목, 문단의 내용이 논리적으로 일치해야 하며 가독성도 고려되어야 한다.

넷째, 간결하게 작성한다. 불필요한 세부 사항이나 수식어는 포함하지 않아야 한다.

다섯째, 그래프, 표를 사용한다. 시각적으로 눈에 띄는 자료를 활용하면 논리적 흐름으로 구성한 정보의 이해도를 높이는 데 좋다.

여섯째, 교정한다. 보고서 작성 후 오류는 없는지, 정보가 명확하고 정확한지 다시 한번 주의 깊게 검토해야 한다.

일곱째, 공유·보고한다. 결재권자가 정보를 더 잘 이해할 수 있도록 보고서의 맥락과 함의를 구두로 설명하거나 별도로 정보에 대한 근거 자료를 제공한다.

다음은 1페이지 보고서의 실제 모습과 작성 과정이다. 2021. 5. 31. 내가 작성했던 〈학교용지 확보 컨설팅 체계 마련 기본계획〉에 대한 1페이지 요약 보고서다. 기본계획이란 업무의 목표와 목적, 그리고 이를 달성하기 위해 취할 전략과 단계를 개괄적으로 설명하는 중요한 문서다. 달리 말하면, 업무의 목표와 목적을 달성하기 위한 명확한 로드맵을 제공하고 기대치를 설정하며 목표를 공유하여 책임과 구조를 개선하는 데 도움을 준다는 점에서 중요하다고 할 수 있다.

〈학교용지 확보 컨설팅 체계 마련 기본계획〉은 2021. 3. 1. 조직 개편이 되면서 모든 학교의 설립·폐지권이 본청에서 교육지원청으로 위임되었고 본청이 학교용지 관련 정책의 기획·연구·컨설팅 기능을 강화해야 할 필요성이 대두되었기 때문에 업무 담당자 입장에서는 꼭 필요한 정책이라고 생각했기 때문에 나로서는 해당 정책을 반드시 추진해야 한다는 절실함이 있었다. 나의 절실함이 결재권자에게 도달하려면 내가 이 정책을 생각하게 된 배경과 필요성을 설명해야 결재권자가 관심을 가질 것으로 생각했다. 또한 결재권자가 배경과 필요성만 이해하면 자연스럽게 어떤 정책을 추진할 것인지가 궁금할 것이라고 생각했다. 그래서 구체적인 작성 과정에서의 생각과 작성 및 보고 결과는 다음과 같다.

첫째, 1페이지 보고서의 목적은 결재권자의 관심을 끌고 정책의 필요성을 이해시키는 것에 두었다.

둘째, 핵심 메시지는 "그래서! 이 정책을 왜 해야 하는데? 구체적으로 하고자 하는 것이 뭔데?"를 해소하는 데 주안을 두었다.

셋째, 정보를 정리하여, 서론 - 본론 - 결론의 흐름으로 구성하되 최대한 함축하여 핵심 메시지만 담되, 1페이지가 넘으면 결론에 들어갈 향후계획이나 기대효과는 과감히 생략하기로 마음먹었다.

넷째, 작성 과정에서 이해를 쉽게 하려고 사용했던 수식어는 모두 배제하여 최대한 간결히 작성해 1페이지가 보고서의 속성을 지키기로 했다.

다섯째, 구구절절이 설명하는 말을 모두 과감히 삭제하면서 결재권자의 이해를 돕기 위해 표와 직관적인 그림을 사용하기로 했다.

여섯째, 오탈자는 보고서의 신뢰에 영향을 미치므로 교정 절차를 가졌고, 결재권자의 예상 질문과 궁금해 할 만한 자료를 미리 고민해 준비하였다.

일곱째, 중간 결재권자와 최종 결재권자에게 1페이지 보고서를 보여주고 함축된 내용을 풀어서 구두로 설명했다. 설명 중 결재권자로부터 미세한 움직임 예를 들어 고개를 갸우뚱한다거나 집중도가 떨어진다는 느낌을 받으면 설명을 좀 더 자세히 하였다.

1페이지 보고서 작성은 직장인이 갖춰야 할 중요한 기술 중 하나다. 보고서 작성을 잘한다는 것은 '비판적 사고'를 잘한다는 것을 의미하며 조직 내에서 '커뮤니케이션 능력'이 뛰어나다는 것을 유추할 수 있다. 공무원이 자신의 역할을 성공적으로 수행하고 동료 및 이해관계

(1P 요약) 학교용지 확보 컨설팅 체계 마련 기본계획(안)

검토일시	부서명(담당)	직급	성명	사무실(031-249)	핸드폰
'21. 5. 31.(월) 10:00 (Ver2.5)	학교설립과 (교지조성)	5급 6급	이○○ 신영민	0413 0415	010-0000-0000 010-0000-0000

☐ 추진 배경 및 필요성

○ 경기도교육청 조직개편('21. 3. 1.)에 따라 모든 공립학교 설립·폐지권이
교육장에게 위임됨에 따라, 본청 학교용지 관련 정책의 기획·연구·
컨설팅 기능을 더욱 강화해야 할 필요성 대두

☐ 추진 계획

학생배치·관재 담당자 **컨설팅 추진**을 위한 **<학교용지 컨설팅 포털>**을 구축하여,
학교용지 관련 컨설팅 의뢰·답변 관리, 중앙부처 법령해석례·대법원 판례·등기선례·
쟁점해결례, 기타 언론보도 등에 대한 **자료를 조회·공유**할 수 있는 체계 마련

① (1단계) <학교용지컨설팅포털 기반 조성 T/F> 구성·운영

연번	내용
1	학교용지 관련 그간의 컨설팅 자료, 학교용지법 및 개발사업 관계 법령 해석례, 대법원 판례 및 등기선례, 쟁점 해결 사례, 관련 정책 등의 **자료 수집**
2	**컨설팅**의 '범위', '의뢰·처리 절차', '요청 양식', '의뢰·처리 방식', '사후 관리 방법' 등에 대한 **논의**
3	'학교용지 컨설팅 포털'의 메뉴, 화면 구성, 검색 시스템 등이 직관적· 체계적으로 구성할 수 있는 방안 **논의 및 포털 내 자료 게시**

② (2단계) <경기 학교용지 컨설팅 포털> 설계·구현

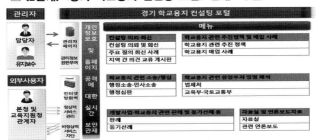

③ (3단계) <경기 학교용지 컨설팅 포털> 시범운영 및 개통

2단계 목표 서비스 구성도(안)으로 설계·구현하되,
T/F의 자문 결과를 반영하여 시범운영 및 개통 추진

<그림56> 1페이지 요약 보고서 예

(출처: 경기도교육청, <학교용지 확보 컨설팅 체계 마련 기본계획>, 2021)

자와 효과적으로 소통하기 위해서는 보고서 작성 기술을 먼저 개발하
는 것이 중요하다. 지속적으로 연습하고 학습함으로써 비판적 사고와

의사소통 능력을 향상해 궁극적으로 조직에 더 효과적으로 이바지할 수 있도록 해 자신의 정체성을 확보하도록 하자.

보고서 작성을 잘한다는 것은 '비판적 사고를 잘한다'를 의미하며 조직 내에서
'커뮤니케이션 능력이 뛰어나다'는 것을 유추할 수 있다.

1. 보고서는 주제에 대한 정보를 정확하고 명확하게 전달하는 도구다.

비판적 사고를 통해 보고서 작성자는 문제의 본질을 파악하고 다양한 관점을 고려하여 분석할 수 있다. 이는 보고서를 논리적으로 구성하고 주장을 뒷받침하는 근거를 제시하는 데 도움을 준다.

2. 또한, 비판적 사고는 오류와 부정확성을 탐지하는 역할을 한다.

보고서 작성자는 자신의 주장을 검토하고 논리적인 결함이나 정보의 부족한 부분을 식별할 수 있어야 한다. 이는 보고서의 신뢰성과 타당성을 높이는 데 기여한다.

3. 뿐만 아니라, 비판적 사고는 조직 내에서 커뮤니케이션 능력을 뛰어나게 한다.

보고서 작성자는 자신의 주장을 명확하게 전달하고, 다른 사람들의 의견을 이해하며 대화할 수 있어야 한다. 비판적 사고를 통해 보고서 작성자는 타인의 의견을 존중하고, 효과적인 의사소통을 할 수 있다.

5장

보고서,
공무원 생활을
바꾸는
마법의 한 장

보고서로 상사를 춤추게 하는 비법

2014년 1월경의 일이다. 당시 우리 조직은 학교설립에 관해 법령과 현실 여건 사이에서 어려움을 겪고 있었다. 당시 법령상, 공영개발사업지[39] 내 학교설립에 대해 개발사업시행자는 학교시설을 설치하여 교육청에 무상으로 공급하도록 의무화하고 있었다. 문제는, 땅은 무상공급이 맞는데, 시설은 무늬만 무상공급이고 실질은 약 70%의 재원을 교육청이 부담하는 데서 오는 것이었다. 돈은 교육청이 약 70% 정도를 부담함에도 학교시설의 품질 담보를 위해서 교육청이 주도적으로 권한을 행사하지 못하는 데 문제가 있었다. 게다가 개발사업시행자들도 제도 시행 초기에 따른 역할이 정립되지 않아 통일된 의견이 없는 등 문제가 많았다.

---

39. 국가, 지자체, 공사 등이 직접 시행하는 개발사업 지역.

이에 당시 부서장은 나에게 TF팀을 꾸려서 해결방안을 마련해 보라고 하였다. 문제는 거기서도 돈이었다. 예정에 없던 팀을 새로 꾸리려다 보니 들어가는 비용이 문제였는데 부서장은 기존의 다른 TF와 마찬가지로 예산 소요가 없는 팀을 꾸리기를 원하는 눈치였다. 그러나 이번에 만들어야 하는 TF는 업무의 양이나 질적인 측면에서 비교할 수 없을 정도로 난도가 있어서, 나는 단순히 개인의 봉사심만으로는 제대로 된 결과물이 나올 수 없다고 생각했다. 그래서 정책기획관(예산부서)으로부터 별도의 예산을 지원받는 것으로 TF 운영계획을 수립했고 부서장에게 결재해달라고 말씀드렸다.

> 부서장 음, 다 좋아. 그런데 예산지원에 관한 내용 말인데, 정책기획관
> 에서 예산을 받아올 수 있겠어?
> 신영민 네. 과장님. 결재만 해주세요. 제가 그쪽 부서의 실무자와 팀장,
> 그리고 과장님까지 설득하겠습니다.
> 부서장 그래. 알았어. 근데 협조 결재를 해줄지 모르겠다.

당시 우리 부서와 예산 부서 사이에 업무적으로 몇 번 부딪힌 적이 있어서 부서장은 예산 부서의 협조가 안 될까 봐 약간 우려를 했던 것으로 기억한다. 그렇지만 난 확신이 있었다. 왜냐하면 적어도 본청 공무원이라면 사사로운 감정보다는 업무 중심의 마인드를 갖고 있다는 믿음 때문이었다. 또한 사전에 예산 부서 실무자를 만나 다짐을 받아두었고 예산 부서의 담당 팀장과 부서장을 설득할 자신이 있었기 때문이다.

협조 결재 전, 사전에 마음속으로 보고서에 대해 브리핑했다. 예상 질문 리스트도 뽑아봤다. 그리고 답변을 외우고 또 외웠다. 어느 정도 숙달이 되었다고 느낀 순간 바로 결재를 받으러 예산 부서로 향했다. 예산 담당 팀장에게 보고서를 들이밀고는 팀장의 표정을 유심히 보았다. 어느 대목을 읽는지 어디에서 멈추는지를 확인했다. 멈춘다 싶으면 그 부분에 대해 바로 직접 부연 설명을 했다. 부연 설명은 한 번으로 끝났고 이내 나의 보고서에 협조 결재 사인이 완료되었다. 이어서 부서장에게 갔다. 마찬가지로 보고서를 들이밀고 표정을 유심히 살펴보았다. 어? 그런데 한 차례도 멈추지 않고 그냥 스~윽 보더니 결재를 하셨다. 난 준비한 만큼 말을 못했기 때문에 아쉬운 마음이 들기도 했다. 모든 결재를 마친 후 나의 부서장에게 결재를 완료했다고 말씀을 드렸다. 지금도 잊히지 않는다. 그때 내 부서장의 미소가.

결국 약 1천만 원가량의 예산으로 9개월 간 TF를 운영하였고 중간보고, 최종결과보고 후 학교시설 무상공급에 대한 우리 청의 입장을 정립하였다. TF 해단식을 겸한 회식 자리에서 20년 가까이 공직 생활을 하셨던 업무의 베테랑인 당시 신준관 주무관(현재는 사무관)의 말씀을 나는 지금도 잊을 수 없다.

"신영민 씨! 내가 공직 생활을 영민 씨보다 오래 했잖아. 갑작스럽게 TF를 구성해서 운영하는 데 정책기획관에서 예산까지 받아오길래 놀랐다. 보통 이런 경우는 그냥 예산 없이 공무원 개개인의 소명 의식이나 봉사심에 기대어 TF를 운영하거든. 그런데 이번 TF에서 영민 씨가 예산을 지원받아온 건 TF 구성원들이 집중해서 일할 수 있는 여건을 만들어 주려고 한 거잖아. 나 이번에 신영민 씨 하는 거 보고 많이 배웠다!"

그 후 당시 부서장[40]은 인사발령으로 인해 다른 기관(부서)으로 옮기게 되었고 송별식 자리에서 전 직원들이 모인 자리에서 이런 말을 했다.

"내가 학교설립과를 떠나면서 자랑스럽게 생각하는 것이 세 가지 있습니다. (시간 순서로 말하자면) 학교설립 효율화 방안을 만들었던 것, 온전한 학교용지 확보를 위한 학교시설 건축규제 완화계획을 발표했던 것, 마지막으로 학교시설 무상공급과 관련된 TF를 꾸려 구체적 실행방안을 만들었던 것입니다."

사람들은 모두 고개를 끄덕였다. 나도 고개를 끄덕였다. 그 순간 너무나 기뻤다. 부서장이 말한 세 가지 중 두 가지는 내가 직접 추진했던 일이기 때문이었다. 당시 부서장은 업무 조율 능력이 뛰어났던 분으로 기억한다. 기관장의 명령과 현실 여건, 부서 간 의견, 담당자들의 생각 등을 잘 조율해서 목표를 밀어붙이는 데 탁월한 감각이 있는 분이셨다. 그리고 담당자에게 권한 위임을 잘해주어 현장에서 적극적인 대처를 할 수 있도록 힘을 실어 주셨던 기억도 있다.

조직이란 특정한 목적을 달성하기 위해 여러 개체나 요소를 모아서 체계 있는 집단을 이루는 것이다. 공조직이나 사조직이나 상·하급 기관이 존재하며, 조직 내에 역할 분담을 위해 여러 부서가 있고, 각 부

---

40. 박상원 지방서기관, 현재는 퇴직.

서에는 팀이 있으며, 팀원도 있다. 이른바 계층조직이다. 목적달성을 위한 공식적인 행위는 모두 보고서를 통해 이뤄진다. 내가 만든 보고서는 결재 전까지는 나의 얼굴이자 나를 평가하는 도구다. 그러나 최종 결재가 난 보고서는 그때부터 가치가 달라진다. 내부적으로는 내가 속해 있는 부서의 얼굴이 되지만, 외부적으로는 기관의 얼굴이 된다. 결국 최종 결재가 된 보고서는 그 조직을 평가하는 척도가 되어 버린다.

내가 만든 보고서를 상사에게 보여줄 때 상사의 마음을 생각해 본 적이 있는가? 보고서를 작성하는 사람도 힘들지만 결재하는 사람도 힘들다. 일일이 지적을 해주고 싶지만, 기안자의 마음에 상처를 줄까 봐 그냥 결재 버튼을 클릭하는 복잡한 감정을 소유한 상사도 있다. 반면에 중간 결재권자라는 인식으로 까다롭게 검토하고 또 검토하는 상사도 있다. 우리에겐 각자 다양한 성향의 상사들이 있고 나름대로 장단점이 있다. 대부분의 상사는 나보다 직장 경험이 많아서 업무의 내공이 있다. 그래서 보고서의 중요성을 잘 안다. 만약 결재하려는 보고서가 간결하며, 보고받는 자의 입장에서 작성되었으며, 목적과 방향 제시가 뚜렷하고, 정곡을 찌르고 있다면 어떤 생각을 할까? 거기다 객관적 통계자료를 제시하여 신뢰가 가고, 조직이 어려운 시기에 때를 맞춘 보고서가 올라온다면? 전결[41] 규정상 국장까지 결재받으면 끝날 보고서도 기관장 결재를 받아야 한다고 흥분하며 당신에게 말해줄 것이다. 까다로운 상사가 이 정도의 반응이라면 이미 마음은 덩실덩실

---

41. 기관장으로부터 사무의 내용에 따라 결재권을 위임받은 자가 행하는 결재.

춤을 추는 상황일 것이다.

어떠한가? 우리도 이제 자기 능력을 업그레이드할 때가 되지 않았을까? 안타깝지만, 직장인이라면 직장에서 당신의 가치는 남이 매겨 줄 수밖에 없다. 그리고 가치판단의 기준은 결국 보고서 작성 능력의 유무에 있다. 1) 전문성, 2) 문제해결 능력, 3) 커뮤니케이션 능력, 4) 창의력을 겸비한 행정가가 되어 보고서를 작성해 까다로운 상사와도 형·동생이 되고, 나의 얼굴, 부서의 얼굴, 더 나아가서는 우리 기관 전체의 얼굴을 예쁘게 닦아 보자. 그때는 상사가 아니라 기관장이 깨춤을 출 것이다.

내가 만든 보고서는 결재 전까지는 나의 얼굴이자 나를 평가하는 도구다.

그러나 최종 결재가 난 보고서는 그때부터 가치가 달라진다. 내부적으로는 내가 속해 있는 부서의 얼굴이 되지만, 외부적으로는 기관의 얼굴이 된다. 결국 최종 결재가 된 보고서는 그 조직을 평가하는 척도가 되어 버린다.

1. 보고서는 자신의 전문성, 분석력, 문제해결 능력 등을 직접 표현하는 방법이다.
따라서 결재 전(前) 단계의 보고서는 개인을 평가하는 중요한 도구로 작용한다.

2. 그러나 최종 결재를 받은 후에 보고서의 역할은 변한다.
이때부터 보고서는 자신뿐 아니라 자신이 속해 있는 부서와 전체 기관을 대표한다.

3. 외부에 공개된 보고서들은 해당 조직의 전문성과 신뢰성을 판단하는 중요한 척도로 활용된다.
잘 작성된 보고서들은 조직 이미지 구축에 크게 기여하며, 반대로 부정확하거나 모호한 정보를 담은 보고서들은 조직 이미지에 악영향을 줄 수 있다.

1톤의 생각에서 1그램의 행동으로, 어떻게 이동할까?

나는 1녀 3남을 둔 다둥이 아빠다. 아내는 나 때문에 육아휴직을 총 6년, 인사교류를 두 번이나 했다. 남자도 군대를 다녀오면 사회생활에 적응하는 데 시간이 걸리듯이 아내도 육아휴직 후 직장생활에 적응하느라 힘들어했다. 그래서 난 지금도 아내에게 미안한 마음을 갖고 있다. 아내가 복직 후 가장 어려워했던 건 보고서 작성이었다. 아내가 수원시 우만2동사무소에 근무했을 때(2012년 4월)다. 새로 부임한 동장은 현재 운영 중인 주민자치센터 프로그램에 불만이 있어, 담당자였던 아내에게 주민자치센터 프로그램 활성화 방안에 대해 보고서 작성을 지시했다. 아내는 그것 때문에 며칠간 스트레스로 한숨을 쉬곤 했다. 어느 날엔가 혼자서 고민하더니 나에게 말을 걸어왔다.

아내 여보. 나 좀 도와주면 안 돼요?

나   뭔데요? 말해 봐요.

아내 다른 게 아니라, 주민자치센터 프로그램 활성화 방안을 만들어
     야 하는데 어떻게 해야 할지 모르겠어요. 당신은 사무실에서 보
     고서를 많이 쓰곤 했으니 좀 도와줘요.

나   팀장이나 동장은 뭣 때문에 활성화 방안을 만들라고 하는 거예
     요?

아내 아~ 주민자치센터 프로그램을 활성화하기 위해서 수강료 징수
     와 강사수당 지급에 문제점을 검토해서 개선하라는 거예요.

나   오케이, 알겠어요. 그러면 어디 같이 한번 연구해 봅시다.

아내를 도와주고 싶은 마음에 선뜻 나서긴 했지만 의외로 어려운 점이 많았다. 나의 보고서 작성 스타일은 그때그때 궁금한 걸 상급자에게 물어가면서 진의를 파악하는 건데 아내를 통해서 묻다 보니 진의 파악을 하는 데 한계에 봉착했다. 게다가 나는 당연하다고 생각한 것을 아내는 그렇게 생각하지 않다 보니 답답한 마음도 들었다. 아마 아내가 느꼈는지 모르겠지만, 같이 보고서를 쓰면서 나도 모르게 답답한 마음이 은연중 말속에 묻어 나왔을 수도 있었을 것이다. 보고서 작성을 같이 마무리한 후 나는 아내에게 앞으로 공직 생활을 하면서 세 가지를 꼭 했으면 좋겠다고 말해 주었다. 그때 말했던 것들을 여기서 밝혀 본다.

첫째, 워드프로세서의 고급 기술을 익혀야 한다. 그냥 하면 동기부여가 안 되니 관련 자격증을 따는 것을 목표로 해도 좋다. 워드프로세서의 기능, 단축키, 사용 노하우 등을 잘 알아야 빠른 보고서 작성이 가능하다. 다만, 이러한 기술들은 기능적인 것에 불과한 사무처리 능

력이며 더 중요한 것은 다음에 있다.

둘째, 최소한의 행정법 공부를 해야 한다. 행정법은 행정 권력의 행사와 행정행위에 대한 법적 규제를 다룬다. 공무원은 행정 권력을 행사하고 행정행위를 하는 주체이므로 행정법을 알아야 한다. 행정법을 공부함으로써 자신의 업무를 원활하고 적법하게 수행할 수 있으며 국민의 권리와 이익도 보호할 수 있다. 이는 공무원의 직무 수행 능력과 신뢰도를 높이는 데에도 이바지한다.

셋째, 파워포인트와 엑셀 사용 등 오피스 프로그램 활용 능력을 길러야 한다. 경력이 더 쌓이다 보면 남들 앞에서 강의할 일이 생기기 마련이다. 게다가 수준 높은 명품 보고서를 작성하기 위해서는 적절한 인포그래픽을 만들 일도 생기기 때문에 최소한의 오피스 툴 사용법은 필수다.

아내는 나의 말에 적극 공감했다. 그런데 그렇게 말한 지 벌써 10년이 넘었는데도 아내의 보고서 실력은 아직 그대로다. 그건 아마 무수히 많은 1톤의 생각들이 1그램의 행동으로 옮기는 동인(動因)이 없기 때문일 것이다. 공무원으로서 앞에서 말한 세 가지는 정말이지 필수다. 앞의 세 분야 외에도 또 할 게 무궁무진하다.

머릿속으로 아무리 많은 계획을 세우고 수많은 비전을 수립하여도 결국 실천하지 않으면 아무런 소용이 없다. 〈무한도전〉 479회('16. 5. 7.)에서 '2016 무한상사'를 연출한 장항준 감독은 그의 아내 김은희 작가[42]에 대해 이런 말을 했다.

"진짜 옛날엔 대본을 너무 못 썼어요. 만날 저한테 혼나고 그랬는데, 근데 얘(아내)는 어떤 장점이 있냐면 어제보다 오늘 0.001% 나은 사람이 돼요. 항상! 근데 그게 세월이 축적되니까 점점 점점 잘 쓰게 되고, 어느 순간 제가 맨날 혼을 내게 되다가, 어느 순간 '야~ 이제 고칠 게 없다.' 그때부터 막 순풍에 돛을 단 듯이 하는데……. (후략)"

김은희 작가가 남들과는 대체될 수 없는 유명작가로 발돋움하게 된 비결을 뭘까? 그건 남편 장항준 감독의 말처럼 어제보다 더 나은 사람이 되려고 행동하는 노력에 있다. 시중에 보고서 작성과 관련된 책은 차고 넘친다. 그런데 보고서를 잘 쓰는 사람이 드문 것은 왜일까? 대부분의 사람은, 생각은 하는데 행동으로 옮기지는 못한다. 독서가 중요한 것은 알면서 실제 독서를 하는 사람은 드문 것처럼, 담배를 끊어야 한다고 생각은 하면서 실제 금연을 하는 사람은 드문 것처럼, 실천으로까지 자기 생각을 옮기는 사람은 드물다. 또한 실천하면 개인 성향으로 자신만의 습득과정에 따른 시행착오가 불가피한데 아예 시도조차 하지 않음으로써 개선의 기회조차 없어져 버리는 것이다.

그래서 나는 이 책을 통해 독자들에게 동기부여를 해주고 싶다. 나처럼 평범한 사람이 어떻게 보고서 작성으로 직장생활이 바뀌게 되었

---

42. '김은희'는 드라마 '싸인', '유령', '쓰리 데이즈', '시그널' 등 한국 드라마에 보기 힘든 전문적인 분야의 소재를 가지고 스릴과 서스펜스가 넘치는 각본을 쓰는 유명작가다.

는지를 구구절절이 알려주면 적어도 1명이라도 바뀐 삶을 살게 되지 않을까? 누군가의 인생이 나의 책으로 인해 한결 더 나아지는 직장생활을 하게 된다면 매일 새벽 4시에 일어나 이렇게 글을 쓰는 게 고생이 아니라 즐거움으로 바뀌리라 믿는다.

1톤의 생각에서
1그램의 행동으로 이동하기 위한 방법

1. 먼저, 보고서 작성에 필요한 기술과 전략을 학습하자.

보고서 작성은 여러 복잡한 요소와 과정들이 결합된 일이며 이를 위해선 다양한 기술들이 필요하다. 이런 기술들은 자연스럽게 습득되는 것이 아니라 명확히 이해하고 연습해야 하는 것들이다. 보고서 작성에는 특정 전략도 필요하다. 예를 들어 어떻게 효과적으로 시간을 관리할 것인지, 어떻게 정보를 수집하고 분석할 것인지 등에 대한 전략이 필요하다. 또한 글의 구조를 어떻게 설정할지, 어떤 포인트를 강조할지 등에 대해서도 고려해야 한다. 따라서 보고서 작성을 잘 하려면 먼저 보고서 작성에 필요한 기술과 전략을 학습하는 것이 중요하다. 이것은 성공적인 보고서 작성의 첫걸음이다.

2. 실제로 보고서를 작성해 보는 것이 중요하다.

보고서 작성은 여러 과정을 포함한다. 연구, 분석, 조직화, 문장 구성 등. 이러한 기술들은 단순히 책을 읽거나 강의를 보는 것만으로 완전히 습득하기 어렵다. 실제로 보고서를 작성하면서 이런 기술들을 연습해야 진정한 학습이 일어난다. 또한, 보고서 작성 과정에서는 종종 예상치 못한 문제가 발생한다. 정보가 충분하지 않거나 잘못된 정보에 의존하게 될 수도 있고, 생각했던 대로 아이디어가 잘 구조화되지 않을 수도 있다. 이런 문제들은 실제 보고서를 작성해 보지 않으면 경험할 수 없으며, 그 해결 과정에서 많은 것을 배울 수 있다. 마지막으로, 보고서를 직접 작성하는 과정은 자신의 생각과 아이디어를 명확하게 표현하는 능력을 향상시킨다. 어떤 주제에 대해 깊게 생각하고 그것을 체계적으로 정리하여 다른 사람들에게 전달하는 능력은 업무뿐만 아니라 일상생활에서도 매우 유용하다.

3. 피드백을 받고 개선하는 것이 중요하다.

보고서 작성은 일련의 복잡한 과정을 포함한다. 주제 선택, 정보수집, 아이디어 구조화, 글쓰기 등. 이러한 단계마다 개개인의 능력과 경험에 따라 성공도와 효율성이 달라진다. 그러므로 완성된 보고서는 저마다의 강점과 약점이 있다. 피드백은 이런 강점과 약점을 식별하기 위한 중요 도구다. 다른 사람들로부터 받는 피드백은 자신이 놓칠 수 있는 부분들을 지적해 주며, 보고서를 어떻게 개선할 수 있는지에 대한 구체적인 방향 설정을 가능케 한다. 또한, 피드백은 자신의 보고서가 잘못된 가정이나 오해를 가지고 있지 않은지 확인하는 기회를 준다. 예를 들어, 자신이 주장이나 정보를 명확하게 전달했다고 생각할 때도 결재권자는 그렇게 이해하지 못하는 경우가 종종 있다. 따라서 '보고서를 작성한 후 피드백을 받아 개선하는 것'은 보다 나은 결과물을 만들어내기 위한 단계다. 이 과정에서 자신의 보고서에 대한 새로운 시각을 얻으며, 문제해결 기술과 의사소통 능력 등 여러 능력들도 함께 발전시킬 수 있다.

혁신은 보고서에서 시작, 그 이유는?

혁신이란 무엇일까? 혁신은 새로운 아이디어나 방법을 창출하고 실현하는 과정이다. 혁신은 문제를 해결하고 가치를 창출하며 사회를 변화시키는 힘이다. 아울러 경쟁력을 확보하는 요소다.

공조직에서도 국민의 요구와 기대에 부응하고 공공서비스의 질과 효율을 높이기 위해 혁신은 중요하다. 공조직은 국민의 복지와 안전을 책임지는 기관으로서 변화하는 환경과 상황에 적응하기 위해 혁신적인 정책과 제도를 도입하고 실행한다.

사조직도 마찬가지다. 사조직은 시장의 변화와 고객의 니즈에 맞춰 경쟁우위를 확보해야 하기 때문이다. 사조직은 이윤을 추구하는 기업으로서 빠르게 변화하는 기술과 경쟁에 대응하고 차별화된 제품과 서비스를 제공하려면 혁신적인 아이디어와 방법을 개발하고 적용해야 한다.

결국 모든 조직은 반복되는 혁신의 과정에서 벗어날 수 없으며 이는 긍정적인 일이 될 수 있다. 혁신을 수용함으로써 조직과 그 구성원은 변화하는 환경에 적응하고 끊임없이 진화하는 업무 환경에서 성공할 수 있기 때문이다.

하지만 혁신의 근간에는 보고서가 있다. 보고서는 자기 생각이나 의견을 체계적이고 명료하게 전달하는 문서다. 또한 자기 아이디어나 방법을 검증하고 공유하고 피드백을 받는 수단이기도 하다. 이러한 점에서 보고서는 혁신의 시작이다.

보고서를 하루아침에 제대로 잘 작성하기는 쉬운 일이 아니다. 보고서를 작성하려면 먼저 자신의 주장을 충분히 조사하고 분석해야 한다. 또한 자신의 주장에 근거를 제시하고 논리적으로 설명해야 한다. 자신의 문장과 그 구조를 간결하고 명확하게 정리도 해야 한다. 보고서를 잘 작성하는 것만으로도 조직에서 혁신의 주체가 될 수 있다. 자신의 전문성을 보여줄 수 있으며 이는 직장에서 유리하게 작용한다.

보고서를 작성한다는 것은 어려운 일이지만 그만큼 가치 있는 일이다. 백 마디의 말보다 제대로 작성된 보고서 한 장에 힘이 있다. 보고서에는 자신의 철학과 가치관이 담길 수밖에 없다. 자신이 생각하고 추진하고자 하는 정책이 누군가에게 선한 영향력을 끼치는 것만큼 가치 있는 일이 또 있을까? 보고서를 제대로 작성함으로써 자기 아이디어나 방법을 타인에게 설득력 있게 전달할 수 있다. 또한 보고서를 잘 작성함으로써 자신의 혁신을 실현할 수도 있다. 이는 곧 조직 혁신의 밑바탕이 된다.

지난 2022년 10월경의 일이다. 내가 평소 존경하던 임정호 사무관의 전화였다.

임정호 영민 씨, 의견서 하나만 만들어 줄 수 있을까?

신영민 무슨 의견서인데요

임정호 이번에 경기도교육청에서 2023년 1월 1일 자 조직개편을 하잖아. 그런데 조직개편에 대해 자꾸 편향된 의견이 대외적으로 나오고 있어. 영민 씨가 경기도교육청 조직개편[안]을 읽어 보고 의견서를 하나 내줬으면 좋겠어.

신영민 알겠습니다. 언제까지 하면 되죠?

임정호 되도록 빨리하면 좋지.

신영민 네. 하루는 조직개편[안]을 분석하고 하루는 의견서를 작성해야 하니 3일 후 토요일에 초안을 드릴게요. 주말 동안 읽어 보시고 의견 주시면 다시 반영해서 회신해 드릴게요.

임정호 고마워. 바쁠 텐데 자꾸 부탁해서 미안해.

신영민 아니에요, 사무관님. 언론에 한 편의 입장만 나오는 건 바람직하지 않다고 생각해요. 최대한 집중해서 빨리 작성해 보도록 하겠습니다.

당시 의견서를 시급히 작성해야 하는 상황이어서 마음이 급했던 생각이 난다. 게다가 조직개편[안]을 확보해서 내용을 파악하고 편향된 언론보도를 파악해서 어떤 점이 문제인지를 분석하고 설득력 있는 논거도 필요했기 때문에 나름 공을 들였던 기억도 난다.

경기도교육청 조직개편(안)에 대한 경기교육행정포럼의 입장

'22. 10. 4. 경기도교육감은 '23. 3. 1. 자 조직개편(안)을 담은 「경기도교육청 행정기구 설치조례」일부개정조례안"(경기도교육청 공고 제2022-419호)을 입법예고했다. 경기교육행정포럼은 '경기도교육청 조직개편(안)'을 살펴보고 다음과 같이 의견을 제시하고자 한다.

• 2023. 3. 1. 자 경기도교육청 조직개편 (안) 주요내용

조직개편 주요 기본 원칙
□ 학교 지원 기능으로 전환하는 지방교육행정기관 조직 개편
□ 본청 부서는 기능 중심으로 개편하고, 유사·중복 기능 수행에 따른 본청 조직 축소
□ 부서의 일정은 소관 업무를 쉽게 파악할 수 있도록 명료하게 설정
□ 조직개편의 한계를 보완하기 위해 현장중심 근무 형태 및 업무처리 절차 개선 병행

1. 본청: 1실 5국 34과·담당관 → 1실 4국 28과담당관 (△1국, △6과·담당관)
   가. 제1부교육감 및 제2부교육감 소관사무 이관·신설 등 기능 조정
   나. 기능 조정에 따른 실·국별 소관사무 재배치
   다. 유사·중복 기능 수행부서 통폐합으로 본청 조직 축소
2. 직속기관 및 교육지원청 소속 기관
   가. 직속기관(경기융합교육원, 경기평생교육학습관) 위치 이전
   나. 직속기관 명칭 변경
   - 경기도교육과학연구원 → 경기도미래교육연구원 / 경기도외국어교육원 → 경기도국제교육원 / 경기도과학교육원 → 경기도융합과학교육원
   다. 경기도초등학생수영장 관리 주체 변경(부천남초등학교 → 부천교육지원청)

조직개편은 법령상 기구설치 기준, 조직 문화와 인력 구성, 조직 구성원의 업무량, 통솔범위의 원리, 교육감 공약 등 종합적인 관점에서 입체적으로 검토·분석한 후 추진할 수밖에 없다. 왜냐하면 행정조직의 구성은 개별 정책들의 성공과 실패를 좌우하는 기반 요건이기 때문이다.

따라서 개편취지와 달리 특정집단을 위한 단편적인 시선만으로 조직개편(안)을 바라보고 비판하는 것을 경계해야 한다. 이와 같은 점에 유의하여 세 가지 관점에서 경기도교육청 조직개편(안)에 대한 의견을 밝힌다.

1. 제1부교육감과 제2부교육감 직위를 수행하는 자의 전문 분야 등을 고려한 조직개편으로 교육행정의 효율성·책임성·신속성을 기대할 수 있다

경기도교육감의 보조기관인 부교육감은 「지방교육자치에 관한 법률」제30조에 따라 2인을 두고 있고, 제1부교육감은 일반직공무원으로 제2부교육감은 장학관으로 보(補)하고 있다. 일반직공무원은 행정일반·기술·연구·지도에 대한 업무를 담당하는 공무원으로 직군·직렬별로 분류한 직업공무원의 주류를 형성하며, 장학관은 특정직공무원으로 별도의 인사임용과 계급체계를 가진 교육전문직원이다.

이번 경기도교육청 조직개편(안)은 부교육감들이 가진 전문성을 고려해, 제1부교육감은 행정일반·기술·연구·지도에 대한 소관 업무를 중심으로, 제2부교육감은 교육과정과 관련된 소관 업무를 중심으로 기구를 개편하겠다는 것은 교육행정의 효율성·책임성·신속성을 담보할 수 있는 체계라는 점에서 긍정적이다.

다만 조직의 변화는 장시간이 소요될 수 있다는 점에서 부서 간 협력을 바탕으로 문제해결 및 혁신에 초점을 두고 조직성장을 추구할 수 있는 체계 정립을 병행하는 것이 바람직하다.

2. 보조기관(과·담당관)의 통솔범위를 고려한 정원 조정이 필요하다.

경기도교육청은 1개 국과 6개의 과·담당관을 폐지할 예정이다. 경기도교육청 행정기구 설치조례 일부개정조례안이 확정되면, 향후에는 규칙 개정 절차를 통해 부서별(과장·담당관) 소관사무를 확정해야 한다.

입법예고 된 「경기도교육청 행정기구 설치조례」일부개정조례안만으로는 구체적인 실·국장 및 과·담당관이 확정되지 않았지만 다른 시·도교육청 또는 지방자치단체의 실·국장 통솔범위(4~5개 과 담당관)와 크게 다르지 않을 것으로 보인다. 이는 행정관리담당관이 법령상 기구 설치 기준, 조직 문화와 인력 구성, 통솔범위의 원리 등 종합적 관점에서 입체적으로 검토·분석 후 추진하였음을 알 수 있다.

그러나 한편으로 우려되는 것이 있다. 1개 국과 6개 과·담당관을 폐지한다는 것은 보조기관의 소관업무가 다른 보조기관(과장·담당관)으로 이관되는 것이어서 부서장의 통솔범위가 확대된다는 점이다. 인간의 주의력이나 지식·시간은 한계가 있기 때문에 불가피한 통솔범위 확대를 보완할 방안이 필요하다.

통상적으로, 조직을 슬림화할 경우 신설조직보다 기존조직의 통솔범위가 확대된다. 일상적인 기술 또는 단순 반복 업무일수록 통솔범위가 확대된다. 또한 팀원들이 유능하고 잘 훈련된 경우에도 통솔범위가 확대된다.

따라서 향후 「경기도교육청 행정기구 설치조례 시행규칙」과 「경기도교육감 소속 지방공무원 정원 규칙」 개정을 검토할 때는 부서장의 통솔범위 확대에 따른 소관업무 수행에 차질이 생기지 않도록 면밀한 검토가 필요하다. 특히 직원 규모를 기계적으로 설정할 게 아니라 기존 행정수요와 신규 행정수요 모두 원활히 작동할 수 있는 적정 인력의 규모를 함께 검토하는 것이 중요하다.

3. 단위학교의 시설관리 업무 부담 완화를 위한 학교 내 수영장 관리주체 변경(학교장→교육장)은 매우 바람직하다.

경기도교육청 조직개편은 학교 내 수영장의 관리주체를 당초 학교장에서 교육지원청 교육장으로 바꾸겠다는 내용을 담고 있다.

부천남초등학교는 차오름터수영장* 운영에서, 행정직원 전담 인력 부재와 코로나19 이후 휴원에 따른 수영강사·안내원·미화원 등의 인건비 지출은 행·재정적으로 상당한 부담이 되었을 것이다.

이번 조직개편은 학교장이 교육과정 운영에 전념할 수 있는 기반을 마련하고 소속 지방공무원의 시설관리 업무 부담을 완화한다는 점에서 바람직하면서도 시·군 단위 교육자치 강화라는 시대적 흐름에도 부응한다.

특히 임태희 교육감의 "학교 현장이 교육 위주로 운영될 수 있게 하겠다"는 약속을 조직개편(안)에서 보여준다는 점이 주목을 받는다.
- '22. 10. 6. 교육뉴스(뉴스줌신), [인터뷰] 임태희 경기도교육감 언론 보도 (https://www.edpl.co.kr/news/articleView.html?idxno=7257)

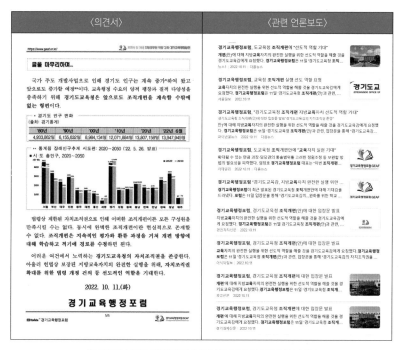

〈그림57〉 경기교육행정포럼 의견서 전문 및 언론보도 목록
(출처: 경기교육행정포럼, 〈경기도교육청 조직개편[안]에 대한 경기교육행정포럼의 입장〉, 2022)

앞에서 나는 혁신은 "새로운 아이디어나 방법을 창출하고 실현하는 과정이다.", "문제를 해결하고 가치를 창출하며 사회를 변화시키는 힘이다."라고 말했다. 그리고 혁신은 보고서에서 시작되며 자신이 생각하고자 하는 바를 보고서로 작성함으로써 누군가에게 선한 영향력을 끼치는 것이며 이는 가치 있는 일이라고도 언급했다.

나에게 의미(가치) 있는 일은 글쓰기, 즉 보고서 작성이다. 경기도교육청 조직개편[안]을 대해 언론이 한 편의 편향된 의견만을 보도하고 있을 때 다른 편의 의견을 전달하는 것이 중요하다는 생각이 게으른 나의 몸과 마음을 움직였다.

이처럼 혁신은 보고서에서 시작된다. 보고서는 혁신의 도구이자 결과물이다. 보고서는 혁신가의 자질과 역량을 표현하는 것이다. 누구나 할 수 있다. 잘 만든 보고서로 혁신을 해 보자. 세상에 의미 있는 일을 남겨 보자.

모든 조직은 반복되는 혁신의 과정에서 벗어날 수 없으며
혁신을 수용함으로써 조직과 그 구성원은 변화하는 환경에
적응하고 끊임없이 진화하는 비즈니스 환경에서
성공할 수 있다. 그리고 이러한 혁신의 근간에는 보고서가 있다.
보고서는 혁신가의 자질과 역량을 표현하는 것이기 때문이다.

1. 혁신은 조직의 경쟁력을 강화하는 필수적인 요소다.

혁신은 새로운 아이디어와 방법을 도입하고, 업무 프로세스의 간소화 및 자동화로 조직이 경쟁에서 선두에 서는 데 도움을 준다. 예를 들어, 디지털 기술의 발전을 효과적으로 활용하여 업무 프로세스를 개선하고, 대민 서비스의 효율성을 향상시킬 수 있다. 또한 인공지능 기술을 활용하여 업무의 일부를 자동화하거나, 데이터 분석을 통해 정책 결정에 필요한 정보를 신속하게 얻을 수도 있다.

2. 보고서는 조직 내부의 지식 공유와 협업을 촉진한다.

보고서를 작성하면서 구성원들은 서로의 아이디어와 경험을 공유하고, 협력하여 혁신적인 솔루션을 찾을 수 있다. 이는 조직 내부의 혁신 문화를 조성하고, 창의성과 혁신 역량을 향상시키는 데 도움을 준다.

3. 보고서는 혁신가의 역량과 자질을 평가하는 도구다.

조직은 잘 쓰여진 보고서를 보고 혁신을 주도할 수 있는 구성원들을 발굴하고, 그들의 역량과 성과를 측정할 수 있다. 이는 조직의 리더십 개발과 인재 관리에 중요한 역할을 한다.

보고서, 당신의 능력을 보여주는 그릇

'행정권한법정주의'라는 말이 있다. 행정청의 권한은 원칙상 법률에 의해 정해져야 한다는 의미다. 행정청의 권한이란 무엇인가? 행정청이 행정주체를 대표하여 의사를 결정하고 표시할 수 있는 범위를 말한다. 예를 들어, 경기도교육감이 경기도를 대표하여 교육·학예와 관련된 사항에 대한 의사를 결정하고 표시하는 것이고, 문화체육관광부장관이 국가를 대표하여 문화·예술·영상·광고·출판·간행물·체육·관광에 관한 사무를 수행하는 것이다.

그렇다면, 법률상 주어진 행정청의 권한은 어떻게 구체적으로 행사될까? 보통은 행정청[43]에 소속되어 행정청의 권한 행사를 보조하는

---

43. 예) 교육감, 장관, 시장 등.

것을 임무로 하는 기관[44]을 통해 행사된다. 그리고 각 보조기관을 보조하는 집행기관(일선 공무원)을 통해 실력을 행사하여 행정청의 의사를 집행하게 된다. 따라서 집행기관들은 상향적 의사전달(Bottom-Up Approaching)을 통해 각종 기획을 수립하고 집행하는 역할을 한다.

　일선 공무원, 즉 기안자의 보고서는 언제, 어디서, 무엇을, 어떻게, 왜 하는지에 대한 초기 방향 설정이 잘못되면 정책 실패로 이어질 가능성이 크다. 게다가 계층제 조직의 특성상 기안자의 문서는 결재과정에서 점증적으로 수정이 될 뿐이지 어지간해서는 큰 폭의 수정은 없다. 이것이 일선 공무원의 역할 또는 역량이 중요한 이유다. 나는 일선 공무원의 중요성을 로켓과 비교하여 주위 사람들에게 강조하곤 한다. 로켓(발사체)에 의해 대기권 밖의 궤도까지 올라간 인공위성이 계속 공전하기 위해서는 수평 방향으로, 초속 7.9킬로미터 이상의 속도가 필요하다.[45] 인공위성은 지구 밖으로 상당히 멀리 떨어져 나갈 수 있지만 지구의 중력 때문에 결국 지구 쪽으로 다시 돌아오게 되며, 지구가 당기는 인력과 회전에 의한 원심력이 평형을 이루어 '타원궤도'로 지구를 공전한다. 그런데 속도를 더 크게 해서 어떤 한계를 넘으면 떨어져 나갔던 인공위성은 다시는 지구로 되돌아올 수 없다. 일선 공무원의 역할이 바로 로켓 발사체다. 발사체의 속도와 방향, 각도가 잘못되면 인공위성은 지구 밖으로 날아가서 결국 우주의 쓰레기가 되어 버리

---

44. 보조기관, 예) 지방자치단체의 부교육감·부지사·부시장·국장·과장, 행정각부의 차관, 차장, 실장, 국장, 과장 등.

45. http://ko.wikipedia.org/wiki/인공위성

고 만다. 일선 공무원의 보고서도 마찬가지다. 공무원이 보고서 작성 시 방향을 잘못 잡거나, 어조가 너무 세거나, 핵심 내용이 빠져 있거나 검증과 점검이 없는 경우 쓰레기가 되어 버리고 만다.

본청이나 본부에서 근무하게 되면 종종 자신의 업무에 대해 직속기 관 내지는 하위기관에 지시문서(명령)를 내릴 때가 있다. 지시문서에는 훈령,[46] 지시,[47] 예규[48] 등이 있다. 이때 내가 작성한 글은 우리 조직을 대표하며 움직이게 만든다. 문서가 법리에 맞지 않거나, 내용이 모호 하거나, 행정절차에 맞지 않는 등 하자가 있는 경우 매우 큰 혼란을 가 져온다. 이 경우, 반드시 유형적·무형적으로 피해를 보는 사람이 생기 게 된다. 여기서 담당 일선 공무원의 능력을 알 수 있다. 문서를 작성 하는 사람은 크게 3가지로 분류할 수 있다.

첫째, 주어진 업무만 수동적으로 하거나 상사의 지시대로 문서를 작성하는 사람이다. 소극적인 행정을 하기 때문에 과거답습형 문서를 작성하게 되는 경우가 많다. 그러다 보니 업무 결과에 따른 위험부담이 적다.

둘째, 관련 법령을 검토하여 정석대로 문서를 작성하는 사람이다. 공무원 대부분이 여기에 속하리라 생각한다. 공무원의 권원은 법령에

---

46. 장기간에 걸쳐 일반적인 지시를 하기 위한 명령.

47. 하급기관에 개별적·구체적으로 발하는 명령.

48. 반복적 사무의 처리기준.

근거하기 때문에 관련 문서를 작성하기 위해서는 업무의 근거 법령 숙지가 필수다. 이를 토대로 현황 및 문제점과 개선방안을 마련하는 것이다.

셋째, 관련 법령검토와 향후 미치게 될 파장까지 고려하고 예상되는 여러 사항을 정책결정권자와 협의하여 보고서를 만드는 사람이다. 이런 부류의 사람들은 자신의 업무와 관련된 법령뿐만 아니라 연관된 다른 법령까지도 완벽히 숙지한다. 더불어 해당 법령의 취지와 연혁까지도 파악한다. 또한 인문학, 사회학, 심리학 등 다양한 방면에 관한 공부도 멈추지 않는다. 보고서를 만들 때는 단어 하나까지도 의미가 왜곡되지는 않는지 꼼꼼히 검토한다. 그리고 다양한 분야를 학습함으로써 자기 분야를 응용하기까지 한다.

보고서를 만드는 세 유형의 차이는 어디에서 발생할까? 나는 사고력의 깊이라고 본다. 생각이 깊은 사람은 다양한 상황을 미리 대비한다. 1안, 2안, 3안을 준비하면서 어떤 상황에서도 최적의 대안을 만들어 준비한다. 이렇듯, 자신이 가지고 있는 생각을 잘 정리하고 풀어내는 방법을 알고 이를 다른 사람에게 정확히 어필할 수 있다는 것은 엄청난 경쟁력이다.

공무원은 한 조직에서 3년 이상을 근무하게 되면 꼬리표가 따라다닌다. 업무능력, 인품, 성격 등 다양한 요소를 포함하여 여러 사람을 거쳐 입소문이 난다. 한번 각인된 입소문은 좀처럼 바꾸기가 쉽지 않다. 이러한 입소문은 인사발령 시기가 되면 트래픽 증가에 한몫을 한다.[49] 새로운 사람을 받아야 하는 부서는 인사발령 시기가 되면 일 잘하는 사람을 받기 위해 인사담당 부서에 청탁 아닌 청탁을 하게 되기 때문이다. 특히 업무에 관심(?) 있는 부서장의 경우 인사발령 대상자를 파악해, 일 잘하고 성격이 원만한 사람을 데리고 오기 위해 부서원들의 의견을 묻는 경우가 허다하다.

그런데 인재를 찾기 위한 노력은 비단 현대에만 있지는 않았다. 『홍재전서』[50] 178권 일득록 18에 보면 이런 글이 있다.

그 시대의 일들을 해나가기엔 그 시대의 인재들로 충분한 법이다. 매번 옛사람들을 우러러보기만 하면서 따라 오를 수 없다고 하고, 지금의 사람들은 자질이 낮아서 일을 하기에 부족하다고 말하는데 이 또한 잘못이다. 대개 인재는 구하기만 하면 있기 마련이니, 다만 인재를 구별해 내는 것이 쉽지 않고, 다 찾아내지 못해 묻혀 버린 인재는 없는지를 걱정해야 할 따름이다.

누군가에게 구속되지 않고 자신만의 사업을 하지 않는 이상 결국 우리는 모두 어딘가에 소속된 직장인이다. 직장에서 인재라고 판단할 수 있는 잣대는 보고서 작성 기술을 가졌는지 아닌지에 달려 있다. 왜냐하면, 대개의 직장인은 문서로 말하기 때문이다. 결국, 내 글과 말이 나를 평가한다.

---

49. 공무원은 보통 인사발령이 매년 1월 1일과 7월 1일에 있다.
50. 『홍재전서』, 조선시대 제22대 임금 정조의 어제(御製)를 모아 엮은 문집.

"보고서는 당신의 능력 그 자체다."라는 말이 이 글을 읽는 당신에게도 이해가 되었으면 좋겠다. 그리고 보고서 작성 역량을 강화하기 위한 노력으로 이어지길 간절히 바란다.

계층제 조직의 특성상 기안자의 문서는
결재과정에서 점증적으로 수정이 될 뿐이지
어지간해서는 큰 폭의 수정은 없다.
이것이 일선 공무원의 역할 또는 역량이 중요한 이유다.

1. 계층적인 조직에서는 보고서나 문서가 상위 단계로 올라갈 때마다 점진적으로 검토되고 수정된다.

그러나 대부분 이러한 수정들은 작은 범위 내에서 이루어지며, 전체 구조나 내용을 크게 바꾸는 것은 드물다.

2. 따라서 처음에 보고서를 작성하는 일선 공무원들이 매우 중요하다.

그들이 잘 작성된, 체계적인 보고서를 제공하면 그것이 최종 결재까지 거의 그대로 유지된다.

3. 이러한 사실은 일선 공무원들에게 높은 수준의 분석력과 표현력, 그리고 주제에 대한 깊은 이해가 필요함을 의미한다.

즉, 처음부터 잘 작성된 보고서를 만드는 것이 중요하며, 이것이 가능하려면 충분한 역량을 갖추어야 한다.

보고서 작성, 왕도 없는 이유와 대안

어느 날 갑자기 보고서 작성 능력이 고수와 같이 높아지는 것은 있을 수 없다. 많이 읽어 보고, 많이 써 보고, 많이 생각해 보아야 한다. 그리고 다양한 상사(결재권자)들을 만나서 교류를 해봐야 자신만의 보고서 스타일이 확립된다. 적다 보니 중국 당송팔대가 중 한 명이었던 구양수의 삼다론(三多論)이 되어 버리긴 했지만, 그것을 뛰어넘는 진리는 없다. '행정가의 보고서'를 작성하기 위해서는 어떻게 해야 할까?

첫째, 많이 읽어 보자. 잘 만든 보고서를 많이 읽다 보면 어느 부분은 나중에 꼭 써먹어야지 하는 생각이 든다. 또한, 객관적인 시각으로 남이 작성한 보고서를 보기 때문에 결재권자의 시각을 익힐 수도 있다. 그리고 거시적으로는 문서의 흐름을 보게 되며, 미시적으로는 디테일한 잔기술도 배울 수 있다. 그렇다면 잘 만든 보고서는 어디서 찾아볼 수 있을까? 내가 매일 확인하는 곳은 크게 세 군데다. 정보공개

(http://www.open.go.kr), 법원도서관(https://library.scourt.go.kr), 국회입법조사처(https://www.nars.go.kr) 웹사이트가 그것들이다.

① 정보공개사이트는 국가기관, 지방자치단체 등 공공기관이 업무수행 중 생산하여 보유·관리하는 정보를 국민에게 인터넷으로 공개하는 곳이다. 해당 웹사이트의 다양한 메뉴 중 원문정보를 클릭하여서 확인하면 된다. 원문정보를 클릭하면 다시 기관별, 테마별, 최신 원문정보, BEST 원문정보, 장관 결재문서의 하위 메뉴로 나뉜다. 여기서부터는 개인의 취향대로 선택하면 된다. 나는 주로 장관(시·도지사, 교육감) 결재문서를 본다. 왜냐하면 중앙부처의 장관이나 지방자치단체의 장 등 공공기관의 장까지 결재가 완료된 문서들은 상대적으로 중요한 문서이고 보고서의 질이 훌륭하기 때문이다.

② 법원도서관은 판례판결정보를 확인할 수 있다. 매월 발간하는 판례공보나 각급 법원(제1, 2심) 판결공보도 좋으며, 대법원 주요 판결을 보는 것도 좋다. 민사, 형사, 행정, 특허 등에서 다양한 분야의 사례를 확인할 수 있고, 문제를 논리적으로 해결해가는 과정을 문서에서 직접 확인할 수 있어 사고력 확장에 도움이 되는 곳이라고 생각한다.

③ 국회입법조사처는 입법 및 정책과 관련된 사항을 중립적·전문적으로 조사·연구하여 그 결과를 다양한 방식으로 국회의 위원회와 국회의원에게 제공하는 곳이다. 모바일로도 이용할 수 있어 언제든 양질의 보고서를 읽어 볼 수 있다. 각종 연구보고서(이슈와 논

점, 지표로 보는 이슈, 입법 및 정책과제, 현안보고서, 입법영향분석보고서, 정책보고서, 현장조사보고서, 국정감사관련보고서), 학술지(입법과 정책), 세미나·간담회 자료, 입법조사처 알림지, 정책연구용역자료, 기타자료(출장 보고서 등)로 분류하여 정보를 제공하고 있다. 처음에는 이슈와 논점부터 시작하면 좋다. 특정 주제를 딱 4장의 범위에서 현황 및 문제점과 해결방안까지 제시하고 있어 논리 구성과 문제해결의 아이디어를 훔쳐 오기 좋다.

둘째, 많이 써 보자. 머리에 보고서를 쓰는 근육을 키우려면 자꾸 써봐야 한다. 보고서 작성 기회가 오면 피하지 말고 일단 무조건 YES를 외치자. 긍정적인 마음으로, 배운다는 자세로 적극적으로 임하다 보면 주변의 시선도 달라진다. 보고서를 작성할 때는 누구에게나 자신만의 학습 단계라는 게 있다. 각 단계를 거쳐야만(직접 체험해야만) 내공이 생긴다. 보고서 작성 초보 시절에는 내가 알고 있는 지식을 모두 보고서에 담으려고 한다.

그러다가 '보고서는 간결함이 생명'이라는 진리를 알게 된 후, 많은 내용을 쭉 나열하기보다 범주화하여 간결하게 작성하게 된다. 보고를 받는 사람의 입장에서 불필요한 내용은 삭제하고 정수만 담으려고 하게 되며, 예전에 없던 인포그래픽도 보고서에 넣으면서 표지나 도형 등의 일관성도 유지하게 되고, 단락 사이에 스토리도 생각하며 쓰게 된다. 또한 객관적 통계자료도 제시해서 신뢰성을 확보하려고 하게 된다.

업무 특성상 보고서 작성 기회가 없을 땐 스스로 생각을 정리한다는 마음으로 모든 사안에 대해 1페이지 보고서를 써 보는 것도 좋다. 나의 경우 부서장의 단순한 지시도 내 나름의 1페이지 보고서를 만든다. 그리고 그것을 토대로 구두보고를 한다. 그렇게 하면 자기 생각도 정리하면서 동시에 보고서 작성을 위한 두뇌 근육도 키울 수 있다. 생각이 정리되면서 상대방의 입장을 고려해 회사의 언어를 사용한 보고를 할 수 있다. 머릿속으로 오랜 시간 생각만 하는 것보다 직접 키보드를 두드리면서 쓰는 게 효과적이다. 명심하자. 머릿속으로만 생각만 하지 말고 직접 손으로 생각하자. 한결 발전된 자신의 모습을 확인할 수 있을 것이다.

셋째, 많이 생각해 보자. 어느 한 주제에 대한 보고서 작성을 시작하게 되면 온 신경을 그 주제에 집중해야 한다. 그래야 나를 스쳐 지나가는 바람에게서도 정보를 잡아낼 수 있다. 지하철을 타기 위해 잠깐 잡았던 무가지에 나열된 정보들도 나에게 필요한 정보이자 아이디어로 다가온다. 당연하다고 생각했던 것들도 '왜 그럴까?' 의심해 보기도 해야 한다. 남들은 아닌데 나만 그렇게 생각하고 있었다면, 나의 논리를 보강해서 보고서에 담아야 한다. 그리고 내가 만든 보고서에 허점은 없는지, 조직의 중·장기적 방향과 반대로 가는 건 아닌지, 보고서의 파급효과는 어떨지도 생각해야 한다.

이렇듯 평소 큰 틀에서 생각하는 훈련을 길러야 보고서가 정당성과 설득력을 가질 수 있다. 때로 업무에 지쳐 힘이 들 때 예능프로를 보거나, 아침 출근길 차 안에서 오디오 방송을 청취하면서도 자신이 고민하는 주제의 글감을 찾거나 해결방안의 실타래를 풀 수 있다. 깊이 생각하는 사람을 만나본 적이 있는가? 그들과 대화하다 보면 내공이 있음을 단번에 알 수 있다.

혹자는 ChatGPT를 이용해 보고서를 쉽게 작성할 수 있지 않느냐고 묻는다. 일리 있는 말이다. ChatGPT는 대량의 텍스트 데이터를 학습하여 프롬프트[51]나 질문에 대해 사람과 유사한 응답을 생성하는 AI 언어 모델이다. 특히 딥러닝 알고리즘을 사용하여 언어 데이터의 패턴을 분석하고 학습한 다음 해당 지식을 사용하여 주어진 프롬프트나 주제에 따라 새로운 텍스트를 생성한다. 기본적으로 ChatGPT는 학습된 텍스트 데이터에서 학습한 내용을 기반으로 가장 가능성이 높은 다음 단어 또는 구문을 예측한다.[52] 그래서 실제 ChatGPT를 이용하면 놀라울 정도의 보고서가 만들어진다는 것을 부정할 수 없다.

그런데 여기서 주목할 점은 'ChatGPT는 가능성이 높은 다음 단어 또는 구문을 예측한다.'라는 것이다. 보고서 목적이 대중적인 일반화된 경우라면 모르겠으나 특수한 목적인 경우에 있어서는 정확한 문서 작성에 한계가 있다. 또한 보고서가 말보다 힘이 있는 이유는 오랜 숙고 끝에 만들기 때문이라는 점을 잊지 말아야 한다. 단어 하나, 문장 하나, 문단 하나, 정보의 재구성, 논리의 흐름, 시각적 배치 등 모든 과정에서 보고서 작성자가 들이는 노력은 추후 정책 집행이나 언론 대응 과정 등 미처 예상하지 못한 상황이 발생할 때 정밀한 대응을 할 수 있

---

51. 질문이나 지시를 하는 문장이나 단어.
52. 출처: 2023. 4. 23. 기준, ChatGPT(https://chat.openai.com) 질의 · 답변.

도록 도움을 준다. 보고서를 작성하는 모든 과정에 의미가 있다는 말이다.

보고서 작성은 그 자체만으로 목적이 끝나는 것이 아니라 결국 정책의 기획·집행·환류 전 과정과 연계되어 있다는 점을 명심해야 한다. 보고서 작성 과정에서 자신이 고민했던 흔적은 어떤 방식으로든 반드시 드러난다. 그것이 정책의 집행 과정이든, 환류 과정이든, 언론 대응이든, 토론이든.

보고서 작성, 글쓰기는 모두 창작의 일종이다. 창작은 창작자의 냄새가 나야 한다. 자신이 쓴 보고서나 글은 그 자체로 분신이 되어 나를 대신해 내 생각과 철학, 정보를 대신 전달하는 매개체다. 보고서 그 자체로 의미가 있는 것이 아니라 궁극적으로 당초 정책이 수행하고자 하는 목적이 제대로 시행되는 데 의미가 있는 것임을 기억하자.

보고서 작성은 그 자체만으로 목적이 끝나는 것이 아니라
결국 정책의 기획·집행·환류 전 과정과
연계되어 있다는 점을 명심해야 한다.

1. 보고서 작성은 기획, 집행, 환류 등 정책 수립 전 과정에서 중요한 역할을 수행한다.

보고서는 주로 조사 결과나 분석 자료를 바탕으로 작성되며, 이는 정책 수립에 필요한 중요한 정보들을 담고 있다. 이러한 정보들은 정책 기획 단계에서 필요한 자료로 활용되며, 보고서의 내용이 정확하고 명확하다면 정책 기획 단계에서 더욱 효과적인 의사결정이 가능하다.

2. 보고서 작성은 정책 집행 단계에서도 중요한 역할을 수행한다.

보고서는 집행 결과를 평가하고 개선하기 위한 중요 자료로 활용된다. 정책 집행 결과가 보고서에 담긴 목표와 일치하지 않는 경우, 보고서를 통해 문제점을 발견하고 개선할 수 있다.

3. 보고서 작성은 정책 환류 단계에서도 중요하다.

보고서는 정책이 성공적으로 시행되었는지 평가하는 데 중요한 역할을 수행한다. 보고서를 통해 정책의 성과를 측정하고, 문제점을 파악하여 정책의 효과를 최대화할 수 있다.

보고서 작성 과정에서 자신이 고민했던 흔적은
어떤 방식으로든 반드시 드러난다.

1. 보고서는 단순히 정보를 전달하는 도구가 아니다.

그것은 작성자가 주제에 대해 어떻게 생각하고, 문제를 어떻게 해결하려고 시도했는지를 보여주는 '생각의 발자취'다.

2. 이러한 '생각의 발자취'는 정책 집행, 환류, 언론 대응 및 토론회 등 다양한 상황에서 중요한 역할을 한다.

왜냐하면 어느 곳에서든 관련 정책들을 설명하거나 변호할 때 실질적인 근거와 논리가 필요하기 때문이다.

3. 이런 경우에 깊은 성찰과 연구를 바탕으로 한 논거들은 정책의 타당함을 입증할 수 있는 강력한 근거가 된다.

행정가의 보고서로
직장생활의 승자가 되는 방법

다음은 매일경제 Citylife 제694호(2019. 9. 3.) 기사에 실린 〈[직장인 레시피] 부장님은 왜 김 대리만 좋아할까?〉의 일부다.

부장이 상무에게 보고하기 위해 서류를 준비한다. 당신이 그 서류의 1차 작업을 맡았다면 지금 상무가 부장에게 궁금한 것이 무엇인지 점검해 보는 일이 필요하다. 물론 상무와 직접 대면이 없어 정확한 정보를 얻기 어려워도 우선순위는 체크할 수는 있다. 현안과 시기별 보고 준비, 업계 동향과 그것을 뒷받침하는 데이터일 것이다. 부장이 상무에게 올라가는 보고서에 당신이 준비한 각종 서류와 데이터들이 첨부된다면 부장은 상무에게 '준비성 철저하고 눈치 빠른 부장'으로, 당신은 부장에게 '알아서 잘하는 믿고 맡길 수 있는 부하 직원'으로 인식된다. 눈치는 사실 관심이다. 일과 사람에 대한 작은 관심이 당신을 눈치 빠른 부하 직원으로 만든다. 눈치가 빠르다는 것은 보이지 않는 무형 자산이다. 일테면 상사의 뜻과 업무 지시 내용을 정확히 파악할 수 있다. 지시가 모호해 '하라는 건지 말라는 건지' 잘 분간이 안 되는 경우도 있다. 이럴 때 가장 좋은 방법은 다시 한번 정확한 지시를 받는 것이지만, 아주 가끔은 상사가 자신의 지시가 아닌 전체의 암묵적 동의로 혹은 눈치 빠른 부하 직원의 센스로 프로젝트를 중단해야 하는 경우도 있다.

……

〈중간 생략〉

……

문제가 발생했을 때 보고 내용에 빠뜨리지 않아야 할 것이 있다. 바로 문제해결방안이나 대안 제시다. '문제가 발생해 프로젝트가 늦어지고 이로 인해 타 부서와의 협업에도 문제가 생겨 매출이 얼마 정도 감소할 것이다.'는 보고 형식의 기본이다. 여기에 첨가해야 할 것이 '문제로 인해 발생하는 피해 최소화 방안'과 '문제를 조속히 마무리할 대안 제시'다. 물론 상사는 이미 답을 알고 있다. 그리고 당신의 보고서에 있는 대안과 문제해결방안이 정답이 아닐 수도 있다. 그럼에도 상사는 문제해결을 위한 당신의 노력을 본다. 문제인식, 문제로 인한 피해, 문제해결방안으로 구성된 3단계 보고서를 받는다면, 게다가 "이 프로젝트의 문제 발생에 책임을 느끼며, 플랜 B를 가동해 조속히 처리하겠습니다."라는 결론을 듣는다면, 당신에 대한 상사의 신뢰는 급상승한다.

기사를 통해 우리는 직장 내에서 보고서를 작성할 때 주의해야 할 몇 가지를 생각해 볼 수 있다.

1. 소통이 핵심이다. 상사나 동료와 소통해 업무를 효과적으로 수행하는 데 필요한 모든 정보를 얻을 수 있도록 하는 것이 중요하다.

2. 디테일에 유의해야 한다. 세부 사항에 주의를 기울이면 더 큰 문제가 되기 전에 잠재적인 문제를 파악하는 데 도움이 된다.

3. 지각력이 필요하다. 지각력이 뛰어나면 상사의 지시가 모호할 때도 상사의 뜻과 자신이 해야 할 일을 이해하는 데 도움이 되기 때문이다.

4. 문제해결 능력이 중요하다. 문제가 발생하면 단순히 문제를 파악하는 데 그치지 않고 해결책을 찾는 데 집중하는 것이 필요하다.

결국 행정기관이라는 조직은 사람으로 구성되어 있어서 사람과의 업무상 능력을 어떻게 발휘하느냐가 직장에서 자신의 위치를 결정짓는다. 그래서 나는 "1) 전문성, 2) 문제해결 능력, 3) 커뮤니케이션 능력, 4) 창의력을 겸비한 행정가가 되어 탁월한 품질의 보고서를 작성하면 직장생활에서 승자가 될 수 있다."라고 말하고 싶다. 조직에서 인간관계를 잘하는지 아닌지는 결국 업무를 얼마나 잘하느냐에 달려 있다. 왜냐하면 직장인 곧 공무원들은 근원적으로 업무를 처리하기 위해 만난 관계이기 때문이다. 업무를 잘하느냐의 판단기준은 무엇일까? 여러 가지가 있지만 결국은 좋은 보고서를 쓰는 데 달려 있다.

'행정가로서 탁월한 품질의 보고서'를 작성하는 사람은 직장에서 귀중한 자산으로 취급받으며 새로운 관리자에게 매력을 어필할 수 있다. 잘 작성된 보고서는 제시된 정보를 명확하게 이해할 수 있을 뿐만 아니라 효과적인 의사소통 능력과 세부 사항에 대한 주의력을 보여준다. 또한, 잘 짜이고 오류가 없는 보고서를 작성하면 전문성을 갖추고 양질의 업무에 전념하고 있다는 것을 보여줄 수 있다.

'행정가의 보고서'를 작성하면 직장에서 눈에 띄는 데 도움이 될 수 있다. 명확하고 간결한 방식으로 아이디어와 그 근거를 제시함으로써 기관장이나 상사가 정보에 입각한 의사결정을 내릴 수 있도록 도와 조직에 긍정적인 영향을 미칠 수 있다. 또한 해당 분야에 대한 지식과 전문성을 입증할 수 있어 책임감, 인정, 경력 발전의 기회를 높일 수 있다.

'행정가의 보고서'를 작성하는 것은 직장에서 성공하는 데 도움이 되는 귀중한 기술이다. 효과적인 커뮤니케이션과 세부 사항에 관한 관심을 보여줄 뿐만 아니라 자신의 전문성을 과시하고 조직의 성공에 이바지할 기회도 제공한다는 점을 기억하자. 다음은 '행정가의 보고서'를 작성하는 방법에 대한 팁이다.

1. 보고서의 목적과 대상을 이해하도록 하자. 보고서의 목적을 염두에 두고 작성에 집중하면 보고서의 중심이 엇나가지 않고 내용을 효과적으로 구성하는 데 도움이 된다.

2. 보고서 작성을 시작하기 전에 보고서를 계획하고 정리하자. 보고서에 포함할 핵심 요점과 필요한 정보를 결정해야 한다. 먼저 생각을 정리하고 필요한 정보를 모두 포함할 수 있도록 개요를 작성한다.

3. 명확하고 간결한 언어를 사용한다. 생소할 수 있는 전문 용어와 기술 용어를 써야 한다면 바로 밑에 설명을 기술해야 한다. 보고서를 이해하기 쉽도록 간단한 언어와 단문을 사용한다.

4. 주장을 뒷받침할 수 있는 관련 데이터와 근거를 포함한다. 표, 인포 그래픽 등을 사용해 데이터를 시각화하고 이해하기 쉽게 만든다.

좋은 보고서를 작성하면 의사소통 능력, 세부 사항에 대한 주의력, 복잡한 정보를 분석하고 종합하는 능력을 보여줄 수 있다. 가치 있는 조직 구성원으로 눈에 띄어 직장생활의 승자가 되어 보자.

'행정가의 보고서'를 작성하는 사람은 직장에서
귀중한 자산으로 취급받으며 새로운 관리자에게
매력을 어필할 수 있다.

잘 작성된 보고서는 제시된 정보를 명확하게 이해할 수 있을 뿐만 아니라 효과적인 의사소통 능력과 세부 사항에 대한 주의력을 보여준다. 또한, 잘 짜이고 오류가 없는 보고서를 작성하면 전문성을 갖추고 양질의 업무에 전념하고 있다는 것을 보여줄 수 있다.

1. 보고서 작성은 제시된 정보를 명확하게 이해할 수 있는 능력을 보여준다.

보고서는 복잡한 정보를 구조화하고 정리하여 전달하는 역할을 한다. 잘 작성된 보고서는 제시된 정보를 명확하게 전달하고, 결재권자가 이해하기 쉽도록 구성되어 있다. 이는 보고서 작성자가 효과적인 의사소통 능력을 갖추고 있다는 것을 보여준다.

2. 잘 작성된 보고서는 세부 사항에 대한 주의력을 보여준다.

보고서 작성은 정확성과 상세함을 요구한다. 따라서 보고서는 여러 요소를 고려하고 정확한 데이터와 정보를 기반으로 작성되어야 한다. 이를 위해 보고서 작성자가 세부 사항을 주의깊게 분석하고 체계적으로 정리하는 것이다. 이는 보고서 작성자의 세심한 주의력과 꼼꼼함을 나타낸다.

3. 잘 짜이고 오류가 없는 보고서를 작성하면 전문성을 갖추고 양질의 업무에 전념하고 있다는 것을 보여줄 수 있다.

보고서는 조직 내에서 전문성과 업무능력을 증명하는 중요한 도구다. 잘 구성되고 오류가 없는 보고서는 보고서 작성자의 전문성과 업무에 대한 집중력을 나타낸다. 이는 다른 직원들과의 비교에서 우수함을 나타내며, 관리자들에게 높은 평가를 받을 수 있다.

공무원 생활을 바꿔줄 보고서,
그 마법의 비밀은?

왜 MZ세대 공무원들의 직장생활 만족도가 낮을까? 직장인들이 필요로 하는 조직의 지원내용 중 돈과 관련된 것을 제외하면 정시퇴근, 서로를 존중하는 조직문화 조성, 휴가, 업무 전문성 향상 기회 제공, 자기 계발 기회 제공만 남게 된다. 나는 이 결과를 통해 하나의 결론을 얻었다. 역시 직장생활을 바꿔줄 마법의 한 장이 있다면 그건 바로 '행정가의 보고서'라는 것을.

정시퇴근을 위해서는? 보고서를 빨리 쓰면 된다. 서로를 존중하는 조직문화 조성은? 보고서를 잘 쓰게 되면 서로를 존중할 수밖에 없다. 왜? 보고서를 잘 쓰기 위해선 통찰력이 필요하고 통찰력이 있으면 상대방의 능력에 저절로 존중하지 않을 수 없다. 휴가? 빠른 보고서 작성으로 업무능력을 인정받게 되면 자연히 자신의 발언에 무게가 생기면서 휴가를 내는 데 공감대가 형성된다. 업무 전문성과 자기 계발 기회 제공도 마찬가지다. 이 역시 보고서를 더 잘 쓰기 위한 노력으로 간주하므로 보고서의 성과가 나타나면 업무 전문성 향상이나 자기 계발 기회 제공에 조직도 적극적으로 될 수밖에 없다.

보고서는 의사소통의 한 수단이다. 직장 내에서든 직장 밖에서든. 먼저 직장 안을 보자. 중요한 출장을 다녀오면 상사에게 출장의 목적과 결과를 보고서로 작성한다(물론 출장보고서는 단순히 보고의 목적도 있지만 그보다 중요한 건 기록으로 남겨야 할 필요성 때문이다). 출장보고를 구두로 하면 구구절절 설명해야 할 것들도 한 장의 보고서에 압축하면 간단히 상대방을 이해시킬 수 있다.

직장 내 부서와 부서 사이의 의사소통은 또 어떠한가. 부서 간 회의를 할 때 말로 시작해서 말로 끝나면 그때만 지나면 그만이다. 말은 휘발성이 강하기 때문이다. 회의보고서를 작성하면, 회의의 목적을 사전에 공유하고 각 부서의 입장을 이성적이고 합리적으로 이해하고 조정할 수 있다.

직장 밖은 또 어떠한가? 기관 간의 이해가 첨예하게 대립할 때, 이성적이고 합리적으로 상대 기관을 이해하고 이견을 조정하기 위한 보고서가 없다면 어쩌란 말인가? 말로 하면 즉흥적이 되기 쉽고 실수하기도 쉽다. 언론기관과의 관계도 마찬가지다. 기자는 다양한 시각으로 행정을 바라보기 때문에 그에 대해 보고서를 준비하는 것만으로 훌륭한 의사소통 수단이 된다.

이렇듯 보고서를 작성하면 생각을 정리하고 체계화할 수 있다. 보고서는 단순히 머릿속 생각들을 나열하는 게 아니라 스토리가 있어야하고 스토리를 만들려면 논리의 흐름이 필요하다. 그래야 보고서를 작성하는 사람이나 읽는 사람 모두가 만족할 수 있다. 나는 이런 과정에 필요한 것이 '왜(Why) 사고'라고 생각한다. 나는 이렇게 생각하며 보고서를 작성한다. '보고서를 읽는 사람에게 이 시점에서 이러한 정보가 필요하진 않을까?', '이 부분은 중요하니까 간단히 한 줄로 개조식으로 해야겠어.', '표의 왼쪽과 오른쪽 세로줄은 투명하게 해야 답답해보이지 않을 거야.' 등 상대방의 관점에서 작성한다. 왜? 의사소통은 일방이 아니라 쌍방이니까.

부서장 신영민 선생, 잠깐만 와요.

신영민 네! 과장님.

부서장 지난번 의회에서 말이야. A 의원이 학교용지를 많이 확보했음에도 주차면적이나 녹지공간 확보 등으로 인해 체육장 면적이 줄어든다고 지적해서 우리 국장님이 대책을 마련한다고 했거든. 신 선생이 그걸 좀 해 봐요.

2013년 7월경, 당시 부서장은 나를 불러 숙제를 한 아름 안겨 주셨었다. 지금 와서 하는 말이지만 그땐 정말 업무로 인한 스트레스가 심했다. '부동산 개발과 관련된 업무를 맡은 지 이제 1년이 된 행정직공무원에게 갑자기 학교시설 건축과 관련된 제도 개선을 하라는 지시가 온당한 것인가?' 하는 생각에 잠을 이룰 수 없었다. 게다가 당시 오산시에 있는 오산지구 내 도시계획시설에 대해, 우리 청과 정부(교육부·국토교통부) 간 법령해석에 대한 이견으로 법제처의 법령해석심의위원회 준비를 하느라 온 신경이 곤두섰을 때였다. 왜냐하면 우리가 이기느냐 지느냐에 따라 500억이 왔다 갔다 하는 상황이었기 때문이었다.

이틀 동안 부서장이 내준 숙제를 고민만 하다가 결국 생각을 바꿨다. 가만히 생각해 보니 주변에 다른 사람도 많은데 굳이 내 업무와 직접 연관이 없음에도 오더를 줬다는 건 '나를 신뢰해서 그런 건 아닐까?'라는 생각이 들었다. 관점을 바꾸자 힘은 들지만 '제대로' 한번 해보고 싶다는 생각이 들었다. 먼저, 내가 전혀 모르는 생소한 분야였기 때문에 시설과의 시설직렬(토목, 건축, 전기 등) 업무 담당자를 인터뷰했고 그 결과를 정리했다. 그들에게 건축규제 사항들의 종류, 현장에서의 애로사항, 본인이 생각하는 해결방안 등을 물었다. 그 후 각 건축규제 사항의 근거 법령(법률, 시행령, 시행규칙)을 조사하고, 각 법령의 위임규정에 따라 경기도 내 31개 시·군의 조례를 전수조사했다.

조사를 하면 할수록 학교시설의 건축규제 완화가 필요하다는 확신이 생겼다. 그래서 주차장이나 녹지뿐만 아니라 모든 건축규제 사항을 전수조사했다. 또한 제도 개선의 범위를 조례로 한정할 게 아니라 지구단위계획[53]까지 범위를 확장해야 한다는 결론도 내렸다. 모든 현황 조사와 문제점을 파악하고 난 후 결론을 내린 뒤 보고서를 쓰기 시작

---

53. 도시계획 수립 대상 지역의 일부에 대하여 토지 이용을 합리화하고 그 기능을 증진하며 미관을 개선하고 양호한 환경을 확보하며, 그 지역을 체계적·계획적으로 관리하기 위하여 수립하는 도시관리계획.

했다. 결과적으로 그해 9월 23일 언론 브리핑을 통해 학교시설 건축 규제 완화계획을 발표했고, 정책은 본격적으로 시행되었다(이 정책은 지금도 네이버에서 검색하면 자세히 나온다).

내가 모든 에너지를 쏟아 만든 보고서는 스스로 뛰어다니며 다른 사람들을 설득하기 시작했다. 팀장과 과장을 넘어 국장을 거치면서부터 본격적으로 탄력을 받아 힘이 실리기 시작했다. 당시 대변인(언론 부서를 말함)은 이런 정책이 필요했었다며 언론사를 대상으로 공식 브리핑까지 요청해 왔다. 결국 나의 보고서는 내 손을 떠나 1실 5국 33개 부서, 36개 직속기관, 25개 교육지원청, 4,698개 학교를 비롯해 경기도 내 모든 행정기관에 영향을 미쳤다. 또한 164만여 명의 학생과 10만이 넘는 교직원, 넓게는 1,364만 명의 경기도민에게까지 영향을 미쳤다. 깊이 생각하고 만들어진 보고서가 살아 움직이는 생물이 되어 거대한 조직 속에서 스스로 일을 하고 영향력을 행사하기 시작한 것이다. 이것이 '행정가가 작성하는 보고서의 힘'이다.

당시 부서장은 부이사관으로 승진하였고, 나는 당시의 기억을 발판 삼아 보직에 충실히 임하고 있다. 나는 가끔 이런 상상을 한다. 보고서가 만약 사람이라면 이렇게 말하지 않을까?

"나를 잘 좀 만들어줘. 깊이 생각하고 논리가 있으며 철학도 담아줘. 다른 사람이 나를 알기 쉽게 예쁘게도 꾸며줘. 그러면 내가 발로 뛰어다니며 반드시 다른 사람을 설득할게. 지금까지와는 다른 직장생활을 경험하게 해줄게."

여러분도 할 수 있다. 자신에게 기회를 주자. 상사가 지시하는 것이든 평소 개선이 필요하다고 느꼈던 사항에 대해서든 보고서를 작성해보자. 그리고 공력을 쏟아 만든 나의 보고서가 스스로 뛰어다니는 모습을 지켜보자. 그러면 어느 순간 당신의 직장생활은 어제와는 다른 내일이 기다리고 있을 것이다.

공무원인 당신이 직장생활의 만족도가 낮다면 지금 당장 보고서 작성 역량을 키워야 한다.

1. 보고서 작성 역량의 향상은 업무 효율성을 높인다.

공무원은 다양한 업무를 수행하며 보고서 작성은 업무에서 많은 부분을 차지한다. 보고서 작성 역량이 향상되면 보다 명확하고 체계적인 보고서를 작성할 수 있으며, 이는 업무 처리의 효율성을 향상시킨다. 업무를 더욱 원활하게 처리할 수 있다면 직장생활의 만족도도 덩달아 향상된다.

2. 고품질의 보고서는 조직 내에서 좋은 평가와 인정을 받는다.

보고서는 조직 내에서 업무 수행의 결과물로 간주된다. 고품질의 보고서를 작성하면 상사나 동료들로부터 긍정적인 평가와 인정을 받을 가능성이 높다. 이는 직장생활의 만족도를 향상시키고, 자신의 업무에 대한 자부심을 갖게 한다.

3. 보고서 작성 역량은 개인의 전문성과 업무 능력을 나타내는 중요한 요소다.

고품질의 보고서를 작성할 수 있는 능력은 전문성과 업무 능력을 강조하는 데 도움이 된다. 이는 직장에서의 성장과 발전에 긍정적인 영향을 미치며, 개인의 자기만족과 직장생활의 만족도를 높일 수 있다.

이러한 이유로, 공무원이 직장생활의 만족도를 높이기 위해서는 보고서 작성 역량을 키우는 것이 중요하다. 고품질의 보고서 작성은 업무 효율성을 높이고, 조직 내에서의 평가와 인정을 얻을 수 있으며, 개인의 전문성과 업무 능력을 향상시킨다. 결국 직장생활의 만족도를 높여줄 것이다. 고품질을 내제한 '행정가의 보고서'는 직장생활을 바꿔줄 마법의 한 장이다.

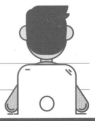

틀리기 쉬운
맞춤법
개선 사례

1. 앞말이 직접 인용되는 말임을 나타내는 조사는 '고'일까, '라고'일까?

작성 사례	개선 사례
○○시	○○시
수신 수신자 참조 (경유) 제목 집중호우에 따른 유의사항 알림	수신 수신자 참조 (경유) 제목 집중호우에 따른 유의사항 알림
1. 관련 : ○ ○ ○ ○ 부 재 난 관 리 정 책 　과 - 12345(2023. 7. 24.) 2. ○○○○부장관은 최근 언론보도에서 "국 　장급으로 구성한 지방자치단체 긴급대응 　지원단을 편성했다.**고** 밝히며……	1. 관련 : ○ ○ ○ ○ 부 재 난 관 리 정 책 　과 - 12345(2023. 7. 24.) 2. ○○○○부장관은 최근 언론보도에서 "국 　장급으로 구성한 지방자치단체 긴급대응 　지원단을 편성했다."**라고** 밝히며……

 앞말이 직접 인용되는 말임을 나타내는 조사는 '라고'다. '고'는 앞말이 간접 인용
되는 말임을 나타내는 조사이므로 직접 인용되는 말 뒤에는 '라고'를 사용한다.

Ｘ ○○○○부장관은 최근 언론보도에서 "국장급으로 구성한 지방자치단체 긴급대응지원단
을 편성했다."**고** 밝혔다.

Ｏ ○○○○부장관은 최근 언론보도에서 "국장급으로 구성한 지방자치단체 긴급대응지원단
을 편성했다."**라고** 밝혔다.

Ｘ ○○○○부장관은 최근 언론보도에서 국장급으로 구성한 지방자치단체 긴급대응지원단
을 편성했다**라고** 밝혔다.

Ｏ ○○○○부장관은 최근 언론보도에서 국장급으로 구성한 지방자치단체 긴급대응지원단
을 편성했다**고** 밝혔다.

2. 백분률 – 백분율 / 기각율 – 기각률 / 매칭율 – 매칭률 / 출산률 – 출산율 중 무엇이 맞을까?

작성 사례	개선 사례
○○도	○○도
수신 수신자 참조 (경유) 제목 결산 업무 유의 알림	수신 수신자 참조 (경유) 제목 결산 업무 유의 알림
1. 관련: ○○○○부 재정정책과-2748(2023. 6. 26.) 2. …… 향후 결산보고서에 **백분률** 표시는 ……	1. 관련: ○○○○부 재정정책과-2748(2023. 6. 26.) 2. …… 향후 결산보고서에 **백분율** 표시는 ……

 받침이 있는 말 뒤에서는 '렬', '률',
받침이 없는 말이나 'ㄴ'받침으로 끝나는 말 뒤에서는 '열', '율'을 사용한다.

X 향후 결산보고서에 **백분률** 표시는 다음과 같이 한다.
O 향후 결산보고서에 **백분율** 표시는 다음과 같이 한다.

X 행정심판 **기각율**은 매년 높아지고 있다.
O 행정심판 **기각률**은 매년 높아지고 있다.

X 지방자치단체와 지방교육행정기관 간 대응투자사업 **매칭율**이 낮아지고 있다.
O 지방자치단체와 지방교육행정기관 간 대응투자사업 **매칭률**이 낮아지고 있다.

X 경기도 내 시군 중 ○○시의 **출산률**이 큰 폭으로 낮아지고 있다.
O 경기도 내 시군 중 ○○시의 **출산율**이 큰 폭으로 낮아지고 있다.

---

3. 우리부 – 우리 부 / 우리청 – 우리 청 / 귀 사 – 귀사 / 바램 – 바람 / 시도 교육청 – 시도교육청 중 무엇이 맞을까?

작성 사례	개선 사례
○○○○○부	○○○○○부
수신 수신자 참조 (경유) 제목 영외 이동 잼버리 참가자 청와대·K – 컬처 체험 적극 지원 알림	수신 수신자 참조 (경유) 제목 영외 이동 잼버리 참가자 청와대·K – 컬처 체험 적극 지원 알림
1. 관련: ○○○○○부 2023세계잼버리지원단 – 2748(2023. 8. 8.) 2. **우리부**는 잼버리 현장에서 이동해 일정을 보내고 있는 '2023 새만금 세계스카우트잼버리' 참가자들이 한국 대표 문화기반시설에서 한국 문화의 매력을 체험할 수 있도록 다양한 프로그램을 지원합니다. ……	1. 관련: ○○○○○부 2023세계잼버리지원단 – 2748(2023. 8. 8.) 2. **우리 부**는 잼버리 현장에서 이동해 일정을 보내고 있는 '2023 새만금 세계스카우트잼버리' 참가자들이 한국 대표 문화기반시설에서 한국 문화의 매력을 체험할 수 있도록 다양한 프로그램을 지원합니다. ……

 하나의 단어인 경우는 붙여 쓰고, 그렇지 않은 경우는 띄어 쓴다. 하나의 단어인지 불확실한 경우에는 국립국어원의 표준국어대사전(https://stdict.korean.go.kr)과 우리말샘(https://opendic.korean.go.kr)에서 조회를 하면 판단이 가능하다.

X **우리부**는 귀사의 무궁한 발전을 기원합니다.
O **우리 부**는 귀사의 무궁한 발전을 기원합니다.

X **우리청**에 방문하신 것을 환영합니다.
O **우리 청**에 방문하신 것을 환영합니다.

X **귀 사**의 무궁한 발전을 기원합니다.
O **귀사**의 무궁한 발전을 기원합니다.

X 전기료는 소비자 물가를 구성하는 358개 품목 중 가중치가 여덟 번째에 달할 정도로 물가에 미치는 영향이 크다. 하지만 올해는 폭염이 예측되고 있기 때문에 여름철 전기료 상승이 이슈로 떠오른다. 소비자들은 전기료를 유지했으면 하는 **바램**을 갖고 있다.
O 전기료는 소비자 물가를 구성하는 358개 품목 중 가중치가 여덟 번째에 달할 정도로 물

가에 미치는 영향이 크다. 하지만 올해는 폭염이 예측되고 있기 때문에 여름철 전기료 상
승이 이슈로 떠오른다. 소비자들은 전기료를 유지했으면 하는 **바람**을 갖고 있다.

※ '시도 교육청'과 '시도교육청'은 모두 맞춤법에 맞다. '시도 교육청'이 원칙이나 '시도교육
청'도 허용된다.

○ **시도 교육청**은 법령에 따라 조직을 정비하여야 한다.
○ **시도교육청**은 법령에 따라 조직을 정비하여야 한다.

4. 융·복합 - 융복합 / 참거짓 - 참·거짓 / 중·하위권 - 중하위권 / 금은동메달 - 금·은·동메달 / 내·외 - 내외 / 대내·외 - 대내외 / 장·차관 - 장차관 중 무엇이 맞을까?

작성 사례	개선 사례
○○○○○부	○○○○○부
수신 수신자 참조 (경유) 제목 6070 이야기 구연 배틀 '오늘도 주인공' 경연 알림	수신 수신자 참조 (경유) 제목 6070 이야기 구연 배틀 '오늘도 주인공' 경연 알림
1. 관련: ○○○○○○부 전통문화과 - 2806(2023. 7. 10.) 2. ······ 뮤지컬, 국악, 밴드, 논버벌이라는 4개의 **융·복합** 장르와 이야기 구연을 결합해 ······	1. 관련: ○○○○○○부 전통문화과 - 2806(2023. 7. 10.) 2. ······ 뮤지컬, 국악, 밴드, 논버벌이라는 4개의 **융복합** 장르와 이야기 구연을 결합해 ······

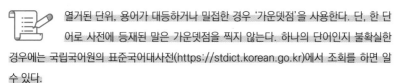

열거된 단위, 용어가 대등하거나 밀접한 경우 '가운뎃점'을 사용한다. 단, 한 단어로 사전에 등재된 말은 가운뎃점을 찍지 않는다. 하나의 단어인지 불확실한 경우에는 국립국어원의 표준국어대사전(https://stdict.korean.go.kr)에서 조회를 하면 알 수 있다.

✗ 뮤지컬, 국악, 밴드, 논버벌이라는 4개의 **융·복합** 장르와 이야기 구연을 결합해 4개팀, 4색의 이야기 구연극 경쟁이 펼쳐 최종 우승팀은 어린이와 학부모 방청객의 투표, 심사위원의 점수를 합산해 결정된다.

○ 뮤지컬, 국악, 밴드, 논버벌이라는 4개의 **융복합** 장르와 이야기 구연을 결합해 4개팀, 4색의 이야기 구연극 경쟁이 펼쳐 최종 우승팀은 어린이와 학부모 방청객의 투표, 심사위원의 점수를 합산해 결정된다.

✗ 화이트바이오를 통해 바이오매스 에너지원으로 재활용할 수 없다는 문장의 **참거짓**을 판단하는 추리 문제, 프린터 토너 추리 문제 등도 출제됐다.

○ 화이트바이오를 통해 바이오매스 에너지원으로 재활용할 수 없다는 문장의 **참·거짓**을 판단하는 추리 문제, 프린터 토너 추리 문제 등도 출제됐다.

X 독일은 2002년 1차 결과 발표후 상당한 노력을 기울였음에도 **중 · 하위권**에 머물러 "교육개혁" 논쟁이 더욱 가열되었다.

O 독일은 2002년 1차 결과 발표후 상당한 노력을 기울였음에도 **중하위권**에 머물러 "교육개혁" 논쟁이 더욱 가열되었다.

X 한국 쇼트트랙이 동계세계대학경기대회 남녀 1500m에서 **금은동메달**을 싹쓸이했다.

O 한국 쇼트트랙이 동계세계대학경기대회 남녀 1500m에서 **금 · 은 · 동메달**을 싹쓸이했다.

X 올해 10곳 **내 · 외**로 시작해 오는 2027년까지 비수도권 모든 지역에 총 30개 내 · 외의 글로컬대학을 지정한다는 계획이다.

O 올해 10곳 **내외**로 시작해 오는 2027년까지 비수도권 모든 지역에 총 30개 내외의 글로컬대학을 지정한다는 계획이다.

X 이러한 **대내 · 외** 여건을 감안해 하반기 경제정책을 네 가지 방향에 중점을 두고 추진해 나가고자 한다.

O 이러한 **대내외** 여건을 감안해 하반기 경제정책을 네 가지 방향에 중점을 두고 추진해 나가고자 한다.

X 아울러 **장 · 차관** 현장점검과 전력설비 예방정비, 태풍 등 재난 대비와 사전점검 등으로 전력공급 차질을 사전에 방지한다는 방침이다.

O 아울러 **장차관** 현장점검과 전력설비 예방정비, 태풍 등 재난 대비와 사전점검 등으로 전력공급 차질을 사전에 방지한다는 방침이다.

〈알아두기〉

※ 둘 이상의 말이 결합된 경우 복합명사, 복합형용사, 복합부사인지 명사구, 형용사구, 부사구인지 애매한 경우가 있다. 이는 해당 단어를 띄어 쓸지 여부와 가운뎃점을 사용할지 여부와 관련이 있다. 이를 해결하는 방법은 다음과 같다.

• 국립국어원 표준국어대사전과 우리말샘 활용
1) 예를 들어 '귀 사의 무궁한 발전을 기원합니다.'와 같은 문장에서 '귀 사'와 '귀사' 중 어느 것이 맞는지 혼동될 때가 있다. 이때 국립국어원 표준국어대사전(https://stdict.korean. go.kr)에서 '귀사'를 검색하면 해당 단어가 검색되므로 '귀 사'와 같이 띄어 쓰지 않고 해당 단어 그대로 사용한다.

2) 특정 단어를 국립국어원 표준국어대사전에서 검색 시 결과가 나오지 않는 경우가 있다. 예를 들어 '융복합'이라는 단어를 국립국어원 표준국어대사전에서 검색할 경우 결과가 나오지 않는데 이때는 우리말샘 검색 결과로 바로가기▶ 버튼을 클릭한다. 우리말샘에서는 해당 단어가 검색되므로 '융·복합'이 아닌 '융복합' 단어를 그대로 사용한다.

3) 특정 단어를 띄어 쓸지 여부와 가운뎃점을 사용할지 여부를 확인하기 위해 위의 방법을 사용해도 해당 단어가 조회되지 않는다면 이는 복합명사, 복합형용사, 복합부사로 판단해 띄어 쓰거나 가운뎃점을 사용한다.

4) 참고로 국어사전 속에서 띄어쓰기에 활용하는 기호는 '−(붙임표)'와 '^(삿갓표)'다. 복합 어휘 가운데에 '−'가 있으면 두 어휘는 띄어쓰기를 해서는 안되는 것을 의미한다. 이와 더불어 '^'는 검색 어휘 중간에 나타나는데, 이는 고유 명사나 전문 용어의 경우 단어별로 띄어 씀이 원칙이지만 붙여 쓸 수 있다는 한글 맞춤법(2017. 3. 28. 시행, 문화체육관광부 고시 제2017 − 12호) 제49항과 제50항의 띄어쓰기 규정을 반영한 것이다. 즉, '시도^교육청'은 '시도 교육청'이나 '시도교육청'이 모두 가능하다는 의미다.

367

5. 원, 달러, 톤, 동, 평은 붙여 쓸까, 띄어 쓸까?

작성 사례	개선 사례
○○○교육청	○○○교육청
수신 수신자 참조 (경유) 제목 특별교부금 교부 알림	수신 수신자 참조 (경유) 제목 특별교부금 교부 알림
1. 관련: ○○부 지방교육재정 과-2428(2023. 8. 8.) 2. …… ○○부의 특별교부금 **250억원**을 다 음과 같이 교부하오니 ……	1. 관련: ○○부 지방교육재정 과-2428(2023. 8. 8.) 2. …… ○○부의 특별교부금 **250억 원**을 다 음과 같이 교부하오니 ……

 단위를 나타내는 명사는 앞말과 띄어 쓴다.

X ○○부의 특별교부금 **250억원**을 교부합니다.

O ○○부의 특별교부금 **250억 원**을 교부합니다.

X 지난해 약 **1억달러**의 인도적 지원에 이어 올해 **1억 5,000만달러**의 인도적 지원도 효과
적으로 이행해 나아갈 것이다.

O 지난해 약 **1억 달러**의 인도적 지원에 이어 올해 **1억 5,000만 달러**의 인도적 지원도 효과
적으로 이행해 나아갈 것이다.

X ○○○○부는 오는 21일부터 다음 달 8일까지 19일간 천일염 정부 비축물량 **400만톤**을
방출한다.

O ○○○○부는 오는 21일부터 다음 달 8일까지 19일간 천일염 정부 비축물량 **400만 톤**
을 방출한다.

X 불은 공장 건물 10개 동 가운데 **5개동**을 태운 뒤 오후 3시 20분쯤 진화됐습니다.

O 불은 공장 건물 10개 동 가운데 **5개 동**을 태운 뒤 오후 3시 20분쯤 진화됐습니다.

X 대구공항 이전 터 주변 그린벨트 **100만평** 풀겠다.

O 대구공항 이전 터 주변 그린벨트 **100만 평** 풀겠다.

⇒ 다만 순서를 나타내는 경우나 숫자와 어울리어 쓰이는 경우에는 붙여 쓸 수 있다.

• 세시 이십분 삼초

- 1978년 4월 16일
- 90원
- 제이과
- 3대대
- 12개
- 일학년
- 9동 307호
- 6미터
- 사층
- 제9실습실

6. 회계년도 – 회계 연도 / 시설년도 – 시설 연도 / 설립년도 – 설립 연도 중 무엇이 맞을까?

작성 사례	개선 사례
○○○○부	○○○○부
수신 수신자 참조 (경유) 제목 노사관행 개선 알림	수신 수신자 참조 (경유) 제목 노사관행 개선 알림
1. 관련: ○○○○부 노사관행개선과–2428(2023. 8. 8.) 2. …… 노조의 대표자는 **회계년도**마다 결산 결과와 운영상황을 공표해야 하나 시기와 방법에 관한 규정이 없어 조합원의 알권리 보호가 필요 ……	1. 관련: ○○○○부 노사관행개선과–2428(2023. 8. 8.) 2. …… 노조의 대표자는 **회계 연도**마다 결산 결과와 운영상황을 공표해야 하나 시기와 방법에 관한 규정이 없어 조합원의 알권리 보호가 필요 ……

 한자음 '녀, 뇨, 뉴, 니'가 단어 첫머리에 올 때에는 두음 법칙에 따라 '여, 요, 유, 이'로 적는다. '회계년도'는 한 단어가 아니므로 '회계 년도'로 띄어 써야 하고, '연도'는 독립된 단어이므로 '년도'가 아니라 '연도'로 적어야 한다.

✗ 노동조합은 직전 **회계년도** 결산결과를 매년 4월30일까지 고용노동부가 운영하는 노동조합 회계 공시시스템에 공시하면 된다.

○ 노동조합은 직전 **회계 연도** 결산결과를 매년 4월30일까지 고용노동부가 운영하는 노동조합 회계 공시시스템에 공시하면 된다.

✗ 시설된 어초의 종류와 **시설년도** 등을 함께 수록하여 어초어장을 어업인 및 낚시관광객들이 편리하게 이용토록 하였다.

○ 시설된 어초의 종류와 **시설 연도** 등을 함께 수록하여 어초어장을 어업인 및 낚시관광객들이 편리하게 이용토록 하였다.

✗ 인천부공립소학교가 **설립년도**가 1896년이라 인천창영초 **설립년도**를 수정할 필요성이 제기된다.

○ 인천부공립소학교가 **설립 연도**가 1896년이라 인천창영초 **설립 연도**를 수정할 필요성이 제기된다.

---

7. '~여' / '~쯤' / '~가량'은 띄어 써야 할까, 붙여 써야 할까?

작성 사례	개선 사례
○○○○부	○○○○부
수신 수신자 참조 (경유) 제목 선원 일자리 혁신방안 알림	수신 수신자 참조 (경유) 제목 선원 일자리 혁신방안 알림
1. 관련: ○○○○부 선원정책 과-4118(2023. 8. 8.) 2. ⋯⋯ 2000년 **5만 9,000 여명**에 달하던 국적선원수는 지난해 **3만 2,000 여명** 수준 으로 감소 ⋯⋯	1. 관련: ○○○○부 선원정책 과-4118(2023. 8. 8.) 2. ⋯⋯ 2000년 **5만 9,000여 명**에 달하던 국적선원수는 지난해 **3만 2,000여 명** 수준 으로 감소 ⋯⋯

 '~여', '~쯤', '~가량'은 접미사이므로 앞말과 붙여 쓴다.

X 국제올림픽위원회(IOC)가 주관하는 이번 대회에는 70여개국, 15~18세 청소년 선수 1800여명을 포함해 관계자까지 총 **2,600 여명**이 참가할 것으로 예상된다.

O 국제올림픽위원회(IOC)가 주관하는 이번 대회에는 70여개국, 15~18세 청소년 선수 1800여명을 포함해 관계자까지 총 **2,600여 명**이 참가할 것으로 예상된다.

X 과학기술정보통신부와 한국항공우주연구원은 지난 21일 오후 4시 발사한 누리호가 목표 궤도에서 성능검증위성을 성공적으로 분리했고, 22일 새벽 3시 **2분 쯤** 대전 항우연 지상 국과의 양방향 교신에 성공했다고 전했다.

O 과학기술정보통신부와 한국항공우주연구원은 지난 21일 오후 4시 발사한 누리호가 목 표 궤도에서 성능검증위성을 성공적으로 분리했고, 22일 새벽 3시 **2분쯤** 대전 항우연 지 상국과의 양방향 교신에 성공했다고 전했다.

X 주민등록지와 실거주지 일치 여부를 조사하는 주민등록 사실조사가 예년보다 **2개월 가량** 앞당겨진 지난 17일 서울 송파구 한 주민센터에 '출생 미등록 아동, 지금 신고해 주세요.' 라고 적힌 안내문이 붙어 있다.

O 주민등록지와 실거주지 일치 여부를 조사하는 주민등록 사실조사가 예년보다 **2개월가 량** 앞당겨진 지난 17일 서울 송파구 한 주민센터에 '출생 미등록 아동, 지금 신고해 주세 요.'라고 적힌 안내문이 붙어 있다.

8. 그 동안-그동안 / 이 후-이후 / 그 중-그중 / 지난 해-지난해 / 더욱 더-더욱 더 중 무엇이 맞을까?

작성 사례	개선 사례
○○○○부	○○○○부
수신 수신자 참조 (경유) 제목 통합하천관리 TF 운영 결과	수신 수신자 참조 (경유) 제목 통합하천관리 TF 운영 결과
1. 관련: ○○부 통합하천관리 팀-2886(2023. 7. 10.) 2. …… **그 동안** 터부시되어 온 댐 신설과 하 천 준설 등은 국민의 안전을 위해 본격 추진 할 계획 ……	1. 관련: ○○부 통합하천관리 팀-2886(2023. 7. 10.) 2. …… **그동안** 터부시되어 온 댐 신설과 하 천 준설 등은 국민의 안전을 위해 본격 추진 할 계획 ……

 하나의 단어인 경우는 붙여 쓰고, 그렇지 않은 경우는 띄어 쓴다. 하나의 단어인 지 불확실한 경우에는 국립국어원의 표준국어대사전(https://stdict.korean. go.kr)에서 조회를 하면 알 수 있다.

X 가명정보 제도 도입 이후 다양한 성과가 있었으나, 이제는 **그 동안** 가명정보 제도 활용 현 장에서 제기되어 온 다양한 문제들에 대한 근본적인 개선대책 마련이 필요한 시점이다.

O 가명정보 제도 도입 이후 다양한 성과가 있었으나, 이제는 **그동안** 가명정보 제도 활용 현 장에서 제기되어 온 다양한 문제들에 대한 근본적인 개선대책 마련이 필요한 시점이다.

X 특히 규제샌드박스 통합 창구로 역할을 해온 대한상공회의소 샌드박스 지원센터는 2020 년 5월 출범 **이 후** 현재까지 304건의 과제를 접수·처리해 규제샌드박스의 성공적인 정착 에 크게 기여했다.

O 특히 규제샌드박스 통합 창구로 역할을 해온 대한상공회의소 샌드박스 지원센터는 2020 년 5월 출범 **이후** 현재까지 304건의 과제를 접수·처리해 규제샌드박스의 성공적인 정착 에 크게 기여했다.

X 6~7월 시장에 공급되는 천일염 물량은 12만톤으로, **그 중** 햇소금 10만톤은 다음 달부터 본격적으로 공급될 예정이고, 나머지 2만 톤은 지난 23일부터 정상 출하되고 있다.

O 6~7월 시장에 공급되는 천일염 물량은 12만톤으로, **그중** 햇소금 10만톤은 다음 달부터 본격적으로 공급될 예정이고, 나머지 2만 톤은 지난 23일부터 정상 출하되고 있다.

✗ 미국은 **지난 해** 세계 아웃바운드 관광 지출 규모 1위의 중요 시장이며, 올해 일본과 중국에 이어 한국을 찾은 관광객 규모 3위로, 이는 원거리 국가 중 가장 큰 규모다.

○ 미국은 **지난해** 세계 아웃바운드 관광 지출 규모 1위의 중요 시장이며, 올해 일본과 중국에 이어 한국을 찾은 관광객 규모 3위로, 이는 원거리 국가 중 가장 큰 규모다.

✗ 청년인턴에게 **더욱 더** 체계적이고 내실 있는 일경험 기회를 제공하기 위해 청년인턴이 배치되는 부서의 팀장급 선배를 '청년인턴 1:1 책임멘토'로 지정해 청년인턴의 교육과 근무 상황을 지도할 계획이다. ⇒ 다만 순서를 나타내는 경우나 숫자와 어울리어 쓰이는 경우에는 붙여 쓸 수 있다.

○ 청년인턴에게 **더욱더** 체계적이고 내실 있는 일경험 기회를 제공하기 위해 청년인턴이 배치되는 부서의 팀장급 선배를 '청년인턴 1:1 책임멘토'로 지정해 청년인턴의 교육과 근무 상황을 지도할 계획이다.

9. 의존 명사('바', '차', '겸', '분', '만', '시', '만큼' 등)는 띄어 쓸까, 붙여 쓸까?

작성 사례	개선 사례
○○○○부	○○○○부
수신 수신자 참조 (경유) 제목 교육활동 침해학생 대응 매뉴얼 통보	수신 수신자 참조 (경유) 제목 교육활동 침해학생 대응 매뉴얼 통보
1. 관련: ○○부 교원정책과 – 2311(2023. 7. 10.) 2. ⋯⋯ 학교 현장에서 교육활동 침해 사례가 지속 증가함에 따라 지난해 12월 '교육활동 침해 예방 및 대응 강화 방안'을 **발표한바** ⋯⋯	1. 관련: ○○부 교원정책과 – 2311(2023. 7. 10.) 2. ⋯⋯ 학교 현장에서 교육활동 침해 사례가 지속 증가함에 따라 지난해 12월 '교육활동 침해 예방 및 대응 강화 방안'을 **발표한 바** ⋯⋯

 의존 명사는 띄어 쓴다. 그러므로 한자어계 의존 명사 '시(時)', '간(間)', '등(等)', '점(點)', '명(名)', '대(對)', '차(次)', '겸(兼)'과 고유어계 의존 명사 '수, 분, 바, 만, 지, 만큼' 등은 앞말과 띄어 써야 한다.

X 통신 3사는 안정적인 디지털 인프라와 서비스 제공을 위한 사전예방·대비 사항과 함께 통신장애 **발생시**에 신속한 대응·복구가 이루어 질 수 있도록 준비현황을 발표했다.

O 통신 3사는 안정적인 디지털 인프라와 서비스 제공을 위한 사전예방·대비 사항과 함께 통신장애 **발생 시**에 신속한 대응·복구가 이루어 질 수 있도록 준비현황을 발표했다.

X 인신매매 등 방지 정책조정협의회는 지난 1월 시행된 '인신매매 등 방지 및 피해자 보호 등에 관한 법률'에 따라 **관계부처간** 협력·조정을 위한 부총리 겸 교육부 장관 소속 협의회다.

O 인신매매 등 방지 정책조정협의회는 지난 1월 시행된 '인신매매 등 방지 및 피해자 보호 등에 관한 법률'에 따라 **관계부처 간** 협력·조정을 위한 부총리 겸 교육부 장관 소속 협의회다.

X 이번 사건은 지난 20일 오후 12시 30분 울산시 소재 장애인 복지시설에서 직원 3명이 국제우편물 개봉 후 어지러움과 **호흡불편등** 증상을 호소하며 최초 신고 접수됐다.

O 이번 사건은 지난 20일 오후 12시 30분 울산시 소재 장애인 복지시설에서 직원 3명이 국제우편물 개봉 후 어지러움과 **호흡불편 등** 증상을 호소하며 최초 신고 접수됐다.

✗ LA카운티미술관(LACMA)에서 여는 고희동·변관식 등 한국 근대 작가 작품 **140여점**의 전시(9월~2023년 2월)도 관객들을 기다린다.

○ LA카운티미술관(LACMA)에서 여는 고희동·변관식 등 한국 근대 작가 작품 **140여 점**의 전시(9월~2023년 2월)도 관객들을 기다린다.

✗ K-뷰티 기업 대표와 관계자 **20여명**이 함께했다.

○ K-뷰티 기업 대표와 관계자 **20여 명**이 함께했다.

✗ 국내 자동차 누적등록대수가 **2576만대** 수준으로, 국민 2명 중 1명이 자동차를 보유하고 있는 것으로 나타났다.

○ 국내 자동차 누적등록대수가 **2576만 대** 수준으로, 국민 2명 중 1명이 자동차를 보유하고 있는 것으로 나타났다.

✗ 보건의료노조 파업 **2일차**로 전국적으로 의료에 차질이 지속되고 있다.

○ 보건의료노조 파업 **2일 차**로 전국적으로 의료에 차질이 지속되고 있다.

✗ 정부는 21일 **부총리겸 기획재정부 장관** 주재로 비상경제장관회의 겸 수출투자대책회의를 열고 물류, 유통, 금융, 안전, 행정 등 5대 선도분야 서비스산업 전략을 발표했다

○ 정부는 21일 **부총리 겸 기획재정부 장관** 주재로 비상경제장관회의 겸 수출투자대책회의를 열고 물류, 유통, 금융, 안전, 행정 등 5대 선도분야 서비스산업 전략을 발표했다.

✗ 부마항쟁을 초등학교 1, 2학년이 봐도 **알수 있도록** 기록화로 그려내는 게 목표다.

○ 부마항쟁을 초등학교 1, 2학년이 봐도 **알 수 있도록** 기록화로 그려내는 게 목표다.

✗ **노인분들께는** 꾸준한 운동과 올바른 식습관으로 건강을 유지할 것을 추천한다.

○ **노인 분들께는** 꾸준한 운동과 올바른 식습관으로 건강을 유지할 것을 추천한다.

✗ 기술형입찰 공동도급 규제 개선으로 **15년만에** 상위 10위 이내 건설회사가 고도의 기술력을 요구하는 기술형입찰로 진행되는 대형공사에 공동으로 참여할 수 있게 됐다.

○ 기술형입찰 공동도급 규제 개선으로 **15년 만에** 상위 10위 이내 건설회사가 고도의 기술력을 요구하는 기술형입찰로 진행되는 대형공사에 공동으로 참여할 수 있게 됐다.

✗ 김 총리는 이날이 한미 FTA가 **발효된지** 10년이 되는 날임을 언급했다.

○ 김 총리는 이날이 한미 FTA가 **발효된 지** 10년이 되는 날임을 언급했다.

✗ 만남의 장소에 버스환승센터가 건립될 **예정인만큼** 이를 연계하기 위해서라도 이곳에 신덕풍역이 설치되는 것이 적합하다.

○ 만남의 장소에 버스환승센터가 건립될 **예정인 만큼** 이를 연계하기 위해서라도 이곳에 신덕풍역이 설치되는 것이 적합하다.

10. '데'와 'ㄴ데'는 띄어쓰기를 어떻게 할까?

작성 사례	개선 사례
○○○○부	○○○○부
수신 수신자 참조 (경유) 제목 '착한가격업소 이용자의 날' 지정 독려	수신 수신자 참조 (경유) 제목 '착한가격업소 이용자의 날' 지정 독려
1．관련: ○○○○부 지역 경제 과－28286(2023. 7. 10.) 2. …… 특히 착한가격업소가 지역 상권 물가 를 **안정화하는데** 기여할 수 있도록 연말까지 착한가격업소를 7000개로 확대 ……	1．관련: ○○○○부 지역 경제 과－28286(2023. 7. 10.) 2. …… 특히 착한가격업소가 지역 상권 물가 를 **안정화하는 데** 기여할 수 있도록 연말까지 착한가격업소를 7000개로 확대 ……

작성 사례	개선 사례
○○○○○○처	○○○○○○처
수신 수신자 참조 (경유) 제목 혈장 수입처 다변화를 위한 인증 절차 안내	수신 수신자 참조 (경유) 제목 혈장 수입처 다변화를 위한 인증 절차 안내
1. 관련: ○○○○○○○처 시험검사정책 과－38286(2023. 7. 10.) 2. …… 국내에서는 없어서 못 **구하는 데** 해 외로 수출되는 의약품 ……	1. 관련: ○○○○○○○처 시험검사정책 과－38286(2023. 7. 10.) 2. …… 국내에서는 없어서 못 **구하는데** 해외 로 수출되는 의약품 ……

 연결 어미 '－ㄴ데'와 의존 명사 '데'는 구분하여 띄어쓰기를 하여야 한다. 연결 어미인 '－ㄴ데'는 어간에 붙여 쓰고, 의존 명사인 '데'는 앞말과 띄어 써야 한다.

X 이번 시범운영은 양질의 방과후 프로그램을 **확대하는데** 초점을 뒀다고 교육부는 설명했다.
O 이번 시범운영은 양질의 방과후 프로그램을 **확대하는 데** 초점을 뒀다고 교육부는 설명했다.

X 건강보험 입원진료비의 경우 10~20%를 본인이 **부담했던 데**, 이젠 5%만 내면 된다.
O 건강보험 입원진료비의 경우 10~20%를 본인이 **부담했는데**, 이젠 5%만 내면 된다.

---

11. 공문서에서 틀리기 쉬운 맞춤법 사례 모음(출처: 국립국어원)

연번	사례	수정	비고
1	**관 련 : ○ ○ ○ ○** **과**-0000 (2019.3.2)호.	관 련 : ○ ○ ○ ○ 과-0000	쌍점(:)의 왼쪽은 붙이고 오른쪽은 한 칸을 띈다.
		2019. 3. 2.	연월일 뒤에 마침표를 쓸 때는 '일'을 나타내는 숫자 뒤에도 마침표를 찍어야 한다.
2	교육비 **산출 내역서**는 붙임을 참고	산출 명세서	-
3	**그리고,** 최근 개정된 법령에 따라	그리고	일반적으로 쓰이는 접속어 뒤에는 쉼표를 쓰지 않음이 원칙이다.
4	**또한** 지난 국정감사에서 드러난	또한,	문장 첫머리의 접속이나 연결을 나타내는 말 다음에는 반점(,)을 쓴다. (예) 결국, / 다만, / 한편, 등
5	**(처분청의 행위가 완료(소유권 이전 등기 완료) 되는 시점인지)**	[처분청의 행위가 완료 (소유권 이전 등기 완료) 되는 시점인지]	묶음표 안에 또 묶음표가 있을 때는 바깥에 대괄호([ ])를 쓴다.
6	**목표 년도**까지 도서관 설립 계획이~	목표 연도	'연도'는 두음법칙에 따라 '년도'가 아닌 '연도'로 적어야 한다.
7	**4.16** 세월호 참사	4·16 세월호 참사	특정한 의미가 있는 날을 나타낼 때는 가운뎃점(·)을 쓴다.
8	**1월 1일자**로 인사발령 결과를 안내	1월 1일 자	'날짜'를 뜻하는 '자'는 앞말과 띄어 쓴다.
9	**우리청** 직원들의 건강	우리 청	'우리청'은 한 단어가 아니므로 띄어 쓴다.
10	**계획인 바**	계획인바	'계획인바'는 '계획이니까'와 가까운 뜻으로서 '-니까'의 뜻인 '바'는 앞말에 붙여 쓴다.
11	**200,000천원**	200,000천 원	금액을 나타내는 단위 '원'은 앞말과 띄어 쓴다.
12	**차질없이** 추진될 수 있도록	차질 없이	'관계없다'나 '관계있다'와 같은 일부 단어를 제외하고 '없다'. '있다'는 앞말과 띄어 쓴다.
13	인정되어야 하는 것으로 **사료됨**	생각함	어려운 한자말은 될 수 있으면 쉬운 말로 쓴다.

14	알려드리니 **착오없으시기** 바랍니다.	착오 없으시기	'없다'는 앞말과 띄어 쓴다.
15	**워크샵**	워크숍	-
16	**주최**: 경기도교육청	주최·주관	'주최'는 전체적인 일을 기획하는 곳이고 '주관'은 실질적인 일을 하는 곳이다. 이 둘 모두를 한 곳에서 하면 '주최·주관'으로 쓰는 것이 좋다.
17	**매 1년마다** 수행	1년마다/매년/해마다	'각각'을 뜻하는 '매'와 '마다'가 겹쳐 쓰였으므로 둘 중에서 하나만 쓴다.
18	2019. **3월말** 현재	3월 말	'말(末)'은 앞말과 띄어 쓴다.
19	**교육을 실시한다.**	교육을 한다.	'실시하다'보다는 '하다'를 쓰는 것이 더 자연스럽다.
20	**많은 데 기인한 것으로** 보임	많기 때문인 것으로	쉬운 표현으로 바꾸어 쓴다.
21	**가내시**	임시통보	-

부록2

공문서어법에
맞지 않는
문장 사용
개선 사례

1. 주어와 서술어가 호응하는가?

작성 사례	개선 사례
○○○○부	○○○○부
수신 수신자 참조 (경유) 제목	수신 수신자 참조 (경유) 제목
1. 관련: ○○○○부 가족지원과-286(2023. 7. 10.) 2. …… 청소년부모 가구란 청소년복지지원법 제2조제6호에 근거해 자녀를 양육하는 부모가 모두 만 24세 **이하를 말한다** ……	1. 관련: ○○○○부 가족지원과-286(2023. 7. 10.) 2. …… 청소년부모 가구란 청소년복지지원법 제2조제6호에 근거해 자녀를 양육하는 부모가 모두 만 24세 **이하인 경우를 말한다** ……

 정의하는 문장이므로 주어와 서술어가 '~이란 ~인 경우(것)를 말한다.'와 같이 호응해야 한다.

X 겉절이는 함수물 당 식염 함유량이 3% **이하를 말한다.**

O 겉절이는 함수물 당 식염 함유량이 3% **이하인 것을 말한다.**

X 개정안은 입주자대표회의가 간선으로 임원**을 선출되는** 경우, 득표수가 같으면 추첨으로 선출하도록 명시했다.

O 개정안은 입주자대표회의가 간선으로 임원**을 선출하는** 경우, 득표수가 같으면 추첨으로 선출하도록 명시했다.

X 이 지역은 무단 입산자에 대하여는 산지관리법 제60조에 따라 처벌을 받게 됩니다.

O **이 지역은** 무단 입산자에 대하여는 산지관리법 제60조에 따라 처벌을 받는 **곳입니다.**

O **무단 입산자는** 산지관리법 제60조에 따라 처벌을 **받게 됩니다.**

X 한글과 세계의 여러 문자를 비교해 볼 때 매우 조직적이며 과학적인 문자라고 하는 사실은 널리 알려졌다.

O 한글과 세계의 여러 문자를 비교해 볼 때 **한글이** 매우 조직적이며 과학적인 문자라고 하는 사실은 널리 알려졌다.

2. 문장 성분 중 일부가 생략되었는가?

작성 사례	개선 사례
○○○○부	○○○○부
수신 수신자 참조 (경유) 제목 전세사기 범정부 특별단속 연장	수신 수신자 참조 (경유) 제목 전세사기 범정부 특별단속 연장
1. 관련: ○○○○부 부동산소비자보호기획 단-2912(2023. 7. 10.) 2. …… **정부는 특별단속 기간을 연말까지 추가로 연장해 엄정 대응할 방침** ……	1. 관련: ○○○○부 부동산소비자보호기획 단-2912(2023. 7. 10.) 2. …… **정부는 특별단속 기간을 연말까지 추가로 연장해 전세사기에 엄정 대응할 방침** ……

 의미 소통에 지장이 없다면, 성분 생략은 국어 문장 구조의 간결성, 함축성, 경제성에 기여하는 긍정적인 효과가 있다. 그러나 이는 문맥을 통해 의미를 정확하게 알 수 있는 범위 안에서만 생략하고, 그렇지 않을 때는 생략하지 않도록 주의해야 한다.

X 본격적인 공사가 언제 시작되고, 언제 설립될지 모른다.

O 본격적인 공사가 언제 시작되고, **학교가** 언제 설립될지 모른다.

X 예술은 다양한 삶의 체험을 보여주는 예술의 장르로써 예술을 즐길 예술적 본능을 지닌다.

O 예술은 다양한 삶의 체험을 보여주는 예술의 장르로써 **사람은** 예술을 즐길 예술적 본능을 지닌다.

X 신민아는 오윤아에게 가방을 선물했는데, 그 보답으로 신민아에게 책을 선물하였다.

O 신민아는 오윤아에게 가방을 선물했는데, **오윤아는** 그 보답으로 신민아에게 책을 선물하였다.

X 서울공예박물관에서 금으로 만든 백제의 공예품을 관람했는데, 대개 왕이나 귀족의 생활을 보여주었다.

O 서울공예박물관에서 금으로 만든 백제의 공예품을 관람했는데, **그것은** 대개 왕이나 귀족의 생활을 보여주었다.

X 정직하지 못한 동기에서 시작한 일이 결국 잘못되고 만다는 것을 보여주었다.

O **신민혁은** 정직하지 못한 동기에서 시작한 일이 결국 잘못되고 만다는 것을 보여주었다.

3. 여러 뜻으로 해석되지는 않는가?

작성 사례	개선 사례
○○○○부	○○○○부
수신 수신자 참조 (경유) 제목 범부처 데이터 연계 취약계층 사각지대 해소 관련 관계자 회의 알림	수신 수신자 참조 (경유) 제목 범부처 데이터 연계 취약계층 사각지대 해소 관련 관계자 회의 알림
1. 관련: ○○부 사회정책총괄담당관-2659(2023. 7. 10.) 2. …… 교육부장관은 업무 관계자와 국민의 소득, 건강, 돌봄 등 복합적인 문제를 해소하기 위해 논의하였습니다. ……	1. 관련: ○○부 사회정책총괄담당관-2659(2023. 7. 10.) 2. …… 교육부장관은 업무 관계자들을 만나 국민의 소득, 건강, 돌봄 등 복합적인 문제를 해소하기 위해 논의하였습니다. ……

 하나의 단어나 문장이 두 개 이상 여러 가지 의미로 해석되는 표현은 공문서에서 주의가 필요하다. 특히 구조적 중의성(수식 관계, 주어의 범위, 비교 대상 불분명 등)을 주의해야 한다.

문장	해석
교육부장관은 업무 관계자와 국민의 소득, 건강, 돌봄 등 복합적인 문제를 해소하기 위해 논의하였습니다.	1) 교육부장관은 업무 관계자들을 만나 국민의 소득, 건강, 돌봄 등 복합적인 문제를 해소하기 위해 논의하였습니다. 2) 교육부장관은 업무 관계자들을 비롯해 국민의 소득, 건강, 돌봄 등 복합적인 문제를 해소하기 위해 논의하였습니다.

X 해안가 절벽 위 바다와 맞닿아 있어 정상에 다다르면 한눈에 펼쳐지는 **아름다운 여수의 풍광을** 감상해 볼 수 있습니다.

O 해안가 절벽 위 바다와 맞닿아 있어 정상에 다다르면 한눈에 펼쳐지는 **여수의 아름다운 풍광을** 감상해 볼 수 있습니다.

X 최근 한 설문조사에서 "감염위험이 있더라도 학교에서 공부하고 싶다."고 **솔직하고 성실한 학생들의 대답**이 있었다.

O 최근 한 설문조사에서 **학생들은** "감염위험이 있더라도 학교에서 공부하고 싶다."고 **솔직하고 성실하게 대답**했다.

X 나는 대통령으로서 **끝까지 이 땅에 남아** 철통같은 안보 태세로 **국민 생명과 안전을 지키**겠다.

O 나는 대통령으로서 이 땅에 남아 철통같은 안보 태세로 국민 생명과 안전을 **끝까지 지키**겠다.

4. 문장이 과도하게 연결되어 있는가?

작성 사례	개선 사례
○○○○부	○○○○부
수신 수신자 참조 (경유) 제목 출생미신고 아동 통계 알림	수신 수신자 참조 (경유) 제목 출생미신고 아동 통계 알림
1. 관련: ○○○○부 아동학대대응과-2903(2023. 7. 10.) 2. 이에 경찰은 현재 814명의 아동 대상 범죄 연관성 등을 수사 중이며 종결한 건은 281명으로, 이 중 사망 아동의 보호자 7명에 대해서는 범죄와 연관돼 검찰에 송치한 바, 조사 결과를 종합하면 생존 확인 1,025명, 사망 249명, 수사 중 814명, 의료기관 오류 35명입니다.	1. 관련: ○○○○부 아동학대대응과-2903(2023. 7. 10.) 2. 이에 경찰은 현재 814명의 아동을 대상으로 범죄 연관성 등을 수사 중이며, 종결한 건은 281명입니다. 3. 이 중 사망 아동의 보호자 7명에 대해서는 범죄와 연관돼 검찰에 송치하였습니다. 4. 이와 같은 조사 결과를 종합하면 생존 확인 1025명, 사망 249명, 수사 중 814명, 의료기관 오류 35명입니다.

 지나치게 문장이 긴 경우와 마찬가지로 문장이 과도하게 연결되어 있으면 의미 전달에 방해가 된다. 전달하고자 하는 의미를 간결한 문장으로 구성해야 한다.

X 오늘 충북과 경북 피해현장을 둘러본 이 장관은 민간전문가들과 회의체를 구성하여 지하 공간 침수, 산사태 등 분야별 대책을 논의할 것과, 위험상황 발생 시 인명피해 예방을 위한 공간인 대피시설의 중요성을 강조하며 사전에 대피시설에 대한 안전점검을 철저히 할 것을 지시했다.

O 오늘 충북과 경북 피해현장을 둘러본 이 장관은 민간전문가들과 회의체를 구성하여 지하 공간 침수, 산사태 등 분야별 대책을 논의토록 하였다. 또 위험상황 발생 시 인명피해 예방을 위한 공간인 대피시설의 중요성을 강조하며 사전에 대피시설에 대한 안전점검을 철저히 할 것을 지시했다.

X 아울러, 이날 행사장에는 멘토링 프로그램을 통해 성장하고 있는 유망 디지털 기업들의 전시부스도 마련되었는데 ① 스마트 보청기를 개발한 '올리브유니온', ② 법률문서 자동 작성 플랫폼을 개발한 '아미쿠스렉스', ③ 360도 웨어러블 카메라를 개발한 '링크플로

우', ④ 시공간 빅데이터 분석 솔루션을 개발한 '디토닉', ⑤ 이차전지 분리막 생산 장비를 설계·제작하는 '에스티영원'이 참여하였다.

- 아울러, 이날 행사장에는 멘토링 프로그램을 통해 성장하고 있는 유망 디지털 기업들의 전시부스도 마련되었다. 전시에는 ① 스마트 보청기를 개발한 '올리브유니온', ② 법률문서 자동 작성 플랫폼을 개발한 '아미쿠스렉스', ③ 360도 웨어러블 카메라를 개발한 '링크플로우', ④ 시공간 빅데이터 분석 솔루션을 개발한 '디토닉', ⑤ 이차전지 분리막 생산 장비를 설계·제작하는 '에스티영원'이 참여하였다.

5. 접속을 대등한 성분끼리 하였는가?

작성 사례	개선 사례
○○○○부	○○○○부
수신 수신자 참조 (경유) 제목 오감만족 K - 컬처 행사 알림	수신 수신자 참조 (경유) 제목 오감만족 K - 컬처 행사 알림
1. 관련: ○○○○○○부 해외문화홍보사업 과 - 2915(2023. 7. 10.) 2. ······ 국립극장 내 별별실감극장에서 '무빙 포스터' 속 **공연 주인공이 되어보거나 무대 분장과 무대의상 등**이 마련되어 있습니다.	1. 관련: ○○○○○○부 해외문화홍보사업 과 - 2915(2023. 7. 10.) 2. ······ 국립극장 내 별별실감극장에서 '무빙 포스터' 속 **공연 주인공이 되어보거나 무대 분장과 무대의상 등 다양한 가상 무대 콘텐츠 를 체험해볼 수 있습니다.**

 접속은 대등한 성분끼리 해야 하는데 대응하지 않은 것끼리 접속을 할 경우 비문이 생긴다. 이러한 비문은 논리정연한 문장이 아니어서 모호한 의미를 전달하는 경우가 생긴다.

X 이를 위해 팁스, 투자형 R&D 등을 벤치마킹해 정부가 지원할 유망기업을 결정할 때 **민간 추천이나 선투자 연계로 최대한 활용하기로 했다.**

O 이를 위해 팁스, 투자형 R&D 등을 벤치마킹해 정부가 지원할 유망기업을 결정할 때 **민간 추천이나 선투자 연계 시장의 선별역량을 최대한 활용하기로 했다.**

X 서상명이 간부들을 무섭게 몰아붙인 이유는 그를 **무시했다거나 기대에 미치지 못하는 업무역량, 거만한 태도 등**이었다고 하니 기가 막힐 뿐이다.

O 서상명이 간부들을 무섭게 몰아붙인 이유는 그를 **무시했다거나 업무역량이 기대에 미치지 못하고 태도가 거만했다는 등**이었다고 하니 기가 막힐 뿐이다.

X A사가 재협상을 요청해 가격을 조정하면 향후 5년간 19억 원의 **수출 손실과 200만 개의 상품을 잃어버린다는** 이야기가 있다.

O A사가 재협상을 요청해 가격을 조정하면 향후 5년간 19억 원의 **수출 손실이 발생하고 200만 개의 상품을 잃어버린다는** 이야기가 있다.

부록3

전문용어
순화용어
비교

(출처: 국립국어원)

연번	전문 용어	원어	순화용어
1	가결의	假決議	임시 결의
2	가이드라인	guideline	지침, 방침
3	개토	開土	땅파기
4	격간운행	隔間運行	감축 운행
5	구배	勾配, 句配	기울기
6	과당 경쟁	過當競爭	지나친 경쟁
7	공차	公差	허용 오차
8	굴토	掘土	땅파기
9	글로벌 스탠더드	global standard	국제 기준
10	노후 시설	老朽施設	낡은 시설
11	노미네이트	nominate	후보 지명
12	내용년수	耐用年數	사용 연한
13	내역서	內譯書	명세서
14	독거노인	獨居老人	홀로 노인, 홀로 사는 노인, 홀몸 노인
15	대합실	待合室	맞이방, 기다리는 곳
16	디브레인	dBrain(digital brain)	디지털 예산 회계 시스템
17	루미나리아, 루미나리에	luminaria	① 불빛축제, 불빛잔치 ② 불빛조명시설
18	로드맵	road map	이행안, 단계별 이행안
19	랜드마크	landmark	마루지, 상징물, 상징건물, 대표건물
20	바우처 제도	voucher 制度	상품권 제도, 이용권 제도
21	불요불급하다	不要不急－－	필요하지도 급하지도 않다
22	복토	覆土	흙덮기
23	세계잉여금	歲計剩餘金	결산 잔액
24	수범 사례	垂範事例	모범 사례, 잘된 사례
25	승계운전	承繼運轉	교대 운전
26	아카이브	archive	자료 보관소, 자료 저장소, 기록 보관, 자료 전산화
27	실링	ceiling	한도액, 상한, 최고 한도액, 최고 한도
28	에스오시(SOC)	social overhead capital	① 사회 기반 시설 ② 사회 간접 자본
29	열차시격	列車時隔	배차 간격

연번	전문 용어	원어	순화용어
30	운전사령	運轉司令	운행 관제사
31	유시시	UCC(User Created Contents)	손수 제작물, 손수 저작물
32	이호조	electronic– –	지방재정관리시스템
33	일할 계산	日割計算	날짜 계산, 날수 계산
34	일용잡급	日傭雜給	일용직
35	일시 차입금	一時借入金	잠시 빌린 돈
36	잔존 기간	殘存期間	남은 기간
37	저류조	貯溜槽	물저장시설
38	제반 요인	諸般要因	여러 요인, 모든 요인
39	집진 시설	集塵施設	먼지 제거 장치, 먼지 제거 시설
40	지입차	持入車	개인 소유 회사차
41	차폐	遮蔽	가림
42	차면 시설	遮面施設	가리개, 가림 시설
43	징구	徵求	걷기, 거두기, 청구
44	코르사주	corsage	맵시꽃
45	캐스팅보트	casting vote	결정권, 결정표
46	턴키 발주	turnkey 發注	일괄 발주, 일괄 주문
47	태스크포스, 태스크포스팀	ask force, task force team	특별팀, 전담팀, 전담 조직, 특별 전담 조직
48	파일럿 프로그램	pilot program	맛보기프로그램, 시험 프로그램
49	통로암거	通路暗渠	지하 통로
50	팸투어	Familiarization Tour	사전 답사 여행, 홍보 여행, 초청 홍보 여행
51	프로슈머	prosumer (producer+consumer)	참여형 소비자
52	피엘상품(PL상품)	Private Label 商品	자체기획상품
53	플리 바기닝	plea bargaining	자백감제제, 자백감형제도
54	해태하다	懈怠– –	게을리하다, 제때 하지 않다
55	휴테크	休tech	여가 활용 기술, 여가 활용 방법
56	핑퐁민원	pingpong民願	떠넘기기 민원

연번	전문 용어	원어	순화용어
57	낙전 수입	落錢收入	미사용 수입, 미사용 부가 수입
58	가사	假使	설령, 가령
59	프로토타입	prototype	시제품, 시험 제품, 견본품, 시범안
60	곡률반경	曲律半徑	곡선 반지름
61	장방형	長方形	직사각형
62	블랙아이스	black ice	① 도로 살얼음, ② 노면 살얼음
63	포트 홀	pot hole	도로 파임
64	시담	示談	협의
65	길어깨, 노견	길어깨, 路肩	갓길
66	헤베	←へいべい [平米]	제곱미터
67	루베	←りゅうべい [立米]	세제곱미터
68	도과하다	徒過하다	지나다
69	스크리닝	screening	선별 검사
70	객담	喀痰	가래
71	씨드 볼트	seed vault	종자 보관소

부록4

공무원
보고서
작성
체크리스트

1. 공무원 보고서 초안 수정 시 체크리스트

구분	체크리스트
정책기획 보고서	• 개요(추진배경, 목적 등)에 어떤 문제를 인식하여 보고서를 작성하였는지, 어떤 정책을 추진 · 결정 · 시행하는 것인지 자세히 기술하였는가?
	• 현황은 객관적인 사실에 기반해 작성하였는가? 출처를 명시하였는가? – 필요 시 그간의 경과 등을 작성
	• 문제점은 겉으로 드러난 문제 외에 본질적인 문제를 분석하여 제시하였는가?
	• 추진계획 · 개선방안 · 대책 등을 실현하기 위해 다양한 수단을 검토하여 작성하였는가? – 법령 · 조례 · 규칙 개정, 조직 · 인력 · 예산 투입, 타 기관 · 부서 협조, 평가 · 점검 · 모니터링 · 인센티브 제공, 문화 · 관행 개선 등 교육추진, 홍보계획 등
	• 개선방안 · 대책이 앞에서 언급한 문제점과 연계하여 본질을 해결할 수 있도록 작성되었는가? – 다양한 대안에 대한 장점과 단점이 드러나도록 제안하고 이 중에서 어떤 대안을 추진할 것인지 제시
	• 기대효과 부분에 긍정적인 효과 외에 예상되는 문제점과 이에 대한 대책도 함께 언급하였는가?
	• 행정사항 부분에 관계기관(부서)의 역할, 시기별 추진사항을 제시하였는가?
	• 향후계획 부분에 중요도를 고려해 단기, 중 · 장기로 구분해 추진사항을 제시하였는가? (필요 시)
검토 보고서	• 검토배경 부분에 문서를 작성하게 된 문제의식은 무엇인지 또는 문서를 작성하게 된 필요성이 무엇인지 작성하였는가?
	• 검토목적 부분에 어떤 목적으로 문서를 작성하는 것인지 구체적으로 밝혔는가?
	• 현황 부분에 목적과 관련된 현황 자료를 핵심내용 위주로 작성하고 필요 시 그간의 경과 등을 작성하였는가? – 관련 법령 · 정책 · 예산 · 통계, 언론 보도, 이해당사자 의견 등
	• 검토결과 부분은 검토 대상 · 종류별로 나누어 작성하였는가? – 검토사항이 복잡하고 세부적으로 나뉘어 필요한 경우 종합의견을 먼저 제시
	• 작성자의 견해가 객관적 타당성을 확보할 수 있도록 정확한 자료를 근거로 제시하였는가? – 관련 법령 · 통계 · 현황, 언론보도, 정책연구, 국내외 사례 등
	• 향후계획이 있는 경우 구체적으로 명시하여 보고서의 완결성을 확보였는가? – 조직 · 인력 · 예산 확보계획, 추진계획, 통보계획 등

구분	체크리스트

상황
보고서
	• 상황 보고 배경 부분에 목적·취지·필요성 등을 언급하였는가?
	   – 어떤 상황 보고인지 구체적인 내용을 명시
	
	• 현황은 객관적인 사실에 기반해 작성하였는가? 출처를 명시하였는가?
	   – 필요 시 그간의 경과 등을 작성
	
	• 문제점은 겉으로 드러난 문제 외에 본질적인 문제를 분석하여 제시하였는가?

행사 보고서	• 개요 부분에 목적, 일시, 장소, 참석자, 주최·주관을 명시하였는가? • 시간계획 부분에 행사진행 시간별 소요시간, 행사내용, 담당자를 명시하였는가? • 준비계획 부분에 일정별 세부계획, 예산 집행계획, 관련자 역할 분담계획, 시나리오 등을 명시하였는가? • 행정사항 부분에 관련 기관·부서의 역할, 협조 사항 등을 명시하였는가?

결과
보고서
	• 개요 부분에 다음 사항을 작성하였는가?
	   – (정책·기획결과보고서) 추진내용, 추진기간, 소요예산 등
	   – (행사결과보고서) 일시, 장소, 참석자, 주요내용 등
	   – 필요 시 그간의 경과 등
	
	• 결과 분석 부분에 총평 및 세부 추진사항별 평가로 나누어 기재하였는가?
	   – 평면적이 아닌 입체적이고 본질적인 분석 실시
	   – 세부 통계자료는 붙임자료에 포함하여 본문 분량을 최소화
	
	• 주요성과 부분에 처음 기대한 효과와 실제 도출된 효과를 비교 분석하였는가?
	
	• 시사점 부분에 향후 추진 업무 방향을 언급하였는가?
	
	• 미흡한 점 부분에 처음 수립한 계획과 실제 추진결과를 비교해 개선할 사항을 기록하였는가?
	
	• 향후 조치계획 부분에 미흡한 점 부분에서 언급한 사항을 반영하였는가?
	   – 단기, 중장기별 추진사항 제시

2. 공무원 보고서 최종 버전 체크리스트 (30개 항목)

연번	구분	내용
1	표지	보고서의 표지가 눈에 쏙 들어오는가? BI, 제목, 날짜, 부서명 등의 간격이 적절한가?
2	제목	보고서 제목이 전체의 내용을 모두 포괄하여 표현하는가?
3		제목이 너무 길거나 너무 짧지는 않은가?
4	목차	분량이 많은(5p 이상) 보고서임에도 목차가 없지 않은가?
5		목차에 논리적인 오류는 없는가?
6		목차가 전체 보고서를 파악할 수 있게 작성되었는가?
7		목차 나열 시 중요도와 우선순위를 고려하여 배열하였는가?
8		상위 레벨과 하위 레벨을 잘 구분하였는가?
9	내용	라이브(live)하게 작성되었는가?
10		핵심 메시지가 선명하게 드러났는가?
11		어려운 단어 또는 약어에 대한 주석이 있는가?
12		기 – 승 – 전 – 결 형태의 스토리가 있는가?
13		기 – 승 – 전 – 결 형태를 페이지(쪽) 단위로 구분하려고 노력하였는가?
14		두괄식 구성으로 작성하였는가?
15		2줄(부득이한 경우 최대 3줄) 내에서 설명하였는가?
16		한 문장에 2개의 메시지를 담은 것은 없는가?
17		문장이 간결명료하며 중의적 표현은 없는가?
18		최종 결재권자의 입장에서 쉬운 글인가? 별도 구두 설명 없이도 이해할 수 있는가?
19		분석 결과 또는 추진계획에 대해 "왜 이렇게 해야 하는가?"에 대한 답이 있는가?
20		대안에 대한 장점과 단점이 잘 기술되어 있는가?
21		"구체적으로 무엇을 어떻게 하는가?"에 대해 자세하게 답하고 있는가?
22		근거가 자세히 명시되어 있는가?
23		스토리보드가 결론 – 이유 – 예시 – (결론) 순으로 구성되어 있는가?

연번	구분	내용
24		하나의 단어 또는 체언과 연결된 조사를 다음 줄에 넘어가지 않도록 작성하였는가?
25		객관적 사실 자료에 출처를 작성하였는가?
26	공공언어 요건	한글 맞춤법, 표준어 규정, 띄어쓰기, 외래어 표기법, 로마자 표기법 등을 준수하였는가?
27		적절한 어휘 사용, 문법에 맞는 문장, 짜임새 있는 단락 구성을 하였는가?
28		고압적·권위적 표현, 차별적 표현을 하지 않았는가?
29	시각화	중요 사항에 관해서 도표, 그래프, 이미지 등을 적당히 삽입하여 시각적으로 작성하였는가?
30		중요하거나 핵심 단어에 글자체, 진하게, 밑줄 등의 효과를 적절히 사용하였는가?

부록 5

공무원
보고서 작성
관련 참고
웹사이트

1. 보고서 작성에 도움이 필요할 때

　가. 정보공개포털 http://www.open.go.kr

　나. ChatGPT https://chat.openai.com

　다. DeepL 번역기 https://www.deepl.com/translator (ChatGPT 영문 번역 시 사용)

　라. 재미나이 https://gemini.google.com

　마. 뤼튼 https://wrtn.ai

　바. 국립국어원 공공언어 통합 지원 https://publang.korean.go.kr

2. 정책연구, 문헌 정보 자료가 필요할 때

　가. 국가정책연구포털 https://www.nkis.re.kr

　나. DBpia https://www.dbpia.co.kr

　다. Earticle https://www.earticle.net

　라. RISS 학술연구정보서비스 http://www.riss.kr/index.do

　마. PRISM 정책연구관리시스템 https://www.prism.go.kr

　바. 국가전자도서관 https://www.dlibrary.go.kr

　사. 국가전략정보포털 https://nsp.nanet.go.kr

　아. 국회지방의회의정포털 https://clik.nanet.go.kr/index.do

　자. 국회회의록 빅데이터 https://dataset.nanet.go.kr

　차. 정부조직관리정보시스템 https://www.org.go.kr

　카. 미래정책포커스 https://www.nrc.re.kr/focus

　타. 국회입법조사처 https://www.nars.go.kr

　파. 각종 연구원

연번	사이트명	주소
1	한국개발연구원	https://www.kdi.re.kr
2	한국금융연구원	https://www.kif.re.kr
3	한국지방행정연구원	https://www.krila.re.kr
4	서울연구원	http://www.si.re.kr
5	인천연구원	https://www.ii.re.kr
6	부산연구원	https://www.bdi.re.kr
7	대구정책연구원	http://dpi.re.kr
8	광주연구원	https://gji.re.kr
9	대전세종연구원	https://www.dsi.re.kr
10	울산연구원	https://www.uri.re.kr
11	한국교육개발원	https://www.kedi.re.kr
12	국토연구원	https://www.krihs.re.kr

연번	사이트명	주소
13	경기연구원	https://www.gri.re.kr
14	강원연구원	http://www.gi.re.kr
15	충북연구원	https://www.cri.re.kr
16	충남연구원	https://www.cni.re.kr
17	전북연구원	http://www.jthink.kr
18	전남연구원	https://www.jni.re.kr
19	경북연구원	http://www.dgi.re.kr
20	경남연구원	https://www.gndi.re.kr
21	제주연구원	https://www.jri.re.kr

3. 공공단체, 공기업, 사기업 등의 정보가 필요할 때

　가. 열린재정 https://www.openfiscaldata.go.kr/op/ko/index

　나. 지방재정365 https://www.lofin365.go.kr

　다. 지방교육재정알리미 http://eduinfo.go.kr/portal/main.do

　라. 내고장알리미 https://www.laiis.go.kr

　마. 클린아이(지방공공기관통합공시) https://www.cleaneye.go.kr

　바. 전자공시시스템 https://dart.fss.or.kr

　사. ALIO(공공기관 경영정보 공개시스템) https://www.alio.go.kr

4. 적절한 단어나 어휘를 사용하고 싶을 때

　가. 네이버 국어사전 https://ko.dict.naver.com

　나. 국립국어원 표준국어대사전 https://stdict.korean.go.kr

　다. 우리말샘 https://opendict.korean.go.kr

　라. 우리말샘 어휘지도 https://opendict.korean.go.kr/wordmap/main

　마. WORDROW https://wordrow.kr

5. 뉴스 자료가 필요할 때

　가. 대한민국 신문 아카이브 https://www.nl.go.kr/newspaper

　나. 네이버 뉴스 라이브러리 https://newslibrary.naver.com/search/searchByDate.naver

　다. factcheck 서울대학교 언론정보연구소 https://factcheck.snu.ac.kr

6. 인포그래픽이 필요할 때

　가. 한글 키워드 추출 시스템 http://nlp.kookmin.ac.kr

　나. 망고보드 https://www.mangoboard.net

　다. 미리캔버스 https://www.miricanvas.com

라. Pexels https://www.pexels.com

마. 아이콘 파인더 https://www.iconfinder.com

7. 법 문서 작성이 필요할 때

　가. 판례 검색

　　1) LAWnB https://www.lawnb.com

　　2) 대한민국 법원 종합법률정보 https://glaw.scourt.go.kr

　　3) CaseNote https://casenote.kr

　나. 정부입법지원센터 https://www.lawmaking.go.kr

　다. 국회 의안정보시스템 http://likms.assembly.go.kr/bill/main.do

　라. 국가법령정보센터 https://www.law.go.kr

　마. 자치법규정보시스템 https://www.elis.go.kr

　바. 법제처법령해석사례 https://www.moleg.go.kr/lawinfo/nwLwAnList.mo?mid=a10106020000

8. 각종 통계자료가 필요할 때

　가. 지표누리 https://www.index.go.kr

　나. 국가통계포털 https://kosis.kr

　다. 통계지리정보서비스 https://sgis.kostat.go.kr/view/index

　라. 주민등록 인구통계 https://jumin.mois.go.kr

　마. 한국은행 경제통계시스템 https://ecos.bok.or.kr

　바. 미디어통계포털 https://stat.kisdi.re.kr

9. 특정 단어의 통계, 동향, 트렌드가 필요할 때

　가. Google Trends https://trends.google.co.kr/trends

　나. Sometrend https://some.co.kr

　다. 네이버 데이터랩 검색어 트렌드 https://datalab.naver.com

10. 법학 공부가 필요할 때

　가. 김해마루 법학입문 https://www.lawmaru.com

　나. 법제처 지식창고(간행물/정책연구용역 자료) https://www.moleg.go.kr

참고문헌

문서

- 경기교육행정포럼, 신영민, 〈경기도교육청 조직개편[안]에 대한 경기교육행정포럼의 입장〉, 2022.
- 경기교육행정포럼, 신영민, 〈지방교육자치 내실화를 위한 총액인건비제 및 행정기구 개선방안〉, 2019.
- 경기도교육청 직장협의회, 신영민, 〈모든 지방공무원이 함께 참여할 수 있는 경기교육의 혁신을 이끌어 주시길 바란다〉, 2018.
- 경기교육행정포럼, 신영민, 〈경기도교육청 조직개편[안]에 대한 경기교육행정포럼의 입장〉, 2022.
- 경기도교육청 직장협의회, 신영민, 〈모든 지방공무원이 함께 참여할 수 있는 경기교육의 혁신을 이끌어 주시길 바란다〉, 2018.

- 경기도교육청, 신영민, 〈2016년도 국정감사 서면구두 질의에 대한 답변서[안] 보고〉, 2016.
- 경기도교육청, 신영민, 〈각급학교 행정실무사 정원 지방공무원 대체 가능 여부 검토〉, 2020.
- 경기도교육청, 신영민, 〈경기교육주민참여협의회 구성 관련 업무협의 방안〉, 2016.
- 경기도교육청, 신영민, 〈경기교육주민참여협의회 구성 기본계획 및 지역교육주민참여협의회 운영 활성화 계획〉, 2016.
- 경기도교육청, 신영민, 〈경기도교육행정협의회 운영 관련 검토 보고〉, 2016.
- 경기도교육청, 신영민, 〈공간정보의 구축 및 관리 등에 관한 법률 해석 요청〉, 2022.
- 경기도교육청, 신영민, 〈공영개발에 따른 학교시설공사 수탁 방안 검토 TF팀 운영계획〉, 2014.
- 경기도교육청, 신영민, 〈누리과정 현안보고 관련 국회 교문위 전체회의 주요내용 보고〉, 2016.
- 경기도교육청, 신영민, 〈지역교육주민참여협의회 업무 관계자 회의 추진계획〉, 2016.
- 경기도교육청, 신영민, 〈학교용지 확보 컨설팅 체계 마련 기본계획〉, 2021.
- 경기도교육청, 신영민, 〈학교용지법 개정을 통한 적기·적정 학교설립 기반 마련 추진계획〉, 2021.
- 경기도교육청, 신영민, 각급학교 지방공무원 정원 책정기준 마련 TF, 〈각급학교 교육행정실 인력진단 및 인력운용계획〉, 2017.
- 경찰청, 〈2020년 교통안전 종합대책〉, 2020.
- 경찰청, 〈경찰관서 민원실 지문인식 시스템 구축계획〉, 2018.
- 경찰청, 〈장애인 안전 종합 치안대책〉, 2017.
- 교육부, 〈초등돌봄 대기 해소와 2학기 늘봄학교 정책 운영방향 수립〉, 2023.
- 매일경제 Citylife, 〈[직장인 레시피] 부장님은 왜 김 대리만 좋아할까?〉, 제694호, 2019.
- 문화체육관광부, 〈지역신문발전 3개년 지원계획(2023~2025)〉, 2023.
- 세종특별자치시, 〈2017년 안전문화운동 활성화 추진계획〉, 2017.
- 아산시, 〈아산시민대상 수상자 선정방법 변경 검토〉, 2020.
- 여성가족부, 〈제1차 한부모가족정책 기본계획(2023~2027)〉, 2023.
- 울산광역시, 〈2022 울산미래박람회 개최계획〉, 2022.
- 월간 리크루트(recruit), 〈매력 있는 인상, '이미지메이킹'으로!〉, 2016.
- 인천광역시, 〈전통시장 화재 재난예방 특별강화 대책〉, 2017.
- 조선일보, 〈[Weekly BIZ] 잘못된 보고서 한 장에⋯ 비용 팍팍 늘고, 사운까지 영향 미친다〉, 2011.
- 충청남도교육청, 〈2023년 위험성평가 실시계획〉, 2022.
- 코리안스피릿, 〈[두뇌사용설명서] 뇌사용의 첫걸음, '몸'을 움직여라〉, 2015.
- 한국마사회, 〈도심공원 체험승마 시범사업 추진계획〉, 2018.
- 한국방송통신전파진흥원, 〈지상파 재난경보서비스 도입 추진 TFT 운영〉, 2018.
- 해양수산부, 〈제4차 내수면어업 진흥 기본계획〉, 2017.
- 행정자치부, 〈공중화장실 발전 8대 과제 추진계획〉, 2017.
- MBC, 〈무한도전〉 '2016 무한상사'(479회), 2016.

도서

- 『홍재전서』, 한국학술정보, 2008.
- 국립국어원, 『한눈에 알아보는 공공언어 바로 쓰기』, 휴먼컬처아리랑, 2017.
- 김중규, 『김중규 5.0 선행정학』, ㈜카스파, 2021.
- 김항규, 『행정 철학』 제4정판, 대영문화사, 2009.
- 김효준, 『생각의 창의성1 TRIZ』, 도서출판 지혜, 2015.
- 나가타 도요시, 『그림문자 기술』, 정지역 역, 스펙트럼북스, 2014.
- 노무현대통령비서실 보고서 품질향상 연구팀, 『대통령 보고서』, 위즈덤하우스, 2007.
- 니시무라 가쓰미, 『생각 정리 업무기술』, 정지영 역, 스펙트럼북스, 2013.
- 데구치 히로시, 『논리적으로 생각하는 테크닉』, 현유경 역, 인포더북스, 2014.
- 로버트 루트번스타인, 미셸 루트번스타인, 『생각의 탄생』, 박종성 역, 에코의서재, 2007.
- 무라카미 하루키, 『샐러드를 좋아하는 사자』, 권남희 역, 비채, 2013.
- 문화체육관광부 국립국어원, 『쉬운 공문서 쓰기 길잡이』, 진한엠앤비, 2023.
- 바바라 민토, 『논리의 기술』, 이진원 역, 더난출판사, 2004.
- 박균성, 『행정법강의』, 박영사, 2012.
- 사쿠라다 준, 『그림으로 생각하면 심플해진다』, 전지혜 역, M31, 2018.
- 서울특별시, 『알기쉬운 도시계획 용어집』, 서울책방, 2020.
- 서정수, 『생각하는 힘을 기르는 문장력 향상의 길잡이』, 이가출판사, 2017.
- 아카바 유지, 『생각 정리법』, 류두진 역, MBC C&I, 2016.
- 오세경 외, 『법률용어사전』, 법전출판사, 2003.
- 오이시 데츠유키, 『생각의 기술』, 이명희 역, 이아소, 2013.
- 요시자와 준토쿠, 『생각 정리 프레임워크 50』, 김정환 역, 스펙트럼북스, 2012.
- 조셉 윌리엄스·그레고리 콜럼, 『논증의 탄생』, 윤영삼 역, 크레센도, 2021.
- 조철선, 『기획실무노트』, 전략시티, 2016.
- 지방자치인재개발원, 『기획실무』, 2021.
- 진희정, 『내 인생을 바꿔준 위대한 명언』, 좋은책만들기, 2006.
- 최윤식, 『생각이 미래다, thinking tool box』, ㈜지식노마드, 2012.
- 피터 엘보, 『힘 있는 글쓰기』, 김우열 역, 토트, 2014.
- 후카사와 신타로, 『업무에 바로 써먹는 수학 사고력』, ㈜비전비엔피·비전코리아, 2018.

홈페이지

- ChatGPT https://chat.openai.com
- 경기도의회 회의록 https://kms.ggc.go.kr
- 국가법령정보센터 http://www.law.go.kr
- 국회 회의록 http://likms.assembly.go.kr/record/index.jsp
- 위키피디아 https://ko.wikipedia.org

어머니 고미영

그동안 저를 위해 해주신 모든 일에 대해 감사하다는 말씀을 전하고 싶었어요. 제가 태어난 순간부터 어머니는 저를 돌봐 주시고, 사랑해 주시고, 인생의 길잡이가 되어 주셨습니다. 제가 필요한 모든 것을 갖출 수 있도록, 심지어 제가 필요한지도 몰랐던 것들을 갖출 수 있도록 해주신 모든 희생에 정말 감사드려요. 변함없는 사랑과 지지가 지금의 저를 존재케 하였습니다. 저의 든든한 버팀목이자 친구, 스승이 되어 주셔서 감사합니다.

아내 이송이

당신이 하는 모든 일에 대해 얼마나 감사한지 말로 다 표현할 수 없을 것 같아요. 당신은 직장생활을 하면서 작가의 길을 걸었고 나에게 네 명의 아름다운 자녀를 주었습니다. 직장인이면서, 훌륭한 엄마이고, 책을 쓰고, 사랑스러운 아내가 되는, 삶의 균형을 맞추는 당신의 능력은 최고예요.

장녀 신민아

아빠로서 네가 얼마나 자랑스러운 사람인지 알아주었으면 좋겠다. 너의 친절함, 총명함, 성실함은 매일 아빠를 감동시키고 있단다. 매일 저녁 도서관에서 너는 공부를 하고 아빠는 글을 썼지. 네가 아니었으면 아빠는 책쓰기를 마무리하지 못했을 거야. 커가면서 동생들까지 챙기는 모습에, 수학문제가 풀리지 않을 때 밤 12시가 넘어서까지 고민하는 모습에, 때로는 모든 걸 내려놓고 재미있게 넷플릭스를 보는 모습에 아빠는 항상 감사하고 있단다. 사랑해.

장남 신민혁

아빠를 가장 아껴주는 민혁. 멋지게 자라주고 있어서 고맙다는 말을 전하고 싶어. 언제나 긍정적인 태도, 무엇이든 할 수 있다는 마음가짐, 아빠와의 약속을 지키기 위해 힘든 일을 참고 이뤄내는 끈기를 가진 민혁이를 보면서 아빠는 항상 감사하게 생각하고 있어. 그리고 아빠를 언제나 긍정적으로 바라봐 줘서 고맙다. 너의 가장 큰 장점은 자립심·자유분방함·모험심이란다. 부디 너의 장점을 잃지 말고 잘 가꾸었으면 좋겠다. 사랑해.

차남 신민유

아빠를 가장 많이 닮은 민유. 도서관에서 30분 만에 멋진 독후감을 작성해 아빠를 눈물짓게 했던 광경이 떠오르는구나. 아빠는 민유가 타고난 리더라고 생각해. 너는 강하고 용감한 사람으로 잘 성장하고 있단다. 항상 모든 일에 최선을 다하는 네가 정말 자랑스러워. 주변 사람들에게 긍정적인 영향을 끼칠 것이라 믿어 의심치 않는다. 사람에 대한 배려심과 조화를 중시하는 너의 태도에 놀랄 때가 많단다. 한편으론 어린아이다운 장난기 있는 모습을 볼 수 있어서 감사해. 사랑해.

막내아들 신민찬

뼈그맨(뼛속까지 개그맨) 신민찬. 아빠를 웃게 하려고 다양한 표정과 몸짓으로 하루에 몇 번씩 웃음을 주는 너. 너와 가슴을 맞대며 안고 있으면 끓어오르는 감격에 아빠는 무척이나 행복하단다. 너는 도대체 어느 별에서 왔니? 너의 볼을 보고 있으면, 뽀뽀하고 싶은 욕구를 도저히 참지 못하겠구나. 차가운 이미지인 나를 무장해제 시키는 민찬이. 책 출간하면 약속했던 6개 간식(막대사탕, 사과주스, 킨더조이 초콜릿, 껌, 삼각김밥, 포켓몬 빵)을 꼭 사줄게! 사랑해.

최일

일아. 항상 나를 격려하고 응원해 주어서 고마워. 내가 인생에서 가장 기쁠 때와 슬플 때 항상 나의 곁에 있어 주었어. 회사에서 업무에 매진하느라 함께 시간을 보내지 못해 항상 미안한 마음을 갖고 있다. 하지만 너는 나를 이해해 주었고 항상 나를 믿어 주었어. 너의 도움 덕분에 이 책을 출간할 수 있었어. 너의 사랑과 격려에 진심으로 감사해. 앞으로도 너와 함께라면 어떤 어려움도 이겨낼 수 있을 것 같아. 너와 친구가 되어 정말 행복하다.

채정엽

20살에 너를 처음 만났고 너와 있으면 왠지 모르게 편했어. 같이 있으면 무척이나 행복하고 즐거워 주말마다 함께 했던 기억이 생생해.너를 몰랐다면 나의 청춘은 무척이나 지루했을 거야. 지금 와서 생각해 보면 네가 참 대단하다고 생각해. 어려운 여건에서도 절망하지 않고 훌륭히 여기까지 온 것만으로도 정말 대단한 친구라고 생각한다. 그리고 몹시 자랑스럽다. 조만간 밥 사러 갈게.

김영호

남들보다 더 따뜻하고 부드러우면서도, 견고한 심성의 소유자. 언제였더라. 네가 결혼식을 준비하면서 나에게 사회를 부탁했을 때 무척이나 기뻤어. 이런 소중한 기회를 나에게 선물해 주어서 진심으로 감사했다. 그동안 너에 대한 존경심을 숨기고 있었지만, 아마 너의 주변 친구들도 나와 같은 마음일 거야. 내가 힘든 상황에 있을 때 5시간이나 운전해서 늦은 밤까지 위로해 주던 그 모습을 잊을 수가 없구나. 진심으로 고마워.

임정호 대표

경기교육행정포럼 대표로서 매 순간 지방공무원의 목소리를 대변하시고 역량 개발을 위해 헌신해 주시는 사무관님께 깊은 감사의 말씀을 전합니다. 저도 정책연구부장이자 선임연구위원으로서 맡은 역할에 최선을 다하겠습니다. 경기교육행정포럼의 의견서와 입장문 작성 경험 덕분에 제 글쓰기 역량이 크게 향상되었습니다. 이 모든 것은 선배님의 귀중한 지도와 노력 덕분입니다. 또한, 항상 저에게 관심과 지지를 보내 주시고 때때로 먼저 안부 전화를 해주셔서 정말 감사하게 생각합니다. 선배님의 따뜻한 말씀과 격려에 저 역시 큰 힘을 받고 있습니다. 앞으로도 선배님과 함께 성장해 나갈 수 있도록 노력하겠습니다.

신준관 사무관

시간이 정말 빠릅니다. 2012년 처음 만난 이후 벌써 10년이라는 시간이 흘렀다는 게 믿기지 않습니다. 사무관님은 저에게 아낌없이 자신의 시간과 노력을 내어 주시는 소중한 존재입니다. 항상 곁에서 지지해 주시고, 격려해 주시며, 함께 웃어주십니다(보조개가 매력적이세요). 이 모든 것들이 저에게는 큰 의미가 있습니다. 오늘도 다시 한번 감사의 마음을 전합니다. 저와 함께해 주셔서 정말 감사합니다!

류천수 주무관

회고해 보면, 제가 어려운 상황에 직면했을 때마다 항상 옆에서 든든한 지원군이 되어 주셨습니다. 조금이라도 불편을 주지 않으려 주무관님께 아무렇지 않다고 말했지만, 마음과는 다르게 언제나 제 표정 속 근심을 알아채고, 부족한 부분을 완벽하게 보완해 주셨습니다. 벌써 우리가 지낸 세월이 10년이나 되었습니다. 다른 사람에게 의존하지 않으려던 저이지만, 주무관님 앞에서는 자존심도 뒤로한 채 바라던 도움을 얻을 수 있었습니다. 다둥이 아빠로 많은 책임과 부담을 안고 계시기에, 언제나 건강을 챙기시길 바랍니다. 조만간 가족들과 함께 여행을 통해 소중한 추억을 만들고 싶습니다.

유대길 부이사관

국장님이 기억하실지는 모르겠지만, 2011년에 전결 규정 관련 검토 의견서를 드렸을 때 보고서의 심층적인 내용까지 세심하게 파악해 주셨던 것에 대해 작성자로서 깊은 감동을 받았습니다. 또한, 얼마 전에 작성한 '경기도 공립학교 지방공무원 인력운용 실태 및 지방교육행정기관 지방공무원 총액인건비제 개선방안'에 대하여도 힘찬 지지를 보내 주셨음에 감사드립니다.

양대호 주무관

지금까지 업무에만 전념하던 제게 새로운 세상을 열어주신 것에 대해 깊이 감사드립니다. 비전과 영감을 공유하며 함께 일할 수 있는 리더와의 소중한 기회와 더불어, 언제나 필요한 순간에 든든한 버팀목이 되어 주신 것은 제게 큰 행운이었습니다. 또한, 주어진 여건에서 최선을 다하는 아름다운 모습 또한 매우 존경스러워요.

최성호 사무관

항상 긍정적인 에너지를 발산하시는 사무관님으로부터 정말 많은 것을 배우고 있습니다. 제1부교육감 비서로 계시던 때, 보고서의 핵심 메시지를 형광펜으로 강조해 주시며 결재 과정을 원활하게 진행해 주신 것은 지금도 생생한 기억으로 남아 있습니다. 그 덕분에 책의 사례로까지 수록할 수 있었습니다. 감사드립니다.

이승호 서기관

실무자보다 항상 2~3걸음 앞서 계획을 세우고 방향을 고민하시는 모습이 정말 존경스럽습니다. 이렇게 전략적이고 다각도로 현장을 파악하며 일을 처리하시는 것은 분명 현장 감각을 유지하면서도 철저한 준비를 통해 차별화된 역량을 발휘하고 계시다는 것을 의미한다고 생각합니다.

김은규 사무관

항상 주의 깊게 살펴주시고 소중한 조언을 전해 주시는 사무관님께 깊은 감사의 마음을 전합니다. 사무관님 덕분에 귀중한 경험과 지식을 얻을 수 있었습니다. 앞으로도 계속 관심을 가져 주시길 부탁드립니다. 감사합니다.

이금재 부이사관

시간이 참 빠르게 흘렀습니다. 만약에 2016년부터 2017년에 국장님과 함께하지 않았더라면, 저 역시 지금 이곳에 있지 못했을 것입니다. 국장님은 경기교육주민참여협의회의 법적 위치와 문제점에 대한 제 생각을 믿고 끝까지 지지해 주셨습니다. 지금은 다른 곳에서 활약하시겠지만, 그 어디에서든 응원하겠습니다. 자주 연락드리겠습니다.

전창근 사무관

팀원 모두가 자신의 역량을 마음껏 펼칠 수 있게끔, 직원들의 심리적 안정감을 챙기신 노력이 매우 인상 깊었습니다. 무엇보다도 모두가 화합하며 각자의 강점을 발휘할 수 있도록 보고서를 작성하는 방법을 제안하신 부분은, 경기도교육청에서 이룬 새로운 역사라고 생각합니다.

이상혁 경기도교육청통합공무원노동조합 위원장

그동안에 보이지 않는 곳에서 헌신적으로 노력해 주셔서 진심으로 감사드립니다. 지방공무원들의 권리를 보호하는 일에 공헌하며 노력해 주신 모든 것들에 대해 감사의 말씀을 전하고 싶습니다. 위원장님의 노력 덕분에 지방공무원들의 처우가 개선되었고 제도적 미비점이 보완될 수 있으리라 생각합니다. 다시 한번 진심으로 감사드립니다.

김현중 주무관
운양1초중 통합학교 설립을 위해 많은 노력을 해주셔서 감사합니다. 전화로 제게 궁금한 걸 물어올 때마다 도움이 되고 싶었어요. 도시계획시설(학교) 편입 토지 대위 분할의 어려움을 겪고 있을 때 매우 속상했습니다. 덕분에 국토교통부의 유권해석이 정립되어 경기도 내에서는 같은 어려움이 생기게 되지 않아 기쁘게 생각합니다.

성동규 사무관
지금까지 후배들을 위해 항상 따뜻한 관심과 격려를 해주셔서 감사드립니다. 사무관님의 풍부한 경험과 다양한 이야기에서 저는 많은 것을 배울 수 있었고, 선배님의 모습에서는 언제나 배울 점이 많았습니다. 특히 항상 주변을 적극적으로 돌아보는 삶의 자세는 저에게 큰 영감을 주었습니다. 선배님처럼 세상을 살아가는 멋진 존재가 되기 위해 노력하고, 매 순간 무엇인가를 배우며 성장하는 모습을 보여드리겠습니다.

이상무 사무관
"우산을 같이 쓰기보다는 함께 비를 맞는 사람이 되도록 노력하겠다."라는 선배님의 말씀은 참 인상적이었습니다. 항상 후배들의 입장에서 고민하시고 의견을 제시하셔서 많은 것을 배울 수 있었습니다. 선배님과 함께 비를 맞는다는 것은 서로의 어려움을 함께 나누는 것이라는 걸 다시금 생각하게 되었습니다. 앞으로도 선배님처럼 후배들과 함께 일하며, 서로가 비를 맞으며 성장해 나갈 수 있는 존재가 되도록 노력하겠습니다.

백성열 사무관
항상 목표를 세우고 끈질기게 정진하시는 모습에 정말로 감탄하게 됩니다. 문제해결에 있어서도 탁월한 추진력을 발휘하시는 것은 이례적이라고 생각합니다. 사무관님, 정년 퇴직 후에도 일반직 공무원들이 나아갈 방향에서 여전히 활약해 주시길 바랍니다. 이 과정에서 저 역시 함께 귀중한 가치를 추구하는 길을 걷겠습니다.

장재진 주무관
성실함의 대명사처럼 모든 일에 겸손한 마음과 적극적인 자세로 임하시는 모습이 감탄을 자아냅니다. 바라던 이상형을 만난지라 옆에 두고 함께 성장하며 응원하고 싶은 분입니다. 향후에도 여전히 열정을 가지고 많은 활동을 이어갈 것이라고 기대하며, 그 속에서 저 역시 함께 성장하고 싶습니다.

박장희 대표
결코 특별한 것이 아닌, 순간 순간 최선을 다한 노력이었을 뿐인데도 긍정적인 시각으로 인정해 주시고 격려해 주셔서 깊이 감사드립니다. '사의재(四宜齋)'란 아름다운 표현으로 저를 묘사해 주셔서 놀랐고 영광스러워요. 앞으로도 겸손한 태도로 끊임없는 정진을 통해 더욱 발전하는 모습을 보여드리겠습니다.

곽민철 강사
2022년 액션 러닝 강사로 처음 만나게 되었을 때의 모습이 아직도 생생하게 기억에 남아 있습니다. 정책연구보고서 작성에 필요한 풍부한 아이디어와 창의적인 접근 방식을 제공해 주셨습니다. 강사님은 항상 겸손함을 유지하시면서도 귀중한 조언을 나눠 주셨습니다. 앞으로도 다양한 기회로 만나 뵙고 함께 공부할 수 있기를 희망하며, 깊은 감사를 드립니다.

고용환 사무관
무뚝뚝한 외면과는 달리, 그 누구보다 따뜻하고 배려심 깊은 분이라는 것을 잘 알고 있습니다. 5일간의 안성수

덕원 합숙 기간 동안 보고서를 만들며 함께 일했던 추억이 생생합니다. 지금은 퇴직 후 어떤 삶을 살아가시는지 궁금해지네요. 언제든 연락 주시면 좋겠습니다.

박상원 부이사관
직원들에게 적절한 권한을 위임하고 업무 방향을 정확하게 설정해 주신 덕분에 최대 성과를 낼 수 있었습니다. 그러한 지도와 관리에 깊이 감사드립니다. 퇴직 후, 새로운 시작이 가득한 삶에 건투를 빌며 계속 응원하겠습니다.

김태현 서기관
업무의 본질을 파악하는 데 필요한 이해력과 인사이트를 주셔서 무한한 감사를 드립니다. 17개 시·도 학교강사와 관련된 업무를 처리하면서 보여주신 탁월한 행정 전문성과 지식 공유는 저에게 매우 소중한 경험으로 남았습니다. 과장님의 지혜와 열정은 앞으로도 계속 발전해 성공을 쌓을 원동력이 되리라 확신합니다.

이일준 사무관
제 보고서 작성 능력이 성장한 것은 모두 사무관님 덕분에 가능했습니다. 수많은 시간과 노력을 아끼지 않으신 덕분에 큰 발전을 이루어낼 수 있었습니다. 사무관님의 세심한 지도와 통찰력은 정말로 소중하며, 이 경험은 오래도록 잊지 않고 기억에 남겨두겠습니다. 진심으로 감사드립니다.

경기교육행정포럼 운영진
지방공무원 일반직들의 정책연구 역량 강화라는 의미 있는 일을 함께 할 수 있어 행복합니다. 경기도 내 지방공무원으로 구성된 유일한 정책연구단체인 경기교육행정포럼이 그 역할을 강화하고 더 많은 활동을 할 수 있도록 최선을 다하겠습니다.
임정호 대표님, 백성열 사무국장님, 김범균 위원님, 서용완 위원님, 이진명 기획경영부장님, 양대호 위원님, 이상혁 위원님, 유현진 위원님, 장재진 위원님, 최선옥 위원님, 김윤미 위원님, 김연희 위원님, 전찬진 위원님, 정부성 위원님, 박은주 위원님, 박경림 위원님, 전미영 위원님, 박장우 위원님, 성추심 위원님, 이승민 위원님, 천종욱 위원님, 김도이 위원님. 모두 존경합니다.
앞으로도 함께 경기교육행정포럼을 발전시켜 나가기 위해 노력하겠습니다. 감사합니다.

경기도교육청 직장협의회 운영진
경기도교육청의 근무환경 개선, 업무능률 향상 및 고충처리 등을 위해 노력해 주시는 직장협의회 관계자 여러분이 계셔서 다행입니다. 운영진 모두 각자의 위치에서 최선을 다해 주셔서 고맙습니다. 업무를 하면서 동시에 무언가 의미 있는 일을 더하여 한다는 것이 쉽지 않음을 압니다. 하지만 여러분은 그 어려운 일을 해내고 계십니다. 여러분의 노고에 감사드립니다.
최성중 주무관님, 고영천 주무관님, 박준 주무관님, 신형철 주무관님, 박종화 주무관님, 고영선 주무관님, 박단비 주무관님, 정민지 주무관님, 강수연 주무관님, 김석형 주무관님, 박준형 주무관님, 성아령 주무관님, 송승운 주무관님, 안지원 주무관님, 오영교 주무관님, 이선화 주무관님, 이진솔 주무관님, 이해우 주무관님, 전재현 주무관님, 조준동 주무관님, 박지영 주무관님, 황기승 주무관님, 김도연 주무관님, 모두 감사합니다.

2022년 경기교육 6급 핵심인재 양성과정(7기) 관계자 및 동기
6개월 간의 장기연수 과정에서 다양한 인재를 만날 수 있어 행복했습니다. 불완전한 나의 모습을 부끄럽게 여기는 또 다른 나에게 생각을 정리할 기회를 주기 위해 선택한 6개월 장기연수 과정. 효율성을 추구하기 위해 절벽 끝으로 나를 자꾸만 몰아 넣었던 것은 결국 자연스러운 결과를 내기가 어려운 것이라는 것을, 벼가 익어서 고개를 숙이기까지는 자연스러운 계절의 시간이 반드시 필요하다는 것을, 그리고 내가 선택해서 찍은 점이라는 결정들이 모여 선을 만들고 종국에는 어떤 그림이 될지 모르겠지만 올바른 결정이 되기 위해서는 선한 의도와 목적으로 의미있는 일을 하되 기다림의 시간도 의미가 있다는 것을 알게 된 연수였습니다. 연수생 동기분들, 우리 함께 오래 가요.

선계훈 부이사관님, 피성주 부이사관님, 조규문 서기관님, 김지희 사무관님, 장주영 교수요원님, 방미 교수요원님, 김도연 주무관님, 김민정 주무관님, 김보현 주무관님, 김순주 주무관님, 김용우 주무관님, 김재천 주무관님, 김지연 주무관님, 김현정 주무관님, 김효선 주무관님, 김효진 주무관님, 박경림 주무관님, 박미정 주무관님, 박수미 주무관님, 박일은 주무관님, 박지연 주무관님, 박지향 주무관님, 박현미 주무관님, 석현수 주무관님, 설승은 주무관님, 손정은 주무관님, 여선영 주무관님, 유용석 주무관님, 유정민 주무관님, 유정화 주무관님, 이규성 주무관님, 이영국 주무관님, 이진형 주무관님, 이수현 주무관님, 이희승 주무관님, 임혜숙 주무관님, 임혜진 주무관님, 장동빈 주무관님, 전형철 주무관님, 정미희 주무관님, 조영래 주무관님, 조은정 주무관님, 최미연 주무관님, 최윤정 주무관님, 허소림 주무관님, 모두 고맙습니다.